世界大学女校长论坛

姚玉芹 阮婕妤 主编

教育·女性·领导力（一）

第六届世界大学女校长论坛

Female leadership in Higher Education

Episode 1

—

The 6th World Women University Presidents Forum

中国传媒大学出版社

·北京·

目录 contents

上编　高等教育中的女性领导力

女性、教育与领导力　　　　　　　　　　　　　　　　萨尼耶·克拉特 / 3

全球化背景下的女性领导力　　　　　　　　　　　　英格瑞德·莫西斯 / 10

利用通信技术培养女性领导力　　　　　　　　　　　　　　　黄善蕙 / 13

非洲的女子教育与女性领导力　　　　　　　　　　　　　　　朱慧琼 / 17

女性对古巴社会发展的作用

　　——哈瓦那大学的贡献　　　朱莉娅·迪亚斯　萨雷斯卡·马汀尼斯 / 22

女性与高等教育

　　——推动妇女友好措施　培养下一代女性领袖　　　　　　张妙清 / 26

大学女校长的自信与自觉　　　　　　　　　　　　　　　　　郑晓静 / 30

成就职业的人为与客观因素　　　　　　　　　　　　　玛利亚·纳扎雷 / 33

全球化教育视域下的创新与各国大学合作的必要性　　　　　水田宗子 / 36

我的职业生涯与领导方式　　　　　　　　　　　　　　　桑德拉·哈丁 / 40

青年女性领导力培育

　　——教育工作者的共同使命　　　　　　　　　　　　　　张李玺 / 47

领导力与变革:我的经验和教训　　　　　　　　　　卡伦·L.古尔德 / 52

我对女性领导力的几点看法	克里斯塔·薇兰托拉 / 56
高瞻远瞩开拓民办教育蓝图凝心聚力彰显女性领导魅力	胡大白 / 59
中国:历史与未来之交	塔玛拉·钦察泽 / 61

下编　大学女校长与女性领导力的提升

女性领导在大学管理中的体会	关乃佳 / 67
传授身为女性领导的经验	莉尔雅娜·姆尔基奇·波波维奇 / 70
创立大学是一场艰难的寻梦之旅	芳达·斯维日卡娅·谢瑞佛格鲁 / 75
提升大学领导力:洞观与变革	李明 / 83
印度高等教育中的女性领导力	尼拉姆·库马尔 / 87
对发挥女性人才引领作用的思考	卞文 / 90
巴西东北部的女性领导力	雷切尔·巴罗斯 / 93
女性领导力与现代大学治理的思考	樊丽明 / 96
领导力与艺术	
——音乐院校的女校长	玛利亚·穆拉夫斯卡 / 102
高校女性领导队伍建设中的影响因素分析	
——基于某省41所高校的调研	孙秀丽 / 106
教育领域的女性领导议题	克里斯蒂娜·克里斯图瑞努 / 112
提升女性领导力的"五项修炼"	山红红 / 116
浅谈大学女校长与女性领导力的提升	王晓萍 / 120
芬兰高等教育改革进程中的女性领导力(2008—2015年)	玛加·丽莎·田纽恩 / 125
网络环境下高校女性领导者的领导力提升研究	王德宠 / 137
女性领导柬埔寨皇家学院	克罗特·希达 / 143
发展与坚守:对创新提升大学女性教育领导力的新思考	刘川生 / 148
高等教育中的女性领导力	
——成就、挑战与机遇	吉赛尔·玛利亚·加班索·巴尔加斯 / 151
浅议大学女校长与女性领导力的提升	吕焕卿 / 160

文化政策、学术研究及实践中的女性领导力	米兰娜·德拉吉切维奇·舍希奇 / 164
时代呼唤女性成长，教育助推女性成才	陈　曦 / 173
提升女性领导力的思维路径分析	吴建华 / 177

提升大学的女性领导力

　　——以墨西哥国立理工学院为例　　　　　　　布斯塔曼特·迪亚斯 / 182

培养高等教育领域中女性的能力	秦　和 / 187
大学女校长与女性领导力提升思考	朱伯兰 / 190
大学女校长与其领导能力的培养过程	金淑子 / 197

对领导力的反思

　　——挑战、成就与疑问　　　　　　　　　　朱迪斯·甘丽雅 / 203

文化领域的女性在哪里？	阿妮塔·贝塞里尼 / 213
提升马其顿共和国高等教育领域的女性领导力	里贾纳·马科娃斯卡 / 216
高校教职工的压力来源和解决策略	格洛丽亚·惠灵顿 / 223
我和我的大学	贝克塔斯 / 238
自信心来自科学精神	韦　穗 / 245

中老年妇女的"幸福养老大课堂"

　　——北京东方妇女老年大学　　　　　　　　　　　回春茹 / 247

| 女校长的成功之道：自意识与女性张扬 | 李锦云 / 249 |

创造领导之路

　　——避免侵犯　　　　　　　　　　　　　　杰奎琳·里博格特 / 255

| 女性高等教育领导力 | 陈乃芳 / 259 |

上编

高等教育中的
女性领导力

世界大学女校长论坛
World Women University Presidents Forum

女性、教育与领导力

萨尼耶·克拉特

(联合国教科文组织性别平等部主任)

我很高兴能参加世界大学女校长论坛。我要感谢大会组织者,尤其是刘继南教授和她的团队。她们组织了这次重要的会议,并给予我们热情款待。

我很荣幸能代表联合国教科文组织总干事伊琳娜·博科娃女士发表演讲,各位已经在开幕式的视频中见到她了。

我也很高兴能重申总干事的邀请,联合国教科文组织十分期待与世界大学女校长论坛和欧洲大学女校长会议合作,这能让我们更好地执行合作项目。

我很支持现代女性领导力研究院的成立。研究院的目标是提升女性领导力,(我想在)现在这个时候成立是再合适不过的了。

尽管我们在女性赋权方面已经取得了很大进步,但女性在不同领域的领导力,尤其是高层领导力依然十分薄弱。

在世界各国的议员中,女性只占22%。在环太平洋国家,这个比例更低,仅有14%。北欧国家的女性议员比例最高,也不过42%。在197个自治国中,只有15位女领袖,女部长就职的通常是传统部门。只有在挪威,女部长的人数超过了男部长。

几个月前,我们在伊斯坦布尔召开的第四次欧洲大学女校长会议上就高等教育中的女性领导力进行了深刻讨论。这几天,我们也将讨论这个话题。将来,如果我们想看到女性领导力在各领域显著提高,就必须将伊斯坦布尔会议和这次会议的讨论成果付诸实践。大学要给其他领域做出表率。

现在,让我们回到这次会议的主题——女性·教育·领导力,这同样是联合国教科文组织的核心任务。

一、女性、领导力、性别平等

从2008年起,联合国教科文组织一直将赋权女性、领导力提升和性别平等作为首要的全球性任务。联合国教科文组织自1945年创立后,一直致力于增加各领域的女性权利、维护性别平等事业。2007年,联合国教科文组织的195个成员国达成了里程碑式的决议,将性别平等作为2008—2013年中期战略目标的两项首要任务(另外一个是非洲问题)之一。这使性别平等进入新阶段。

我很高兴地告诉各位,赋权女性与性别平等事业自2013年后还将继续。性别平等和赋权女性仍是2014年12月—2021年12月的全球性首要任务(共两项)之一。

我们承诺,这些方案和倡议能真正赋权女性。与此同时,我们也设定了组织目标,即保证组织内部高级管理层和决策层的女性享有平等的代表权和发言权。我们一直在开展系统性的工作并与董事会交叉合作,以期到2015年实现这一目标。

女性领导力也是重点。我们既有提高教育领域女性领导力的试点项目,也有在不同国家政治机构内部施行的项目。自2012年以来,我们同西非4所大学合作研发培训方案,使尼日利亚、加纳和冈比亚的女性参与选举。

2014年,我们在突尼斯和摩洛哥启动了一个新项目,是旨在提高女性政治参与度和领导力的长期培训项目。在联合国教科文组织早先开设的女性领导力培训课的基础上,这个项目还开展研究工作,并培训民间组织中的女性,为她们提供政治事务必备技能的训练,加强女性在决策机构中的代表权。联合国教科文组织正与各高校,尤其是与性别研究和教育机构合作,以保证开发的培训方案是可持续的。制度化的培训能使民间组织中的女性每年接受培训,并由此产生可持续的、更深远的影响。

我们也同高校和私营企业合作,来提高女性在私营领域的代表权和领导力。不论是发达国家还是发展中国家,这个领域的很多方面都亟待提高。

在如今的大型组织中,越高级的职务,担任的女性就越少。尽管世界各地的数据不同,但趋势是极其一致的。

在组织底层,超过一半的员工是女性。当一步步往高层迈进时,女性的人数就会逐步减少。全球的首席执行官只有3%—4%是女性,欧盟内部的数据是2%。还是北欧国家女性领导的比重最高,在挪威,女性占集团董事会成员的35%;在法国,该数据是20%;在美国是15%;在日本只有2%。再看执委会中的女性比重,瑞典是21%,中国是9%,德国和印度只有3%,日本则仅有1%。

联合国教科文组织正和土耳其伊斯坦布尔的一所大学合作研发针对私营公司高级管理团队的培训方案,使人们意识到管理层多样化的益处及对公司健康运营的积极影响。我们与跨国公司的不同机构合作,如阿尔卡特朗讯,来支持并提高集团的女性领导力。

二、教育

提升女性领导力还要从很多方面努力,我们的工作必须是多方面、跨领域的。这也是教育的重要性和意义所在。

教育是联合国教科文组织工作的重中之重。请允许我阐述一下我们的教育方式。联合国教科文组织的教育观是整体的，主张教育从童年开始，并确保从小学到高中各阶段的教育质量及其相关性，还会延伸到成人阶段。教育方式有技术与职业教育、成人扫盲计划以及在组织能力范围内提高教育、科学、文化、信息传播等各领域的女性领导力。

促进性别平等是我们教育工作的核心，这与保证人人享有教育权息息相关。联合国教科文组织倡导教育系统和学习过程中的性别平等，重点关注教育前期（接受教育的权利）、教育中期（任务、教学内容和时间）的性别平等和教育后期（学习成果、生活与工作机会）的参与度。

我们在女童和成年女性教育方面成效显著，尤其是落实小学阶段的教育平权。在越来越多的国家，女生的初中入学率大幅提高。调查还表明，成功接受初中教育的女生比男生更有可能继续学习并完成学业。在有些地区，比如拉丁美洲和东南亚，女生的学习成效（如记忆力、成绩等）比男生好。

女童和成年女子教育的法律及政策规范的完善取得了实质性进展。据联合国教科文组织最近的普查，(59个报告成员国中的)49个国家明确提出在国家宪法、法规或具体政策中保护女童和成年女性的受教育权，禁止性别歧视。

在实践法律保障层面，许多国家（如阿富汗、孟加拉国、布基纳法索、埃塞俄比亚、加纳、摩洛哥、津巴布韦等）将性别意识融入国家教育计划、国家战略目标和国家政策中。这些国家政策包括加强教育中的性别主流趋势和女童、成年女性的受教育权。

目前对女童、成年女性的教育成效非常显著，但仍有不足。联合国教科文组织的全球监测报告(2013—2014)显示，女童和成年女性，尤其是出身贫困的，近10年来依然没有获得应有的受教育权。该报告还显示，在5700万失学儿童中，大部分是女孩。2011年，只有60%的国家落实了小学阶段的平等教育，38%的国家实现了中学阶段的平等教育。在低收入国家中，20%落实了小学阶段的平等教育，10%落实了中学阶段的平等教育，8%实现了高中阶段的平等教育。农村地区的情况更糟糕，贫困和性别歧视对女童及成年女性的受教育权影响更大。过去20年，世界成年文盲中，女性的比重仍高达64%。按目前的情况，在2015年前实现教育平等的目标是不太可能实现了。

展望未来，2015年前，预计能有70%的国家实现教育平等这个目标，9%的国家接近目标。相反，仍有14%的国家离目标有一段距离，7%的国家（其中3/4的国家位于撒哈拉沙漠以南的非洲）与目标相去甚远。

长期且明显的教育不平等既是女童和成年女性受歧视的原因，也是其结果。女童和成年女性无法接受教育的原因有很多，或多或少还是相互联系的，如贫困、地域隔离、早婚、怀孕、性别暴力及其他社会文化、社会经济方面的歧视性行为和政策。

性别不平等体现在教育过程的方方面面(如享有权、记忆力、学业完成度、对待态度、学习成效、教育和职业选择等),并且不同程度地影响到了女童和成年女性。这是制度性歧视和性别偏见的原因,同时也是结果。在某些场合,性别歧视是针对男孩的,但毫无疑问最严重的歧视仍是由女童和成年女性承受的。

联合国教科文组织倡导建立女童与成年女性教育的社会规范,并在各方面付出努力,比如发起倡议、政策对话、制定规范与标准、技术支持、能力发展等。尤其在一些有竞争优势的领域,包括教育法规政策、教学方法与评估、课程设置(学习目标、预期效果、教育内容)、学习环境的建设等。

2011年,我们发起"女童与女性教育全球合作项目"(Global Partnership for Girls' and Women's Education),旨在改善中等教育和文盲问题。我们相信,女童和女性教育能够打破贫困的藩篱,最终实现社会公平。我们的合作项目要确保青少年女孩和女性获得学习机会,并寻求解决她们受教育的最大挑战及障碍。项目主要解决两个主要问题:一是中等教育,二是扫盲问题。

自项目启动,许多重要的合作伙伴加入了我们的团队。当然,这个数字还在增长。它们包括:

巴基斯坦马拉拉女童教育基金会、海南航空公司、宝洁公司、帕克基金会、瓦尔基环球教育集团基金会、贝尔福特学院、联合国妇女署。在它们当中,有些是主动的合作者:

我们与巴基斯坦的马拉拉女童教育基金会有一项价值1000万美元的项目。马拉拉的祖国巴基斯坦与联合国教科文组织合作,以保障巴基斯坦和其他国家女孩的受教育权。项目通过建立正式、非正式的教育机制,为教师提供性别意识培训,加大社区的性别意识宣传力度,提高偏远地区女孩的教育质量并为之创造安全的教育环境。

我们与中国的海南航空公司签署了一份价值500万美元的支持女孩和成年女性教育的5年框架协议(2014—2018)。目标是扩大受教育权,提高教育质量,尤其要保障偏远地区的青少年女孩完成所有层级的教育,并为她们提供安全的、没有性别暴力的学习环境。

我们与宝洁公司合作的项目推动在塞内加尔和尼日利亚女孩与成年女性教育中运用信息通信技术(300万美元)。塞内加尔项目启动于2012年,目标是帮助4万名15—55岁的女性在2年内掌握基本的读写能力。项目的第一阶段,在塞内加尔七个地区设立了大约200个班级,4000多名女孩和成年女性学会了阅读、写作和计算。2300人正通过培训和信息通信技术进行学习。与此同时,1000名失学女孩免于辍学。这个项目也即将在尼日利亚启动。

我们与帕克基金会合作的项目是在埃塞俄比亚和坦桑尼亚集中群众资源开展女孩教育(150万美元)。该项目于2012年启动,目标是将偏远地区女孩的辍学率减少20%,尤其是为容易辍学的小升初阶段和整个中学教育阶段(12—19岁)提供保障。在埃塞俄比亚,4000多名女孩及相关人员接受了性与生殖健康培训,1000多名女孩从辅导中受益。在坦桑尼亚,我们也成功开展了一些活动,包括在15所中学建立女生安全区,为教师提供培训和发展指导,为师生提供手册及资源包。

我们与瓦尔基环球教育集团基金会合作的项目旨在推动肯尼亚和莱索托女孩的数学与科学技术教育(25万美元)。该项目于2012—2013年实施,目标是帮助女孩和成年女性接受数学与科学技术教育。大约有150位校长、老师和部级官员接受了性别意识培训和教学方法指导,影响到两国约5000名学生。

三、教育与领导力

教育是成就领导力的重要阶梯。尽管许多草根女领导没有或只接受了很少的教育,但教育通往领导之路的重要性我们不可否认。我之所以要用很长时间谈论小学和中学教育,是因为没有经历这两个阶段,女孩和成年女性不可能接受高等教育——这正是在座诸位的关注点。

在学术界及其他领域,高等教育在成就领导力方面发挥着至关重要的作用。但在高等教育领域,性别不平等的问题更为复杂。

尽管从20世纪70年代开始,女生总体的大学入学率增长迅速,但这并不意味所有学科都是这样。最近的一项研究报告显示,被调查的国家中有1/3的国家保证了本科阶段的性别平等。但在科学和工程领域,这个数字大幅下降,在接受调查的国家中,91%的国家此类学科领域的男性数量超过了女性。

在科学领域,不同学科间的区别很大,工程和计算专业几乎成了男性的领地。在生命科学包括医学领域,近3/4的国家则由女性主导。英国最近的数据显示,学工程的女生在减少(现在少于1/7),与之相反的是,学医学和牙科的女生则占到了58%的比例。这表明,在很多文化背景中,除生命科学外的科学领域,还不能吸引、保留有能力的女学生。

联合国教科文组织从最近的一项研究中发现,在全世界的研究人员中,女性占到29%,但地区间的差异很大。大部分中亚国家都比较均衡(46%),拉丁美洲也基本上实现了性别平等(44%)。在亚洲,数据有很大差异——中亚国家是46%,而东亚、环太平洋和南亚、西亚国家平均值只有19%。在中国香港地区,女性研究人员占全体的58%。在欧洲,拉脱维亚的女性研究者比重最高(55%),荷兰最低(23%)。

总体来说,女性在教育进阶的过程中是时有缺失的,而完整的教育过程是通往全职工作和领导地位的必经之路。有些人连基础教育都没接受过,成了文盲,因而从一开始就丧失了机会。有些人没有顺利升入中学继续学业。还有人好不容易走到职业生涯的最高峰,却在通往领导岗位的过程中遭遇"玻璃天花板"。

为了解决科学界的性别失衡问题,联合国教科文组织实施了"欧莱雅—联合国教科文组织科学界女性计划"。

过去的16年,联合国教科文组织和欧莱雅基金一直致力于表彰那些为攻克全球性挑战作出巨大贡献的女性研究者。

面对各种各样的全球性挑战,如技术的快速更新、人口老龄化与生物多样化的威胁,联合国教科文组织和欧莱雅集团坚信,这些女研究者会对社会产生重大影响,并为未来打下良好的基础。同样,联合国教科文组织和欧莱雅集团也愿意褒奖她们,并为她们提供继续为科学贡献力量和热情的途径。

每年,"欧莱雅—联合国教科文组织科学界女性计划"通过以下方式表彰、鼓励优秀人才:

每年授予5位杰出的女科学家"欧莱雅—联合国教科文组织女科学家成就奖",每个大洲遴选一位。该奖用来表彰女科学家们为科研作出的贡献及对社会的积极影响。

从2000年开始,"欧莱雅—联合国教科文组织国际奖学金"项目每年资助15位年轻有为的女科学家、博士生或博士后,以促进国际科学合作和跨文化发展。

"欧莱雅—联合国教科文组织国家奖学金"得到了联合国教科文组织国家委员会的支持,使得"欧莱雅—联合国教科文组织科学界女性计划"在世界各国平稳施行。

从1998年开始,"欧莱雅—联合国教科文组织女科学家成就奖"表彰了来自30个国家64名以上的获奖者,她们都是为科学研究作出巨大贡献的杰出女性,其中两位还获得了诺贝尔奖。

为了支持并鼓励女性追求科学事业,这项表彰科学界女性的合作项目也逐步发展成为国际、地区和国家奖学金全球网络,旨在帮助有科研前途的年轻女性。迄今,已有103个国家的1200多名女性受益于这些奖学金,得以到国内外机构继续研究深造。当然,合作计划也已成为全球规模的、衡量科学成就的基准。

获得这个奖项的中国女科学家有:任咏华(2011)、叶玉如(2004)和李方华(2003)。

结 论

在如今的全球化浪潮中,性别平等和女性决策权、领导权不能再被看作是多余的问题。女性占据了社会有效人力资源的一半。高效利用这些人力资源是可持续发展和世界和平的原动力。

"妇女能顶半边天",如果她们能离天空更近一些,那顶起半边天不就更简单、更能造福众人吗?

(翻译:阮婕妤、唐惠润)

全球化背景下的女性领导力

英格瑞德·莫西斯

（新英格兰大学前校长）

作为一名大学校长，我始终坚信教育改革的力量。我也不懈追求女性在教育领域和社会领导力方面的平等事业。

我出生在德国，但我的职业生涯是在澳大利亚度过的。我相信正是跨文化的背景和经历丰富了我的职业生涯。作为一名女性，我在工作中遇到过很多的困难，通过克服这些困难，我也为自己创造了很多机会。

母语非英语的人，尤其是女性，在生活和工作中往往面临重重困难。女性有机会接受教育，甚至接受高等教育。但在现实社会中，像主席团成员或议员这样的领导职位是很难见到女性身影的。作为一名母语非英语却在英语国家工作的女性，我对女性边缘化的问题有切身体会。

而今，澳大利亚出了一位女首相和一名女总督，也逐渐出现了女牧师甚至女主教。但世界上大部分的政治领袖、高校领导人、商业精英或教堂牧师仍由男性担任。大学女校长很少，并且具备担任大学校长资质的女教授屈指可数。即便如此，为数不多的女性领导者还在致力于改变男性主导的社会传统观念。

目前，世界上有很多地区、国家和国际女性组织，这些组织都处于相似的环境，面临相似的困难，也都拥有一致的目标。今天的论坛便是这类组织的典型代表之一。

在我任新英格兰大学首位女校长，同时也是澳大利亚首位母语非英语的校长期间，我最重要的工作便是力推更多的女性接受教育，促进女性领导力的提升。在我任世界大学校长委员会主席（首位女主席）期间，我通过让女性担任财务主管、副主席、区域主席或协会成员等方式，打破了以往男性担任要职的局面。这些任职的女性来自澳大利亚、美国、英国、博兹瓦纳、泰国、日本、土耳其等国。我在《联合国纪事》上发表过有关女性与文化差异的文章，在这里我也将引用这篇文章。

在我任主席期间，我开展了以"有教无类，优质教育"（Access for all, Quality in all）为主题的、促进教育公平的活动。该活动聚焦女性接受高等教育及女性在高等教育机构谋职的问题。我们还与大学女秘书长国际协会合作,在墨西哥蒙特雷召开了以"高等教育中的女性与领导力:玻璃天花板有多厚"(Women and Leadership in Higher Education:How thick is the Glass Ceiling)为主题的会议。会议涉及如下议题:

承认女性在高等教育及高等教育管理中的巨大作用。

反思世界各国女性接受高等教育的公平性问题。

高校领导探讨如何让女性更多地参与领导工作。

就如何在高等教育中贯彻性别平等向政府寻求支持。

我们就上述议题展开了大量的小组讨论,参与讨论的代表来自世界各地,有俄罗斯教育部的代表,也有墨西哥和非洲地区的官方代表,还有来自各国的大学女校长。我们为与会人员建立联系网络,并努力提高女性在会议中的参与度和发言权。但由于世界各国高校的任期制度不一样,我们所建立的联系网后续很难维持。

2001年,刘继南女士发起了首届世界大学女校长论坛。前四届论坛吸引了来自全球52个国家和地区、超过500人次的大学女校长与会。女校长们汇聚一堂,交流合作,建立了许多国际友谊。现在,刘继南女士是中国传媒大学的名誉校长,也是世界大学女校长论坛组委会主席。在2011年举办的第五届世界大学女校长论坛上,我们主要讨论了影响高校教学研究、高等教育制度、领导力建设、行政管理和高校师生的问题。这些都与当时特定的背景相关。今天,我们的论坛将集中讨论领导力的问题。

为了更好地帮助人们理解不同的文化、不同的教育制度及女性在这些文化、制度中担当的角色,刘继南女士委托中国传媒大学的师生制作了名为《悠扬的大地》的大学女校长纪录片。摄制组来到我所任职的新英格兰大学,采访并拍摄了我、我的丈夫以及学校的一些教职工。纪录片后来在中国中央电视台播出。继纪录片之后,又有一个工作组为了给女校长作传来采访我,采访内容包括我的日常生活、学术经历、对过去的反思以及对未来教育的憧憬等。在采访中,我最常提及的一个故事是我高中时参加一个交换生项目。该项目名为"用青春理解彼此",这是从德国去美国交换学习的一段经历。这段经历让我对跨文化有了全新的认识,也使我能够敞开心扉地理解不同的文化,充分意识到在跨文化交流中会不可避免地产生误解。

2002年,我在悉尼举行的世界大学校长委员会会议上致闭幕词。当时,我谈了个人对会议主题"学术价值、国家梦想和全球现实"的理解,我说:"首先,我们应该尊重一个国家的梦想,因为这个梦想影响着包括大学教职工、学生和校长在内的一代人。但从世界大学校长委员会的角度来看,我们应该秉承章程规定,不论是作为组织还是个人,都要积极寻求与政府和媒体对话,从而推行社会公平、维护世界和平。尽管世界大学校长委员会的力量是微薄的,但我们将联合各方继续共同努力。当今,即便那些学术自由受限甚至没有自由的国家都积极和其他国家、地区的高校合作。我们也是合作中的一员,并且我们相信世界各国大学间、社会间的开诚合作将会促进世界人权的进步。当然，这并不意味着我们要成为机会主义者或厌世主义者。"

早些时候，我收到联合国的一本书，名为《跨越界限 文明对话》。在这里，我想引用其中的一些句子："我们相信，未来几十年能够帮助人类提升精神层次的力量，部分来源于全球化的正能量以及真实的身份认定。健康的全球化进程，也是鼓励多元融合的过程。全球化的实质是融合，是人类对世界各地丰富多彩的文化遗产相互学习。这种健康的全球化进程将使多边对话与合作成为可能。"

世界大学校长委员会正是全球化浪潮中的一分子。而作为大学校长，我们以鼓励师生赴海外交流学习的方式参与全球化进程。全球化要求我们将师生培养成尊重并适应不同文化的人。不过，女性在类似的交流项目中往往面临极大挑战。最近，一项社会调查专门调研美国学生如何处理跨文化冲突。调查结果显示，大部分女学生对不同文化中人们对性别差异的态度感到困惑。她们往往要花很长时间来理解新文化环境下人与社会对性别的不同期待和要求。

作为女校长，我们在跨文化交流中更成熟、更有经验，因而我们应该在跨文化交流中发挥更积极的作用。

欧洲大学女校长会议的发起人，也是世界大学校长委员会执委会委员，土耳其伊斯坦布尔科技大学前校长居尔松女士，也参加了本届论坛。居尔松女士曾于2010年和2012年组织召开了两次以"超越玻璃天花板"为主题的会议，与会人员均为欧洲极具影响力的大学女校长。本届论坛的参与者也有几位欧洲之外的女校长，包括刘继南教授和本人。这些论坛、会议都促进了项目合作、科研成果共享与人际网络建设。

回首过去，我不禁会想，是否正是因为我们是女性，才使得这些跨国界、跨文化的交流对话最终实现呢？

除此之外，我们还要为国际妇女和平与自由联盟贡献力量。若要问，我们为国际妇女和平与自由联盟作出了多少贡献？我会回答，很少。但是，请不要忘记，世界上还有很多与我们目标一致的女性仍在一线奋斗。我们也呼吁联合国促进两性平等和赋权女性的机构继续为加强女性教育、健康及经济能力不懈努力。我们的工作任重而道远，尽管有些工作已经有了初步成效。

我坚信，所有深谙跨文化交流合作之意义并接受过高等教育的女性，都会为改变传统观念及不平等政策不懈努力。她们尊重人才，崇尚平等。毕竟，不以性别差异论人才是女性接受高等教育和获得高等教育领导权的基本条件。

最后，我向各位致以最诚挚的问候，并预祝第六届世界大学女校长坛圆满成功。

（翻译：欧歌）

利用通信技术培养女性领导力

黄善蕙

(淑明女子大学校长)

尊敬的中国传媒大学校长苏志武先生,在座各著名高校的校长,尊敬的嘉宾,女士们、先生们,我非常荣幸能在此次以"女性·教育·领导力"为主题的论坛上发言。

今天我们汇聚于此,是因为我们相信,对女性教育的投资也是对未来的投资。在进入正文前,请允许我简单介绍淑明女子大学的立校精神,以便为我即将说明的全球女性教育观做个铺垫。1906年,朝鲜高宗之纯献皇贵妃亲自创建了淑明这所现代学校,这也是第一所由皇室创办的女子大学。皇贵妃意识到,女性教育对20世纪初韩国的发展至关重要。当时,学校的第一个班级只招收了来自贵族家庭的五位女生。在此基础上发展至今,淑明女子大学已拥有13,000多名本科生、研究生和来自43个国家的450名留学生。

经过100多年的努力,女性接受高等教育已被广泛认可并成为常态,这些改变了女性在教育、政治、企业和公共服务等社会各领域的参与度。

尽管我们尽力改善女性教育的现状,但韩国女性的市场参与度仍低于其他经济合作与发展组织成员国的平均水平(图1)。

教育改变了韩国社会对女性角色的认知。这种转变虽尚未完成,但正在发生。近年来,韩国的信息通信技术促进了女性领导力的提升。

图2显示,在人均GDP超过20,000美元的国家,20到50岁的女性雇佣率非常稳定,而韩国20到30岁的女性雇佣率波动很大。即便女性有工作的热望,但仍掩盖不了47.8%的低雇佣率。相关报告显示,当女性停职几年后再想回归职场时,等待她们的只

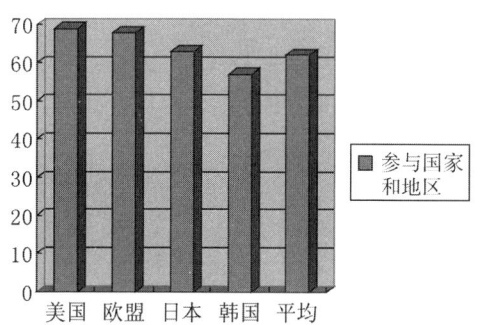

图1 经济合作与发展组织国家的女性人才市场参与度
资料来源:现代经济研究中心,2011

是一些临时或兼职工作。

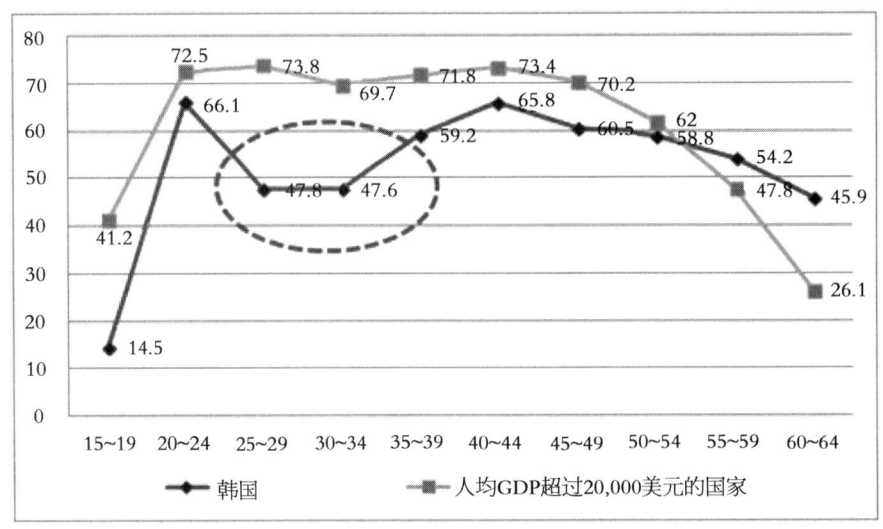

图 2 女性雇佣率线状图

资料来源:《为什么韩国经济需要女性》,2014

针对那些因照顾孩子、料理家务而不得不停职的女性,淑明女子大学做了很多努力,并准备帮助她们重返职场。这个行动由淑明女大基金会资助,将致力于帮助女性在劳动力市场重拾体面的工作。

一、大学女性领导力教育——"改变世界的温柔力量"

韩国淑明女子大学给未来的女性领导者提供课程培训和实习研讨机会,旨在提升女性的受教育水平和领导力,这也体现了我们力使领导力专业化、全球化的教育思路。这个领导力计划得到了教育部的 5 年资助(总计 1000 万美元)。我们的研讨会吸引了众多女性领导者参加。以下是一些大学领导力教育的核心项目:

领导力创业小组;

终身顾问项目;

淑明女子大学自主创业荣誉项目;

全球实习 & 全球开发;

女子大学第一后备军官训练项目。

二、课外实践:女性教育中的信息通信技术与资源联结

近年来,淑明女子大学致力于研究教育领域的信息通信技术,倡导"用信息通信武装

女性",为女性教育谋求资源。正如联合国妇女署执行主任姆兰博女士在2014年妇女节纪念活动中所说的那样:"智慧终会克服重重阻碍。我们生活在科技时代,如果加以有意引导,科技将会改变生活。"

1996年,淑明女子大学成立了亚太女性信息网络中心(APWINC)这样一家致力于性别与信息技术研究的专门机构。从1998年被指定为联合国教科文组织主要的女性通信技术研究机构以来,亚太女性信息网络中心一直在从事性别平等和赋权女性的工作。

该中心培训了来自40多个国家的1300多名专家,并同外国政府、大学和国际组织合作,利用信息通信技术开发女性领导力教育。伴随着"意识觉醒""政策应用""现场应用"这些潮流,亚太女性信息网络中心的项目规模不断扩大,逐渐扩展到电子商务促销、知识信息共享、实践能力建设等领域。亚太女性信息网络中心继续朝着更广阔的天地前进:从女性参与数码经济到信息网络技术在其他方面的应用。针对的群体也更加广泛,包括女性决策者、女商业精英、女企业家、女学生、农村妇女和家庭主妇等。通过推行这些教育项目,被历史、被文化边缘化的女性开始走向社会,崭露头角。

淑明女子大学目前正在参加联合国教科文组织旗下的"大学结对与网络计划",项目的主题是"通过信息通信技术发展女性权益和领导力"。这一项目主要是在东盟国家采用信息通信技术开展领导力教育,给受教育程度低的女性提供在本国创业的机会。

我们用大规模的在线课程(慕课)来践行网络教育:以前,高等教育只能让精英人群受益,但现在慕课可以让任何一个有网络的人接受高等教育。

淑明女子大学将它视为女性教育的机遇。2013年,我们成立了一家名为韩国数字人文中心的新机构,该中心致力于在韩国乃至亚洲普及慕课。

三、同女性一起工作!

尽管付出了以上这些努力,在经济合作与发展组织成员国中韩国女性的最大潜能指数只排到了第23位(表1)。这个指数包含了四项指标:基本公平的工作机会、稳定的工作环境、再就业机会和领导力培训。在这四项指标中,韩国女性在"基本公平的工作机会"这一项上做得比较好,但其他三项排名靠后。

实现女性的社会经济权是一项需要持续推进的项目,并且需要一定的领导力教育。淑明女子大学将竭尽全力挖掘女性的潜能。

表 1　经济合作与发展组织国家女性潜能指数排名

1.冰岛	14.奥地利
2.挪威	15.波兰
3.瑞典	16.爱尔兰
4.荷兰	16.英国
5.芬兰	18.美国
6.葡萄牙	19.希腊
7.丹麦	20.捷克
8.比利时	20.斯洛文尼亚
9.法国	22.中国
9.德国	23.韩国
11.西班牙	24.意大利
12.瑞士	25.日本
12.匈牙利	

资料来源:《朝鲜日报》,2014

据说 21 世纪需要的是"3D3C"——首字母代表数字、设计、DNA、创造力、事业、洁净。解释这些含义的方式有很多,但可能最能让人理解的解释是这样的:在数字时代,创新设计和生物科技的发展支撑着我们的生活,我们追寻的不仅仅是创新事业和整洁的地球环境。我当然期待数字时代长远地发展下去,因为这样的时代在创新设计、科技发展和许多其他的专业领域为女性创造了机会,我们都意识到了女性于现在、于未来的巨大潜力。

第六届世界大学女校长论坛团结了女性领导力。在会议期间,我希望我们有关女性的讨论不局限于在座诸位,还应该包括那些没有如此地位的女性,这样她们也能有机会发挥潜能。我希望,这次会议能使培养女性领导者和培育女性领导力迈出大大的一步。

正如玛格丽特·撒切尔所言:"如果你想说点什么,就去问男人;如果你想做点什么,就去问女人。"我希望接下来的三天能被议题、讨论等充实起来,因为我们实际上是在为全世界的女性奋斗。

非常感谢在座各位,我也很期待与你们分享我对于"女性·教育·领导力"的看法。

(翻译:向湘萍)

非洲的女子教育与女性领导力

朱慧琼

（非洲女性教育工作者论坛发起人、非洲女子大学前董事长）

一、非洲的解放斗争：当今非洲女性领导力的研究背景

非洲有50多个国家，正处于不同的发展阶段，非洲国家使用的语言包括大量的本土语言和几种国际语言，这几种国际语言主要是早期殖民者遗留下来的。我们正是要在此背景下研究非洲女性领导力这一关键问题。

从19世纪90年代现代殖民主义开始，到南非1994年消除种族隔离、实现多数人的统治，非洲国家抗击殖民主义和帝国主义的斗争持续了一个多世纪。打击殖民主义的斗争是20世纪历时最久、最艰苦卓绝的战役之一，它使非洲摆脱了长达一个多世纪的殖民统治。独立运动的成功，得益于非洲民族主义运动的共同努力。非洲国家在反殖民主义、反帝国主义的斗争中获得了非洲统一组织（非洲联盟的前身）的支持，获得了以中国为主要力量的不结盟国家的支持，获得了西方国家知识分子和学生的支持，同时也获得了中国政府的支持。可以说，中国积极地参加了自20世纪50年代掀起的非洲解放斗争。今天，人们更加清楚地认识到了非洲的形势及其对世界其他地区的影响。当然，世界其他地区也影响着非洲。世界已经变成一个地球村。

然而，非洲的经济解放却未能与政治解放同步。非洲独立后，以西方国家为首的殖民者竭尽所能地继续控制非洲的经济。一个多世纪以来，非洲已发展成为以矿产品、农产品为主的初级产品供给地，这些产品被出口，为宗主国的发展服务。宗主国的国民生产总值（GNP）有相当大的部分来自殖民地，据一些分析家估计，这一比重为20%左右。除少数国家外，非洲本土几乎没有工业化。如今，大多数非洲国家的经济依然依赖于矿产和农业。

尽管经济大权仍牢牢掌握在前殖民者手中，但大多数非洲国家在独立后的20年里发展迅速。各国政府专注于社会服务系统的建设，如提供教育、卫生和清洁水等。这些

都是殖民者曾经严重忽视的领域。过去,殖民者认为"受过教育的非洲人是危险的",因而故意剥夺黑人受教育的权利。独立之前,津巴布韦只有三分之一的儿童能接受小学教育,而且接受教育的主要是三年级以下的男孩;只有4%的人能接受中学教育;少数几百人能接受高等教育,而且这些人只能在他们的社区内找到教师或护士的工作。如今,在殖民政府被推翻数十年后,非洲在教育领域已经取得了重大进步。不过,在撒哈拉沙漠以南的非洲地区,仍然有2960万儿童无法接受小学教育,仅有49%的人接受初中教育,32%的人接受高中教育,6%的人接受高等教育(联合国教科文组织,2014)。与之形成反差的是,南亚和西亚接受高等教育的人口比例为13%,北美和西欧的为72%(Chien、Kot,2011)。

非洲各国政府曾获得前殖民者及其盟友的慷慨捐助。比如,1980—2002年,津巴布韦平均每年从西方获得2.5亿美元的资助。20世纪90年代,津巴布韦经济结构调整后,这一数字上升到了每年4亿美元。这些捐助为津巴布韦和大多数非洲国家社会服务体系的修缮奠定了基础。当然,这也导致非洲国家对捐助国高度依赖,毕竟西方国家捐助的资金在非洲各国的年度预算中所占的比重很大。西方国家并不为非洲的工业化发展捐资,却规定必须用捐款向捐助国或其盟国购买货物(若要购买货物)。对于捐助国来说,这是利用捐助来发展国内产业、开发新市场的绝好方式。

非洲各国以矿产和农业为主、其他生活必需品依赖前殖民国家的经济发展模式是有问题的。因为原料产品经济无法达到国际劳工组织所认定的那种现代生活标准,也不能为民众提供"体面的工作"。例如,在津巴布韦,殖民者曾建立过一个小规模、高效率的经济体,但只惠及占总人口4%的一小撮殖民者。1980年,国家独立,种族隔离政策废除。种族隔离政策曾禁止黑人在白人区占有房产,将黑人拥有商业农场或私人产业定为非法行为。殖民地的经济模式意味着只有极少数人能够成为富人,尽管此时富人圈里已经有一些黑人精英了。现在非洲依然存在这种不健康的经济模式。比如,津巴布韦每年的出口额约为40亿美元,出口产品主要是未加工的矿产品和农产品。作为一个拥有1300万人口的国家,津巴布韦的年人均出口收入仅为308美元。大多数黑人没法达到他们想要的生活标准。

非洲的情况因20世纪90年代的经济结构调整而变得更加糟糕。经济结构调整实质上是一种新自由主义,最初产生于美国,并受到了全世界的认可。特别是在苏联解体、美国成为唯一的超级大国后,这种发展模式已经成为普遍模式。苏联作为共产主义发展模式的代表,曾受到一些发展中国家的仰慕,但还是失败了,而新自由主义模式获得了成功。随着这个模式受到国际货币基金组织和世界银行的青睐,它被包括俄罗斯和大多数非洲国家在内的许多国家采用。30多年后,那些像津巴布韦一样满腔热情地采用新自由主义模式的国家正面临严重的政治和社会问题,矛盾日益突显。经济结构调整曾为教育、卫生和供水系统买单,但后来却引发了政治问题。

20世纪80年代,这些基本服务从政府和西方捐助国获得了高额的补贴。取消补贴意味着很多人无法继续接受教育和享受公共医疗卫生服务,也无法获得清洁水的供应。新自由主义模式适用于规模较小的政府。那么政府瘦身,就必须给高级官员支付高额的遣散费,同时解雇基层员工。这就导致政府因经济结构调整而遭到严重削弱。与此同时,私有部门却没有能力承接之前由政府承担的服务。一部分原因是殖民政府从未建设并发展非洲的私营经济,因而私营经济体非常薄弱,并且资金短缺、银行系统支持力度不足,私营产品也无法与工业化程度较高的西方国家和亚洲国家产品相抗衡。同时,非洲社会的进步引发了大规模的人口增长,并产生了一批受教育程度更高的青年群体。

许多非洲国家将现阶段定义为经济解放斗争阶段。经济解放主要从种族角度出发。种族主义是大多数非洲殖民地的主要特征,而反种族主义是解放斗争的一个重要组成部分。几乎没有哪个非洲国家准备批判所继承的经济模式,伴随这种经济模式而来的是经济的一分为二,即惠及少数人的、先进的现代工业经济和多数人赖以为生的传统的自给经济。大多数女性生活在自给自足的农业经济形态下。因此,研究非洲背景下的女性领导力,关键是培养可以与非洲国家经济解放相适应的领导力,关键是要将两种经济形态更紧密地结合起来:将惠及少数城市居民的现代经济与多数农村人口所依靠的大型自给经济更紧密地结合起来。

与大多数非洲国家一样,津巴布韦的农业由女性主导。70%从事小规模耕种的农耕者是女性。在商业性质的农业生产领域,大多数劳动者也是女性。在采矿领域,大型跨国公司和进行极小规模开采的本土矿工占主体。跨国公司通常能够购买昂贵的高科技设备,而本土矿工使用的是简单的设备和开采方式。大多数非洲国家还未实现工业化,无法满足自身基本的消费需求,工业可能无法实现规模运作,也可能无法采用高端技术和现代设计。

农业在非洲的女性领导力中仍然扮演着重要的角色。重要的是,要把女性与大学教育联系起来以改善女性务农者的状况,包括维护女性的土地所有权、为女性务农者提供各层次的培训、为防止环境恶化完善土地管理、提高女性务农者的收入等。低收入农民和工人勉强能养活自己或每月最多能挣65美元,他们接触不到高端知识、技能、技术、研究或管理。大学可以帮助他们,让普通农民获得新的知识和技能。

无论现在还是将来,农业都是关系非洲生存问题的关键,因此土地将一直是一个重要的政治问题。非洲经济的生存与发展将取决于土地权,尤其是女性的土地权。不管是传统沿袭还是在殖民主义统治下,女性都没有土地的所有权和控制权。寡妇或离婚女性只拥有很少的土地,甚至没有土地,而务农往往是她们唯一的生存手段。

由于土地本身和土地、环境的改善对于非洲至关重要,非洲的女性领导者必须帮助女性提高她们的土地持有量以及她们耕种使用土地的能力。非洲容易出现频繁的干旱,在津巴布韦一般每5年中有3年是旱年。非洲遭受的洪灾和荒漠化灾害也有所增加,而引发这些灾害的罪魁祸首通常是欧洲的污染行业。非洲自给自足的农民已经沦为全球气候变暖的牺牲品。

经济欠发达一直是大多数非洲国家的特点。这与非洲不断出现的全球气候变暖等危机有关。危机导致局势不稳,每年都有十几个非洲国家发生突发事件。在这种不稳定的情况下,危机管理成为一种常见的管理形式。

非洲有50多个国家,这构成了另一个挑战。为应对这个挑战,非洲人成立了一些区域性组织,如在非洲南部成立的南部非洲发展共同体,西非、中非和东非也都有类似的区域性组织,整个非洲大陆还有非洲联盟。加强区域组织建设是未来的一个主要挑战。

二、当前背景下非洲的女性领导力

领导力可以有许多不同层面的定义:政治领导力指能够团结人们朝着共同的愿景和目标努力;管理领导力指成功实现愿景和目标的能力、知识、技巧与过程。这两种领导力紧密相关,都需要依靠建设能够促进发展和实现目标的机构来获得成功。机构建设应当是提高非洲女性领导力的关键步骤。

谈论女性领导力需要结合非洲面临的诸多挑战:女性领导力能在何种程度上成功迎接这些挑战?要创造更加稳定的非洲环境,可以巩固、建设的主要机构有哪些?女性领导力如何增强?教育系统是实现女性政治领导力、管理领导力和机构建设的关键。教育也可以协助处理发展过程中的各种问题,如政治领导力、管理领导力、人类发展、性别平等与公平、环境问题等。这其中的很多问题近年来才被人们关注。例如,性别平等与公平、环境问题都是近些年才成为紧要发展问题的。然而,经济体的生存和气候问题的改善都依赖于这些新问题的解决。

不过,教育、卫生和清洁水供应这些老问题仍然是非洲面临的难题。非洲有近3000万儿童未接受小学教育,其中大部分是女童,只有三分之一的儿童能接受高中教育。基础教育问题仍是未来几十年的一大挑战。提高非洲的女性领导力必须增加女性受教育的机会,提高非洲各层次女性教育的质量。但教育方面的性别平等,尤其是高等教育方面的性别平等仍未实现。卫生问题仍旧严重,大量女性得不到基本的医疗服务。非洲的医生极其短缺,尤其是女医生。清洁水供应不足与幼童的高死亡率密不可分。非洲清洁水资源依然十分匮乏。

除了这些公认的基本问题外,提升非洲教育领域的女性领导力还需要解决一些非洲面临的其他重大问题,其中一个就是更快更好地发展经济,摆脱当前经济以初级生产为主的现状。

农业,尤其是保障充足的粮食供应,需要更加关注中高等农业教育和培训。这样,培养更多的女农业推广员和各级女农业专家就显得至关重要。当然,还需要健全法律,提高女性的土地所有权和控制权。

提高经济生产就要摆脱初级经济模式,进入工业化模式。只有这样,才能达到非洲人民向往的生活水平,而不是停留在目前这种绝大多数非洲人民深陷贫困的状态。虽然美洲、欧洲或亚洲的工业化模式十分成熟,但非洲国家不必照搬这些模式。女性领导力的发展应着眼于工业化需求与模式,这就要求我们重视工业教育和培训,同时允许非洲人到海外的工业部门工作。

通过加强区域组织的合作来消弭非洲的地区差异是另一项重要的任务。许多非洲国家地域狭小,人口不足1000万,还有很多国家只有一两百万人口。共同发展教育和工业的意义举足轻重。通过区域合作加强非洲各高校的联系有助于机构建设。例如,乌干达的马凯雷雷大学在促进性别平等与公平方面遥遥领先,特别是在对非洲女性十分重要的农学和医学领域。分享马凯雷雷大学在性别平等与公平方面的成果和经验,有助于非洲乃至国际各高校提升实力。

结 论

世界各地的教育机构可以协助、支持非洲的女性教育,特别是女性高等教育。19世纪,美国的女子大学就曾帮助中国创立女子大学。中国许多女子高校的建立都得益于美国姊妹高校的帮助。这也是目前世界上各女子高校帮助非洲的一种方式。如前文所述,只有6%的非洲人接受过高等教育,而女性接受高等教育的比例低至4%。通过帮助非洲女性接受高等教育,我们可以在一两年内使非洲接受高等教育的女性数量增加甚至翻倍。最简单的方法就是在高校为女性设立奖学金。在非洲,一名女大学生的年均教育花费在2000至3000美元。

非洲各高校开展教职员工交流、交换或合办学位项目等,有利于提高非洲高校教学科研等各方面的能力。

(翻译:李婵玉)

女性对古巴社会发展的作用

——哈瓦那大学的贡献

朱莉娅·迪亚斯 （哈瓦那大学副校长）

萨雷斯卡·马汀尼斯 （哈瓦那大学副校长）

在世界范围内，教育又一次成为民间和政界关注的焦点之一。有些国家正力求通过改革建立一个更加高效的教育体系，从而满足地区乃至全球发展的需要。另外，这些国家也希望改革能为高校未来的发展开拓道路。

过去50年，教育机构走的是一条大规模扩张之路。但如今，这种发展模式已经行不通了，原因如下：教育机构教学质量下降，内部管理不到位，人才产出不符合社会需求，城乡教育需求失衡，公共教育分配不均，教育机构（尤其是高校）私有化严重，以及知识产出严重缩水。

联合国教科文组织、拉美经委会等国际及地区组织和不少国家政府已经开始重新考虑教育的角色定位，从而促进经济发展、保障社会公平。同时，政府和组织也在寻找办法，以保障初级教育能够惠及社会各部门。课程内容、教学方法和受教育途径都是当下值得深入分析的问题。另外，政治家和教育工作者还需要关注环境恶化、艾滋病、城市和家庭暴力、毒品、部分行业边缘化、新型世界政治格局及定义新型公民的必要性等问题。

今天，古巴正为争取男女平等积极努力。女性已经走入古巴经济社会，走上政治舞台，这也表明了古巴政府全面提高女性领导力的决心。

提高女性领导力的深入改革为女性的职业发展带来了前所未有的机遇，而女性发展是促进人类社会现代化和民主化进程的重要力量。事实证明，拉美女性主义运动已经发展到了相对成熟的水平，女性主义运动必将对经济、文化、政治等领域产生深远的影响。这种影响已成为社会转型中不可替代的部分，也必将波及教育领域。

本文将介绍古巴和其他国家的女性对社会发展作出的贡献，重点放在哈瓦那大学女教职工的国家贡献上。

大量研究表明，1959年大革命胜利前，古巴女性劳动力的比重只占到了12%。但现在公有企业的女性劳动力比例增长到了48%,女性管理者的比例也达到了46%。很难想象,如果没有女性,古巴会怎样。

古巴司法部部长玛利亚·艾斯特·雷乌斯博士在瑞士日内瓦参加"消除对妇女歧视会议"时说道:"今天的古巴已经在性别平等和尊重女性方面取得了无可争议的进步,在三个女性议员比例最高的国家中,古巴以48.86%处于领先地位。"她还强调,"古巴女性在教育和医疗领域发挥了重要作用,这两个领域女性工作者的比例分别占到了72%和69.8%。不容忽视的是,古巴驻外军医中52%的成员是女性。"

古巴关于女性角色的讨论最早发生在19世纪中期。大革命胜利后,女性的角色、地位和大众对女性的期许都发生了改变。女性完全融入大革命进程,走上了工作岗位,并在教育、医疗、体育、科学等领域受益。工作权是女性争取到的重要权利之一,这对古巴女性角色的质变起到了关键作用。同时,受教育权让女性的经济和社会地位更加独立,改变了女性的社会角色,让她们参与到以往只能由男性主导的活动中去。

今天的局面是前所未有的,古巴女性活跃在社会的各个层面。例如,现在70%的法官是女性,女性科学工作者的比例也占到了53.3%。古巴有两位现任女副总统、一位全国人民政权代表大会女副主席、八位女部长、十位女省部级行政委员会主席。省政府中,女性也占到半数,全国人民政权代表大会女代表占49%(图1)。

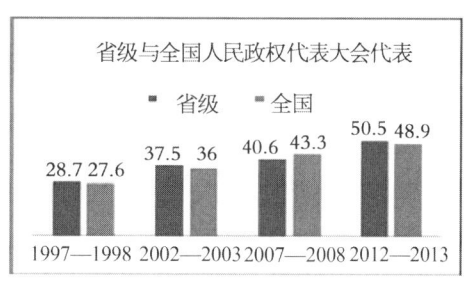

图1 女性在各级政府中的任职比例

女性已经肩负起了国家重任,党在经济社会政策纲要和大革命中已经明确了女性的领导地位。女性积极执行了纲要的内容,并为确保国家经济全面发展作出了巨大贡献。她们自身也不断努力,在全国的各行各业消除性别歧视。

古巴致力于促进男女平等,女性才得以活跃在古巴政治、经济和社会生活的方方面面。大革命胜利后,社会政治和经济快速发展,女性地位也随之提高。

1995年,第四次世界妇女大会在北京举行。这次大会是彰显女性素质能力和社会角色的里程碑。大会表明,性别平等得到了越来越多人的关注。大会还制定了确保21世纪女性地位的具体措施。

虽然古巴的性别平等事业已经取得了重大进步,但依旧任重道远。毕竟倡导性别平等并非易事,另外,第四次世界妇女大会上指出的许多问题尚未解决。例如:贫富差距;教育机会不平等;家庭暴力;战争对女性的伤害;女性缺少经济决定权;女性社会地位较低;女性容易妥协,放弃应有的权利;女性相对谦虚内敛,不张扬自身的管理能力。

在1988年巴黎举办的世界高等教育大会上,联合国教科文组织总干事松浦晃一郎先生说:"高校在很多社会问题的解决上起到了战略性作用,比如医疗、科技创新、教育、可再生能源开发、水资源紧缺、食品安全和环境问题等。"不久前,联合国教科文组织总干事博科娃访问伊朗时强调,要让教育、科学、文化、交流和信息技术引领可持续发展进程。她说:"可持续性是证明经济发展质量的重要指标,而男女平等对于经济社会发展十分重要。"她还肯定了女性受教育权和女性参与科研事业的必要性,这些都是社会转型期的重要问题。

女性对古巴教育起到了决定性作用,她们的贡献体现在教学、调研、研究生培养等方面。作为高校的一股力量,她们开办课外教育及培训课程,并运用高校研究成果促进教育发展、推动国家进步。

在古巴高校中,女职工占到了57%,女教师占到了56.9%。需要指出的是,古巴女性副校长占总数的40%,女校长占总数的45%,而女教务长则占总数的46%。

哈瓦那大学是古巴历史最悠久的大学,成立于1728年。论办学年限,哈瓦那大学在加勒比地区排名第三,在拉丁美洲排名第十六。20世纪以前,哈瓦那大学是古巴唯一一所高校,因此哈瓦那大学已经成为国家灿烂文化的一部分。同时,哈瓦那大学也为国家贡献了大量文化遗产。

哈瓦那大学也是古巴共和国成立的第一所高校,大学不仅开设了基本的本科和研究生课程,还不断提高自身科研实力、扩大教学规模,逐步成为一所综合院校。

哈瓦那大学在众多领域取得了重要成就,比如:经济与社会事务、专家培养、大学管理、人类潜能开发。

哈瓦那大学已设立18个学院和15个研究中心,其中女性起到了关键性作用。女教师们为学生提供高质量的专业培训,并保证他们能够为世界发展作出贡献。我校毕业生的能力也在国际上得到了广泛认可。

表1统计了哈瓦那大学女教职工的数量和比例。

表1　哈瓦那大学女教职工情况

身份	总数	女性数量	百分比
教师	1527	768	50.29%
优秀教授	45	23	51.11%
名誉教授	107	63	58.88%
非教师	876	659	75.23%

另外,哈瓦那大学有59%的高级管理人员为女性,70%的管理人员为女性。与此同时,18个学院中的女院长数量占到了55%。

建校280年,哈瓦那大学为我国科技发展作出了突出贡献。同时,我校教授和研究人员在社会经济学科、人文学科、自然学科、精密科学等领域的成就也让哈瓦那大学享有国际声望。女性为哈瓦那大学作出的贡献有:承担硕士和博士项目,辅导研究生写作论文,参与国际国内研究项目,进行人力资源培训,提高教学质量,增加教育附加值,并对大学和国家发展起到重大作用。

2014年,依照国家发展战略,哈瓦那大学重新制定了发展目标和优先发展项目,比如:促进区域发展,建立古巴经济发展模式,重点研究可再生能源的开发与存储、食品生产、医用材料、药品、新型材料、家庭与社会关系、信息技术、旅游、环境和气候变化、公共管理等。

结 论

大革命胜利以后,女性的社会角色、社会地位和社会期望都发生了变化。大量女性参与了社会改革,她们走上了工作岗位,并享受到了教育、医疗、体育和科技进步带来的福利。

工作权是女性争取到的最重要的权利之一,它在女性社会地位转变过程中起到了至关重要的作用。

古巴女性在政治、经济、社会等领域的作为表明了古巴政府正大力促进性别平等事业的发展,也体现了政府全面提升女性社会地位的决心。

(翻译:孙思宇)

女性与高等教育

——推动妇女友好措施 培养下一代女性领袖

张妙清

（香港中文大学副校长）

在大部分发达国家，女性入读大学本科的比例已超过男性，但不论是在研究院还是在学院，女性仍然是少数群体，女性资深教授和高层管理人员则更为稀少。在除北欧外的大部分欧盟国家，女性领导比例少于20%（格鲁夫，2013）。在亚洲，除了菲律宾（有大量女子学院），其他国家的女性领导数量几乎都是个位数（福雷斯蒂尔，2013）。香港中文大学的数据分析能反映大多数亚洲高校的情况：目前，女性助教比例已达到37%，但是全职教授只有15%。受调查的8所学院中没有一位女性院长，而我是香港中文大学建校50年来第一位女副校长。到目前为止，香港的公立大学里还没有出现过一位女校长。

高校女性领导稀缺的原因多种多样，比如女博士较少，从事STEM（科学、技术、工程、数学）研究的女性更少。学术研究领域的女性工作者少于男性，高校女性领导自然就稀缺。需要指出的是，卓越的学术成就，特别是STEM学科的成就往往是成为高校领导的敲门砖。

目前越来越多的女性投身学术事业，有些人对提升高校女性领导力持乐观态度。但与其他行业的情况相比，我们不难发现提高女性领导力并非易事。高校、科学界乃至全社会都普遍存在男女不平等的现象（张妙清、李，2013）。

传统的性别观念认定：男性应该以工作为中心，而女性则应该以家庭为中心。甚至有些女研究生也用传统性别观来规划自己的人生，认为女博士是对传统的冒犯。中国高校流传着这样的说法，"人可以分成三类——男人、女人和女博士"（莫利，2014）。尽管女教育工作者和其他女工作者正在增加，但不少刻板的性别印象依然盛行。对于女性来说，平衡工作和家庭是极具挑战性的。不论女性的工作如何，她们需要花费更多的时间照顾家庭。女性在高校工作意味着她们要长时间地教学，频繁地出席国际会议，还要合作科研,因此高校的女教职工很难兼顾家庭。研究表明,只有三分之一的高校女教职工从业后有过孩子;同时,她们对于单身生活的向往度比其他职业的女性高出一倍(张妙清、哈尔彭,2010;哈尔彭、张妙清,2008;梅森、古尔登,2004)。《全球中高层管理者调研报告》(麦肯锡公司,2007)也显示,33%的女经理是单身,而单身的男经理只占18%。不少已婚女性选择放弃高级管理岗位以谋求家庭和事业的平衡。

对于年轻的已婚女教师来说,生育子女往往意味着职业生涯的结束。即使聘请了家政工,母亲照顾孩子的压力也远远大于父亲。某些大学规定,女性休产假后不得恢复入职。虽然部分教师能从这一规定中获利,但仍有不少人反对这一规定。关键问题是,高校应该意识到性别问题的重要性,并出台政策促进教职工的多元化发展。相应地,年轻教师也应该学会怎样适应这些政策并重新调整自己的人生规划。

一些公司有传统的网络指导和互助小组帮助基层员工破解公司结构的"迷宫"并得到晋升(伊格雷、卡里,2007)。但高校女性领导力的提升面临重重阻碍,女性必须在迂回的道路上排除这些阻碍才能攀上巅峰。由于很少有人认识到教职工多元化发展的重要性,也很少有人关注女教职工的特殊需求,所以女性很难在高校中晋升职位(哈尔彭、张妙清,2008)。如果没有奖金和赞助,女性几乎不可能跻身高校领导层。

提升女性领导力不能只靠个人努力,组织机构必须参与其中并保证切实提升女性领导力。研究表明,性别多样化更有利于组织发展。商界调查也显示,聘请或选拔女性领导者更能提高企业效益。尽管有些大型企业已经在实施提升女性领导力的策略,但总体上女性领导力的提升依然任重而道远(欧洲委员会,2010)。

一些欧洲、北美的大学已采取措施解决学术界和教育界的性别偏见问题,着手促进女性的学术职业发展。1999年,英国的80所大学参加了"雅典娜计划",以此来推动女性在科学、工程和技术等领域的职业发展。这个项目的施行、扩大和一些实践经验对女性的学术、职业发展具有重大的指导意义。因此,我们应该继续推进、不断完善这样的项目。自项目启动以来,参与的学校共同签订协议,达成了消除性别不平等、提升女性领导力、促进管理人员多元化发展的共识。当然,项目也会授予恪守协议、遵守规章的高校一些奖励。

第五届欧洲高等教育性别平等会议的倡议指出,促进性别平等需要以下支持:高校领导的坚定承诺,行政机构的高度配合,必要的配套基础设施和充足的资金来源。高校管理层应该担负责任,调整组织结构和文化氛围,从而确保性别平等政策有效施行。当然,倡议也肯定了为提升女性领导力而打造的项目已经取得的积极成效。

2005年12月,加州理工学院、哈佛大学、麻省理工学院、普林斯顿大学、斯坦福大学、密歇根州立大学、加州大学伯克利分校、宾夕法尼亚大学、耶鲁大学的九位大学校长就性别平等问题发表了联合声明。校长们意识到,不仅在科学和工程学领域,高校其他学科和部门的性别失衡也十分严重。他们承诺要"制定学术工作者个性化政策,完善制度资源并倡导提升教职工的家庭责任感"。这些被认为是提高研究型大学教职工创造力、取得最高学术成就的基本条件。其他美国高校也紧随其后,纷纷出台性别平等政策。

在中国香港,高校仍然缺乏对性别平等问题的关注,一部分原因是高校的女领导实在太少了。1995年,我是香港中文大学社会科学院院长。这一年,香港中文大学成为香港第一家出台校园性骚扰抵制政策的学校。过去,性骚扰一直是难以启齿的,并且受害者通常是女性。性骚扰包括:非自愿的身体接触,言辞侮辱或非口头侮辱,以及男教授或上级领导的性暗示、性威胁和性恐吓等。我们设立了一个投诉处理系统,并通过教育和培训提高管理者的意识。在我任香港平等机会委员会主席期间(1996—1999年),我推动了该政策在香港所有高校的落实。

我被誉为香港倡导性别平等的先驱,但我认为即使是在我所处的学校,性别平等问题也没有得到足够的重视。我们应该重视性别平等问题,并把促进性别平等纳入工作日程。2014年3月,我组织了一次国际妇女节活动,邀请了一些女同事和大学女副校长,也顺便邀请了我们的校长。女同胞们抓住机会,分享了她们作为女性学者面临的一些挑战和担忧。随后,校长同意在学校建立一个有助于女性平衡家庭生活的特别工作小组。我邀请了另一位男性副校长共同管理这个工作小组。特别工作小组有三名成员,他们分别是系主任、院长和人事部主任。特别工作小组授权调查的范围包括:

(1)确定女教职工的需求和她们对家庭承担的责任;
(2)提出并完善政策、设施、资源来满足女教职工的需求;
(3)在解决女教职工需求的过程中分析需求背后的含义;
(4)提升全体教职工的家庭责任感,切实帮助女教职工平衡工作和家庭。

特别工作小组正在收集性别统计数据,以便更好地了解女性的生活状态,保障她们照顾孩子的需求;同时也在调查教职工的实际所需,并对女性给予特别关注。有了高层的批准,我们希望能够提升高层管理者和男同事们对性别问题的关注度,以便在这个男性主导的学术环境中创造性别平等的文化氛围。性别平等依旧任重而道远,但通过制度化治理,我相信我卸任后这项工作依然能逐步推进。

结 论

总体看来,提升高校女性领导力有利于促进高校知识产出并激发学术创新。作为大学女校长和副校长,我们需要在意识和政策方面帮助女教职工实现个人发展。我们可以为女性提供经验指导、领导力培训,为她们颁发奖项以开发潜力。同时,我们需要积极推进有关性别平等的政策和实践,打破壁垒,消除偏见,创造有利的环境,从而发挥教育机构的巨大潜能。

我衷心希望世界大学女校长论坛能够为我们提供这样一个平台。让我们共同努力,创造一个充分发挥女性潜能并能促进高校女性领导力提升的学术环境。

(翻译:王博)

大学女校长的自信与自觉

郑晓静

(西安电子科技大学校长)

非常荣幸在这里发表演讲,我演讲的题目是《大学女校长的自信与自觉》。

首先,大学女校长应该也必须有信心当好校长。众所周知,大学是人类文明的灯塔,世界知名学府往往也是世界顶尖的科技中心。大学对提升综合国力发挥着重要作用,第三次和第四次科技革命就都起源于大学校园。另外,大学校长的素质决定了学校的进步和发展。

既然大学校长如此重要,我们不妨从大学的发展趋势和现状方面分析女校长的优势。通过分析高等教育的发展趋势不难发现,近10年来,越来越多的国家,如德国、俄罗斯、美国等,都将推进高等教育作为国家发展战略的重点,中国也不例外。

面对社会发展的强烈需求,高校开始适时而变。对于中国而言,改革的重点是提高教育质量,转变高等教育的发展模式——从重"硬件"向重"软件"转变。换句话说,政府要求高校提高教学质量、优化结构、深化改革并促进教育公平。大学的科学研究应与国家战略紧密相连,社会服务应该更加全面有效,以人为本。

分析大学的发展现状,我们不难发现以下几点:第一,社会和高校之间的联系更加紧密,交流日益频繁;第二,高校更加注重激发学生的潜力,培养他们的创新精神;第三,高等教育越来越民主、开放、公平,高校管理经验更加丰富;第四,越来越多的女生进入大学学习。

所有这些都要求大学校长具备全面、多维的思维模式,灵活的管理方式,敏锐的洞察力,以及更加认真、专注、诚恳的工作态度,而这些恰恰是女性的优势。母性的思维方式让女校长们更加细致、耐心、友善,同时,与生俱来的交流与合作才能让她们更容易赢得学生、教职工和社会的支持。女校长队伍不断发展壮大也将为其他女性树立榜样,并有利于其他领域女性领导力的培养与发展。

现在,让我们讨论一下大学女校长的责任和义务,我将分享个人的思考与实践。

美国加利福尼亚大学前校长克拉克·克尔博士在《大学的功用》一书中谈过大学校

长的责任,他说:"大学校长集多种社会角色于一身,但最主要的是做好协调工作。"而我认为,校长首先是一个理念独到的教育家,就像洪堡大学的前校长洪堡先生、威斯康星大学的前校长范海斯先生、北京大学的前校长蔡元培先生那样。同时,校长还应该是一位知名学者,因为大学之"学"在于学生、学者和学问。大学校长成功的学术经验能使自身更好地理解学术、学生和其他学者的研究领域。可以说,几乎每位优秀的大学校长都是知名学者。另外,大学校长还必须是脚踏实地的实干家,不仅要参与制定大学发展战略及相关制度,还要亲自推进制度执行,落实管理工作。

我的这些见解与自身的实践经历是分不开的。自 1998 年起,我担任兰州大学副校长,兼任研究生院院长。兰州大学是一所美丽的学校,始建于 1909 年,是教育部直属的综合型"985"和"211"重点院校。自 2012 年 7 月起,我担任西安电子科技大学校长。西安电子科技大学始建于 1931 年,是教育部直属、注重信息与电子科技领域高等教育的国家重点大学。现在,西安电子科技大学有在校生 31,618 人,教职工 3115 人,以及新旧两个校区。

西安电子科技大学为中国电子信息业的发展和现代化建设提供了有力的人才支持。在中电科技国际贸易有限公司和中国电子信息产业集团中,超过 70% 的研究所所长和总工程师是西安电子科技大学的毕业生。此外,西电的杰出校友中也不乏著名的企业家、学者、校长和茅盾文学奖得主。但最近 10 年,西安电子科技大学的发展状况却并不好。比如,大学发展的核心指标迅速下降,教职工与学生间的矛盾不断激化,学校与当地政府间的关系日趋紧张。

通过详细调查,我和我的团队提出了学校发展的新思路;分别实施了学生培养、学者引育、科研服务和校园文化的四大计划;提倡在领导班子内部"讲团结、顾大局、讲规则、求协同",调动各方积极性,支持副职工作;关注教师的学术发展和提升;关心学生,帮助他们走上自我发展之路。同时,我们还推进教授治学等学院管理办法。

2012 年,学校发展进入新阶段。越来越多的师生从抱怨和不满转变为向学校发展献言献策,对学校的发展逐渐恢复了信心。学校发展的核心指标也因此不断上升。例如,2013 年西电囊获信息领域三项大奖,首次获得国家自然科学二等奖和技术发明二等奖,科研经费净增一亿多元。最令人鼓舞的是,西电在"2011 年协同创新中心"排行中得票总数第二,行业排名第一。

我非常高兴看到大学女校长的人数在不断增加,现在全球女校长的比例已经达到了 26%。在八所常春藤大学中,女校长已经占据了半壁江山——哈佛大学、普林斯顿大学、布朗大学和宾夕法尼亚大学都是女性掌舵。

虽然在中国"211 工程"大学中女校长的比例还不到 4%。但我相信女性应该享有同样的机会,展示她们的能力和智慧。在此,我想向全体女校长发出倡议:

首先,我们要相信自己是一名优秀的领导者,并且可以做得更好。

其次,我们应该克服自身的缺点,积极参加培训。

最后,大学应明确规定领导层中必须有女性。

我衷心希望通过不断交流、合作,女校长们能够推动世界高等教育进入更加快速发展的轨道,从而更加深刻地影响和改变世界!

(翻译:王博)

成就职业的人为与客观因素

玛利亚·纳扎雷

（欧洲大学协会主席、阿威罗大学前校长）

首先我想对刘继南校长说，您是我们的榜样，我十分荣幸能够受您之邀来参加这次盛会。

出席会议的诸位嘉宾都是教育界的杰出人士，因此，我对此次演讲持谦虚谨慎的态度。我将主要介绍个人成就，分享曾经遇到的机遇和挑战，并谈一谈是什么塑造了今天的我。

从我的简历不难看出，家庭、大学和高等教育是我生活的全部。请允许我从头讲起：我于1949年出生在葡萄牙里斯本，后来成为一名物理学教授；1992—1998年担任葡萄牙阿威罗大学副校长；2002—2010年担任阿威罗大学校长，在此期间还兼任了三年葡萄牙物理协会主席；并在2010—2014年任葡萄牙高等教育委员会主席；2012年至今，担任欧洲大学协会主席。为什么我有资格胜任这些高含金量的职位呢？下面我会展开介绍。

我认为是家人和两位教授的协助让我取得了今天的成就——个人奋斗是一方面，但他们也为我提供了成功的机遇。我的母亲克里斯蒂娜和父亲马里奥对我的事业产生了深远影响。幼年时，他们就教导我一定要去大学学习。自我上中学起，他们就常说，良好的教育将是他们留给我最好的遗产。事实证明，他们是对的。我们曾住在非洲莫桑比克，那里没有大学。那时候，父亲常鼓励我去里斯本上大学，许诺每月给我寄生活费。母亲通常很沉默，甚至有点悲伤。她不能肯定我是否能上大学，但做好了万一不行就求助里斯本亲戚的准备。

那时，我很困惑选择什么专业。我父亲是一名工程师，自然希望我能和他一样。但工程师的职业并不适合女性，矿业和土木工程方面的职位甚至不接受女性。我的母亲则更希望我研究古典文学，可我的数学和物理成绩要比其他科目优秀。坦诚地说，我既不会弹钢琴、绘画，也没有什么艺术天赋。

我再次强调，父母和家庭对子女的职业发展至关重要。我就是一个生动的例子。上高中时，我们常常和老师一起吃午饭（八人一桌，七位女学生和一位女老师）。我已上九年级,必须选择将来——是结束学业还是继续求学?如果选择继续求学,我就得接着决定是读文科、理科还是经济学,并学习完两年大学预科课程。当老师问我们未来打算的时候,我果断地说要继续学业。令我吃惊的是,其他几位女生都没确定未来的方向。老师问我为什么作出这样的选择,我回答说:"因为这是父母的期望。"20世纪60年代,子女还是乐意采纳父母的建议的。

许多研究报告证明,父母和家庭对子女上大学发挥了关键作用。可惜的是,现在不少人认为父母的很多观念过于陈旧,不值得听取。

1966年,我如愿赴里斯本学习物理。母亲也一同前往,帮助我安排住宿,办理入学手续。

1972年,我获得物理学硕士学位,留在里斯本大学担任初级助理。

1972年9月,我结婚了。那时,葡萄牙正卷入一场可怕的殖民战争,我的丈夫路易斯应召入伍,被派往几内亚参加战斗。后来,路易斯的上级考虑到我父母住在莫桑比克,就派路易斯去莫桑比克执行任务。很快,我辞掉里斯本大学的工作,决定陪丈夫去莫桑比克北部一个战火纷飞的小地方。修女们在那儿开办了一所小升初学校(只提供两年中学教育)。我受邀去那所学校教课,主教数学、自然科学、地理等科目。

我非常珍视在莫桑比克教学的时光。对于一名教师而言,这是一段非常重要的经历。我在教学过程中形成了向往和平、倡导社会凝聚力的信念。

1972—1973年,马奎斯大学(现在叫作爱德华都·蒙代尔大学)邀请我去担任初级助理,我拒绝了。因为我生活在莫桑比克,这里有我的丈夫和学生(不少孩子都非常渴望知识)。然而,我生命中最重要的两个男人——父亲和丈夫,建议我把握这次去大学工作的机会。于是,我就这样开始了新的学术生涯,从此没有后悔过。

以上这些都要归功于家人的理解、难得的机遇和扎实的奋斗。

1974年11月,我的丈夫路易斯从空军退伍。我们一起回到了葡萄牙,我应邀在阿威罗大学工作。这是我自己的决定。那时,阿威罗大学刚成立不久,校领导鼓励我们到国外攻读博士学位。在物理系主任托马斯教授的建议下,我向基金会申请了博士奖学金。根据规定,我的申请若通过,就有资格为配偶再申请一份资金,这笔钱可以确保我和路易斯一起去伦敦留学。我当时被伦敦大学国王学院物理系录取,路易斯则想申请到北伦敦理工学院学习机械工程。我们希望带着三个月大的女儿一同前往伦敦。然而,一件不愉快的事情发生了:1975年,"配偶"这个词指定的是妻子而不是丈夫。如果路易斯是申请博士奖学金的人,那么他有权利要求妻子陪同,并且还能得到相应的资助。而我作为女人是无法带着丈夫去继续求学的。

路易斯让我独自前往伦敦,而他则留在葡萄牙同他母亲一起照顾我们的女儿。我的父亲和丈夫都有着正直的品格和坚定的信念。他们支持男女平等,认为男女应该共同为家庭和社会贡献力量。但在那个时代，很少有人像他们那样开明。直到今日，仍有很多人意识不到男女不平等的存在及危害。

没有办法，我只身一人去了伦敦。三年后，我获得了博士学位，带着实现男女平权的满腔抱负回到了葡萄牙。

我曾在欧洲和世界上的其他国家工作、生活过，有机会体验多元文化，并与不同的人交流知识，分享经验。作为一名研究员，我创立并发展了阿威罗大学半导体物理实验室，该实验室已是葡萄牙联合实验室之一。在做访问学者期间，我分别到欧洲（英国、法国和德国）、美国、中国（1992年我访问过浙江大学，浙大是同我校合作时间最长的高校之一）等地的实验室调研。后来，经雷纳托教授推荐，我当上了阿威罗大学的副校长。随着时间推移，我肩上的责任越来越重大。2002年，我被推选为阿威罗大学校长，成为葡萄牙历史上的第一位大学女校长。

当选阿威罗大学校长，我得以深入改革学校的组织机构，并把这些改革列入规章制度。我着手将阿威罗大学从公立大学转变为公募大学，虽然类似的改革引起了激烈辩论——不少人会从意识形态的角度质疑改革的合理性，但总体看来改革极具创新和开拓意义。面对他们的质疑，我努力协调、统一意见，不断提升自己的管理能力。在第二个校长任期内，我还任命了一位女副校长。

亲爱的朋友、同事们，我们要手挽手、肩并肩，共同向前迈进。当前，全球经济不容乐观，地球资源的供给已不能适应迅速增长的人口。21世纪头十年，全球人均粮食产量严重减少，难民和流浪者的数量增加了200万。在欧洲许多国家，资金短缺已经造成了严重的社会动乱。

大学通过知识创新和技术革新为经济发展作出了巨大贡献，对世界经济的发展产生了重要影响。大学为社会输送人才、生产知识，也开拓了前沿科技、激发了创新思维。我希望构建跨学科综合小组，从而促进各学科发展，解决复杂的时代难题。现在，我重申21世纪大学教育的重要性——大学培养的人才能够构建包容、团结的社会。

无论男女，都应该竭尽所能，为社会发展贡献力量。

谢谢大家！

（翻译：王博）

全球化教育视域下的创新
与各国大学合作的必要性

水田宗子

(城西大学理事长、城西国际大学校长)

进入21世纪后,以日本为代表的东亚国家、东盟各国以及环太平洋各国,都面临层出不穷的社会问题和日益紧张的邻国关系。经济全球化飞速发展,国内危机和外交摩擦无疑已经成为维持社会稳定和促进可持续发展的障碍。

全球化进程势如破竹,我们必须明白以下几点:(1)应对、解决内政外交问题既不只是某一个国家的任务,也不可能由个别国家解决;(2)由于各国历史经验不同,又缺乏能够解决这些困难的人才,国家间很难达成共识。

我认为,经济停滞并不是造成当前问题的唯一原因。同时,发展经济也不是万能钥匙。社会赋予大学培养人才的重任,所以,大学必须向学生传授知识和经验,帮助他们了解其他国家的历史,提高他们的实践能力并培养其国际公认的、值得信赖的品格。为了实现这一教育目标,我们需要国际合作。

当下,以日本为代表的东亚各国面临的共同挑战有:(1)经济可持续发展问题;(2)少子化和老龄化社会问题;(3)保障区域安全,巩固外交关系,促进各国民间交流正常化等问题。

这些国家问题的症结在于社会结构不合理,尤其是女性社会角色不合理。日本很多大学至今还没有出台完备的培养女性人才、提高女性领导力的课程,也并未把此类课程创新放在优先地位。不重视女性教育可以说是日本教育的普遍问题,这一问题在高等教育领域表现得尤为明显。日本政府目前推行的一大优惠政策是鼓励女性进入职场,并为此建立多元的社会环境。尽管日本经济高度发达,但社会文化问题依然存在。例如:女性领导者稀缺,女性难以平衡工作和家庭,女性在人才市场和公司内部的晋升阻碍繁多,家庭、亲属关系中女性背负着双重甚至三重负担等。日本大学中男女毕业生的数量几乎持平,但女性在社会工作中的参与度却很低,这种现象在东亚和世界各国普遍存在。西方发达国家已经采取了不少措施刺激女性就业,其中不乏成功范例,而这主要得益于教育。

要解决日本社会少子化、老龄化的问题,就必须改变固有的、禁锢女性发展的社会文化结构。同时,还需要通过国际交流合作来培养人才。

长期以来,社会福利和护理工作主要由女性承担,且工作条件较差。最近,高级技术岗位需持证上岗的规定又引发了有关全职主妇的议论——外来务工人员很难获得工作执照,任用国内男性员工的成本又太高,本可开发的女性劳动力却在家做全职太太。在少子化、老龄化社会,是否应该鼓励女性参加工作将是一个被持续关注的热点问题。

(1)虽然男性也渐渐进入社会福利部门工作,但他们并不符合此类部门的需求,女性人才的培养明显缺失。

(2)在少子化、老龄化社会,福利和护理机构需要药剂师、营养师、志愿者等人员。由于不同的国家和地区对此类工作者的相关政策不同,所以我们要构建跨区域的、统一的人才供应系统。但在医疗和其他专业要求较高的部门,跨学科人才的培养还比较薄弱。

(3)能够以全球化视角考量、从事社会福利、护理、医疗、营养、制药、政治决策等事务的人才很稀缺,此类人才的培养还非常滞后。

(4)现在需要教育人们重新审视并改变传统观念、习俗和社会文化结构,让他们在夫妻、家庭、亲属、男女关系、固有性别分工等问题上转变观念。

少子化社会问题包含了更为复杂的因素。我们必须在实践中不断探索、不断完善相关政策;为女性创造适宜的环境和教育机会,帮助她们作出决策、规划人生、发展职业、平衡工作和家庭;同时,也要通过国际教育合作,使女性获得有关世界形势、历史、文化的知识与经验。

面对摆在我们面前的种种问题,提高日本人才竞争力的关键是实现教育全球化。城西国际大学正致力于发展多元文化共生共存的教育,在国际视域下考量日本的地位,并提供多语种教育、推进国际教育合作。

欧洲交换生项目(European Region Action Scheme for the Mobility of University Students,ERASMUS,是在欧洲实行的、旨在鼓励学生跨国学习、让学生连续在多个国家完成学业的计划)在教学内容、机构设置、教师资质、学分转换等方面为我们的国际教育合作提供了示范。欧洲国家,尤其是许多欧洲大学都把英语作为共同语言。但ERASMUS项目并没有保证欧洲各国教育政策和人才市场的一体化,因而仍存在争议。人们争议的焦点不外乎:为满足欧盟经济迅速发展的人才需求,是否应该推行让欧盟各国共享知识、技术和人才的项目。

ERASMUS项目为亚洲或东亚国家提供了重要启示,因为人才培养对于可持续发展和经济全球化至关重要。

更确切地说,日本的教育国际化进程已经滞后于经济全球化和教育全球化的步伐。

在培养国际化专业人才方面,至今仍有重大课题亟待解决。

日本人才培养的问题主要有:(1)缺乏语言教育;(2)缺乏对其他国家社会和文化的传播;(3)对国际教育交流不够重视;(4)对国际教育交流、研究员交换和教育机构合作的认识滞后于国际标准;(5)大学教育脱离现实社会需求,无法满足企业和社会的人才需求。

日本现在与邻国关系紧张。我们要共同努力,通过国际、国内合作促使与邻国关系的正常化发展。另外,女性人才培养滞后不仅加剧了日本少子化和老龄化问题,还不利于社会其他工作的顺利进行。

日本方面已经花费大量时间研究上述重要的人才议题——日本政府不乏具有远见卓识的人——现在政府已经把人才议题放在工作首位。

尽管我们的首要任务是创造一个适应经济发展的人才市场,为社会输送专业知识扎实、政策敏感度高的人才,但由于现在还没有在高校制定配套的人才培养方案,人才问题还无法完全解决。

在教育全球化方面,日本民众缺乏充分的外语学习意识,外语教育发展欠佳。因而,国民英语水平低、英语应用能力差。

各个大学已经着手提高英语教学水平,措施有:改变英语教学方法;增加国外交换生和实习项目;与国外大学开展交流合作;为参加交流活动的学生提供资金支持等。

即便如此,日本国民对英语"过敏"的现象还很严重,培养境外工作人员依旧困难重重。目前,小学开始陆续开设英语课程,但英语教师数量严重不足,难以满足实际教学的需要。

大学不仅要通过交换生和实习项目来促进外语及异国文化的学习,还要让学生在国外的生活中多观察、勤思考,发现不同文化间的联系。大学还应该启动新的教学项目并突破旧有的教育框架,为学生提供志愿服务、课外实习、勤工俭学的实践机会。

增进中、日、韩三国间的理解,教育发挥着至关重要的作用。为此,大学应该为学生创造多元文化环境,培养他们的全球化视野;通过课程教育使学生明确国家在世界上的地位,并积极寻求与国外高校开展多边、多元的合作。

上述项目不是一所大学能够独立完成的,需要很多国家或大学共同合作。并且,大学间的合作不能只依靠官方意见,而应该结合国民经验具体落实。只有这样才能培养出适应全球化发展的高级人才。

为了克服少子化、老龄化社会存在的问题,充分发挥女性的社会作用,大学应该大力开展校际合作活动。通过比较、借鉴国外女性培养的经验,我们发现,教育的确能改变性别观念、社会习俗和男权社会文化结构等。在男权社会中,社会福利往往受社会制度、文化体系、经济状况、个人处境的影响,忽略了女性需求。

城西国际大学启动了女性领导力孵化项目,旨在联合世界大学女校长的力量促进女性领导力的发展。这个项目不局限于我校,而是世界大学女校长们交流合作、开创变革的国际平台。

今天在这里,我很高兴地告诉您,城西国际大学已经启动了国外实习项目和大学女校长导航项目。通过开设女性领导力提升课程、实施奖学金计划,我们派留学生出国接受国外大学女校长的指导。这些大学女校长是学生学习的榜样,她们给学生传授管理知识和技能,用自己的付出引导年轻的女性成长、成才。项目的成功实施让我们看到了女性领导力的光明未来。

当我们看到年青一代缺乏本应拥有的知识,不能理解本应理解的事情时,我们会不由自主地心生失落。但我们是不是更应该通过自身的努力去克服失落呢?世界大学女校长论坛是一次绝佳机会,让我们能够把在此获得的经验和知识应用于本国的教育事业。相信我们将为世界和平和共同发展作出贡献!我非常感激能有机会和世界各国的大学女校长们建立长期稳定的合作关系。

谢谢!

(翻译:臧雅睿)

我的职业生涯与领导方式

桑德拉·哈丁

(詹姆斯·库克大学校长、澳大利亚大学联盟主席)

感谢大会邀请我演讲。大会主办方要求我就以下几点谈谈自己的看法和体会:一是我到目前为止的职业生涯,二是我的领导方式,三是目前澳大利亚的高等教育状况。关于第三点,我想告诉大家的是,澳大利亚的高等教育目前正面临巨大变革。变革的结果尚未揭晓,但我会就此问题提一些看法。

我不了解大家,但我很喜欢听你们的故事,尤其是有关职业生涯和个人生活的故事。

对于每个人,尤其是女人来说,个人生活是职业生涯中不可分割的一部分。像我随后将谈到的那样,我们这一代女性的职业生涯本来就很复杂。除了职业生涯,我们通常在个人生活中还会承担其他非常重要、明确、长久的责任,尤其是我们有了子女或是需要照顾老人的时候。

众所周知,女人肩负着生物层面和社会层面的繁衍职责。换句话说,完成家庭各种任务并确保私人生活正常运转的责任基本落在了女性身上。

当社会对女性的普遍预期是她们既要承担大部分生物层面和社会层面的繁衍职责又要为事业打拼时,我们就不会惊讶澳大利亚的女性在教授职位、管理职位和董事会职位上为何如此稀缺了。

我不知道这种情况现在改变了多少。我和我丈夫育有两个女儿,我希望她们过得更好。

我的故事带有浓重的时代特色。在那个时代,我曾在参加招聘面试时被问到是否计划生小孩。很明显,面试官是在测试我潜在的风险,以此来决定他们是否应该雇用我。我没有用"是"或"否"来回答这个问题,但我得到了那份工作。

一、个人生活和职业发展

我的故事是怎样的呢?鉴于我的职业发展与个人生活息息相关,我觉得应该先讲讲个人生活。

我结婚30多年了。20世纪70年代,我和凯文在澳大利亚国立大学读书时相识。他是一名林业学家,现在广西东门镇的广西林科院做访问学者。他自20世纪80年代中期起就在东门镇参加退耕还林项目。他会说普通话,所以我很遗憾他现在不在这里,否则他就可以与你们直接交谈了。

凯文最近刚刚退休。退休前,他是澳大利亚昆士兰林业科学科研带头人,管理一支科研队伍和一个研究项目。他一直特别支持我和我的工作。在我们的孩子还很小的时候,我们经常轮流做家务——他的厨艺比我好得多。

2007年1月,我开始担任詹姆斯·库克大学的校长。尽管凯文的研究团队是在布里斯班,但他把工作调到了汤斯维尔。布里斯班是昆士兰州的首府,在汤斯维尔南边,凯文常常乘坐两个小时的飞机从汤斯维尔飞到布里斯班,和团队一起从事研究工作。虽然已经退休,但他还是非常忙碌。

我之前提到,我们有两个女儿,安妮卡今年28岁,麦克拉今年25岁。她们都是优秀的大学毕业生,都在发展各自的事业。安妮卡是一名艺术家,也是一名画廊经理。麦克拉在国家部门从事政策制定的工作。她们都在2013年结婚,现在都在堪培拉生活、工作。直到现在,她们都是我们快乐的源泉。我也有年迈的父母,一位87岁,一位89岁。我和我的两个姐妹都很愿意照顾他们。

你们大概能够看出来,家庭对我来说非常重要,如果没有家人的支持,我不会取得现在的成绩。现在很多男人不愿做家务,但凯文很愿意帮我分担。他的母亲也是一名职业妇女,我想这对他影响很大。

家庭对我很重要,我也一直为家庭操劳。像你们中许多人一样,除了全职工作和家务外,我还有额外的一些工作,比如担任研究员、调研项目召集人、俱乐部主管等,这使我负担更重。

我的这些工作职务包括:

澳大利亚中国工商业委员会委员;

代表澳大利亚所有大学的顶尖组织——澳大利亚大学联盟主席;

2014年6月启动的热带状况调查报告项目的召集人;

汤斯维尔和凯恩斯区域经济发展机构主任;

澳洲海洋科学院理事会委员;

北昆士兰牛仔橄榄球联赛俱乐部主管;

澳大利亚研究咨询委员会委员。

我以前常打垒球和曲棍球,最近有时间的话,我主要会散散步、滑滑雪。

当然,我也曾在大学工作:担任讲师、高级讲师、教授、系主任、院长、副校长。2007年

1月,我被任命为詹姆斯·库克大学的校长。詹姆斯·库克大学的校区分布在澳大利亚的汤斯维尔市、凯恩斯市和新加坡。我热爱这所大学。

詹姆斯·库克大学至今已有50多年的历史,是昆士兰第二古老的大学,拥有4500名教职工(不都是全职)和22,000名学生。詹姆斯·库克大学在世界大学学术排名的第300—400位。我们学校的战略目标是通过我校毕业生的努力和重大的科学发现让全世界热带地区的人民过上更好的生活。我们有四个战略主题:热带人民和社会、热带的产业和经济、热带的医药和生物安全、热带的生态环境。目前,大学正处于发展阶段,正在积极吸收外界资金。

未来,澳大利亚高等教育部门可能会有许多变化。但正如我说的那样,我们还不知道高校将走向何方。但我有信心,我们的学校会不断进步。

我确信,跟你们中的许多人一样,我既有条理,又比较感性。我喜欢执行任务并努力追求成果,还喜欢与大家共同分享事业的成就感。

我之所以能有所成,是因为我有成事的能力。我锻炼了自身的工作能力,也希望通过这种能力帮助他人提升领导力。

二、我的领导方法

在工作方法上,我的观点很明确。今天我要与大家分享领导力的三个策略和两个理念,我一直遵循这些原则。

(一)三个领导策略

1.做好自己的工作,不介入他人的工作

我觉得《哈佛商业评论》特刊中的一个经典管理故事(《商业经典:成功管理的15个关键概念》)对我很有用。故事如下:一位经理非常沮丧,因为他每个周末都在工作。但他手下的员工周末都能放松身心,陪伴家人。他很郁闷,为什么自己不可以呢?后来他想明白了,因为一旦他的员工有问题向他汇报,他就会直接接手那个问题,所以员工一走,问题就变成他的了,他就又多了一项工作。于是,他决定采取另一种管理方法。他把问题当作猴子来看待,一旦员工带着问题——也就是带着猴子——来找他,并把问题摆在两人中间时,他就会和员工仔细讨论这个问题:他会欣赏这只猴子,告诉员工怎么去喂养和照顾这只猴子。但当员工离开时,猴子也得跟员工一起走。虽然有时候经理可能不得不留下这只猴子,但总体来说,留下猴子的次数大大减少了。这种方法不仅能减轻经理的负担,还有利于他手下员工的职业发展,毕竟员工应该学会在别人的建议下处理难题,而不是将难题推给别人。这个故事让我明白,我们应该做好自己的工作,而不要介入他人的工作。

2.委派工作

作为校长,我可以给他人委派相应的工作。在我所在的办公室里,每个人都很优秀,他们各有分工,使办公室正常运转。其中,有一位办公室主任非常优秀,她使我和整个团队的工作焕然一新。她的存在大大提高了我们的工作效率,并让我能够更好地分配工作。

3.时间分配和时间消耗

时间分配:我会给我的工作设定一定的完成时限,我发现这对我很管用。一旦时间用完,我就开始做下一件事,否则一项任务可能会占用过多不必要的时间。

时间消耗:有的时候,我不得不把计划放在一边,来处理一些比我想象中更耗时的工作或者一些突发事件。我发现,当有些非常重要的事情——可能是员工的事,也有可能是组织上的事——急需处理时,我需要放弃之前精心制订的计划。放手是很重要的,要以任务和成果为中心。对于我来说,放弃计划做起来比说起来难。

(二) 两个领导理念

1.领导必须做最好的榜样

领导必须做好自己的工作,要对工作成果抱有较高的预期;如果事情进展不顺利,就再做一遍,从中吸取教训。同时,要懂得,领导拥有巨大的影响力——我们的行为往往会对他人产生不可估量的影响。

无论喜欢与否,我相信人们会把我们视作榜样,会在以下这些事情上效仿我们:

大事:比如在失败或业绩不佳时,同事们会观察我们,看我们如何处理问题。我们的表现会影响他们今后应对困难的方式。

小事:比如在讨论公事时——讨论既可能是面对面交流,也可能是电子邮件往来——我们是否能和员工相互尊重、以礼相待。我知道,如果我怒气冲冲地走进办公室,员工们就会担心,甚至无法安心工作。他们会花大量时间思考我为什么生气,是否是对他们不满。我不应该给他们强加这样的心理负担,也没有必要责备员工——不随意责备员工反而让我更得人心。

2.领导必须有所作为——引领变革

我坚定地认为领导必须有所作为,能够引领变革。校长不仅能够领导学校的变革,也能够在解决校外问题时发挥重要作用。

我要和大家分享我在两个领域变革的故事。当然,我的核心工作是促进詹姆斯·库克大学发展,但我仍想跟大家分享这两个故事,一个是国家层面的,一个是国际层面的。

(1)国家范例:澳大利亚高等教育改革。

和世界上很多大学一样,澳大利亚的大学占地广、结构复杂、投资大,并且涉及多国合作。

按照世界标准,澳大利亚高等教育和研究部门的实力还是比较强大的。以学术实力而论,几乎一半的澳大利亚大学都位列世界前500,教育质量高、研究实力强。澳大利亚政府严格控制大学的办学资质,保障高质量的办学条件。现在,教育已经成为澳大利亚第三大出口创汇产业,排在铁矿石和煤炭之后。教育也是澳大利亚创收最高的服务行业。

上一届政府削减大学经费和学生资助后,新的投资开始涌入大学。现任政府提出了进一步削减经费的方案,这是高等教育变革的一部分。如此一来,澳大利亚的本科生就要支付更多的学费,并且大学有权制定具体的收费细则。政府负责制定高校学费标准,不管学生在哪所大学求学,各学科的学费都是受收费标准限制的。

政府的教育改革计划经议会讨论,很可能会被修改。但我们还不知道结果。

澳大利亚大学联盟是代表澳洲所有大学的最高机构。作为澳大利亚大学联盟主席,我与联盟优秀的首席执行官一起,同澳大利亚大学的校长和副校长们以及几位议员合作,一起制定改革政策,促进大学发展,并以此推动国家发展。公共政策的变革即将发生,而且很重要的是,在议会协商过程中出现问题将有助于促进高校发展。这是一个微妙的时刻,也是一个令人激动的时刻。我们应该发挥自己的作用,支持政府进一步推进我国高校和高等教育的变革。

(2)国际范例:热带状况报告[①]。

第二个例子主要关于国际事务。前面提到过,我是2014年热带状况调查报告项目的召集人。由于我们大学主要关注热带问题,我也知道,世界40%的人口住在热带,80%的生物种类处于热带,所以在我担任詹姆士·库克大学副校长时期和担任校长早期,就一直很困惑,为什么对全球动态的讨论总是以北半球或南半球、东方或西方、发达国家或发展中国家、亚洲或其他地区来划分,为什么我们不谈论热带,不写有关热带的文章,不明白热带对世界何等重要——热带地区的发展速度比其他地方快,热带地区极易受气候变化的影响等。可以说,热带地区的环境状况事关世界各国的挑战与机遇。

我们讨论全球发展时把热带地区的问题放在哪里了呢?哪儿也没有!所以我们提议写一份有关热带地区发展状况的调查报告,调研热带地区人民的生活是否有所改善。

---

① www.stateofthetropics.org。

报告的目的是通过介绍热带地区,让人们重新审视热带。报告还有地缘政治的考虑,即改变世界看待热带地区的方式。澳大利亚统计局前局长丹尼斯·特雷文和我共同起草了一份概念报告书,并将它发送给全球11个与我职位相当的人,询问他们是否认为撰写报告有价值。如果他们认为报告有价值,我们还将继续追问——是否愿意加入这个国际领导团队全程指导撰写报告。所有收到报告书的人都热情回应。我主持了一次团队会议,会上我们设立了工作指标,并花了三年时间完成了这个报告。

诺贝尔和平奖得主昂山素季在2014年6月29日发布了这份历史性报告。发布会吸引了全世界媒体前去报道,汇聚了6.8亿观众的关注。这份报告让人们了解到,热带是世界上发展速度最快的区域。在热带,挑战与机遇并存。

现在,全球有一半以上的儿童居住在热带。到2050年,世界上大约会有67%的儿童居住在热带。这意味着什么?国际社会应该保障热带地区的教育、医疗和经济基础设施建设,因为热带地区是世界人口的密集区。我们应该确保热带地区的人民拥有这样的生活环境:他们可以为国家建设贡献力量,并让自己和家人过上富庶而幸福的生活。如果无法保障,热带地区的居民可能会被边缘化,甚至陷入赤贫的困境。

这个项目将造福于民:它揭示了一个问题,播种了一个梦想,甚至传递了一份责任——我们应该共同努力创造美好的未来,不仅是为了热带地区的人民,更是为了整个世界。

我相信,通过与他人合作,我可以给世界带来改变!

结　论

我所推崇的领导力是能够为所在机构甚至全世界带来改变的领导力。做一个乐观主义者、理想主义者没什么不对——努力让你的学科、学院、学部、学校、社区、国家甚至是整个世界变得更好又有什么错呢?你也许无法实现梦想,但尝试总是值得的!

在我看来,怀揣美好信念的领导者应该努力为全世界造福。他们应该有所作为,推动所在机构的发展,为事业和梦想竭尽所能。领导力的重要性不在于本身,而在于影响他人。

我不知道我所说的对你们是否有价值或者你们是否感兴趣。

每天结束工作时,我对自己的最低要求是尽力而为。如果能尽己所能,我就很满足了。

在努力兼顾生活、工作和娱乐时,我所获得的鼓励和慰藉来自亚伯拉罕·林肯的一句话:"如果一个人已竭尽全力,还有什么可抱怨的呢?"有时候,熬过一天并不容易,既然我们已经尽力了,就应该得到赞赏。

很多女人忙于生活又时常遭遇挑战。不过,我所认识的许多职业女性和从事学术研究的女学者都没有因此放弃美好的信念。我们喜欢思考,喜欢理解、感受彼此的故事;我们喜欢分享,喜欢与他人共同庆祝成功;我们喜欢从彼此身上学习,喜欢同情他人、帮助他人。所有这些都能帮助我们尽己所能,做到最好。

同事们,朋友们,感谢你们今天给了我这次机会分享我的看法。

(翻译:尚曾)

青年女性领导力培育

——教育工作者的共同使命

张李玺

(中华女子学院前校长)

尊敬的各位来宾:

大家好!很荣幸能参加第六届世界大学女校长论坛,并给大家介绍中国女性领导力现状,一起分享在大学教育的过程中培养青年女性领导力的一些经验和体会。

一、中国女性领导力不断提升

中国是一个封建统治长达2000多年的国家,中国妇女深受封建枷锁的束缚。那时,妇女没有任何权利,只是男性的私有财产和生育工具,一个典型的描述就是"女子无才便是德"。新中国成立后,妇女地位得到了根本提高,成了国家的主人。新中国成立后颁布的第一部法律是婚姻法,废除了包办婚姻和童养媳制度,实行男女婚姻自由。新中国的第一部宪法明确规定了妇女在政治、经济、文化、社会和家庭生活各方面享有的平等权利。特别是"95世妇会"召开以来,中国政府积极贯彻落实《北京宣言》和《千年发展目标》,在推动女性参与社会,提升女性领导力方面作出了大量努力。据《〈中国妇女发展纲要(2001—2010年)〉终期统计监测报告》,2010年全国女性就业人员约3.5亿,占全社会就业人员的比重达45.4%,真正撑起了"半边天"。特别是在第三产业,尤其是新兴行业和技术、知识密集型行业中女性的占比明显增加。

此外,中国妇女参政议政水平不断提高。在第十二届全国人大代表中,女性的比例达到了23.4%,也许大家对此不以为然,但是这个数字突破了长期在21%徘徊不前的局面。女科研工作者占中国科技工作者总数的1/3,已经成为中国人才强国战略的重要组成部分。越来越多的女性有机会参与经济社会发展,并发挥越来越重要的作用。

取得这些成绩的主要原因有很多,例如,中国把坚持男女平等作为基本国策,在女性人才和女性领导者的培养选拔任用上采取了一系列有效措施;此外,意识形态领域长期的宣传和对女性自尊、自信、自立、自强的教育,推动了女性自我意识的提升。但我认为更重要的是,中国女性受教育程度不断提高,而这也是我今天想着重与大家分享的一个原因。

二、中国高等教育在促进女性发展、提高女性领导力方面发挥了积极作用

国内外大量的研究表明,女性成长、成才有自身的规律,而女性领导力不强、参与意识不高,成为阻碍女性参与公共管理的主要障碍。合适的教育和培训,成为消除障碍的重要手段。

(一)中国女性受教育程度大大提高

提高女性受教育水平,既是女性全面参与社会发展的基本条件,也是提升女性领导力的重要因素。

中国女性受教育的平均年限显著提高。据《第三期中国妇女社会地位调查主要数据报告》,2010年,中国18—64岁女性受教育的平均年限为8.8年,比2000年提高了2.7年,相比男性,女性受教育平均年限提高的幅度更大,性别差距已由2000年的1.5年缩短为0.3年。

中国女性接受高等教育的比重逐年上升。2010年,高校在校生中有女研究生(含博士、硕士)64.43万人,占全部研究生的50.36%,比2000年提高14.2个百分点;本专科女生1135.1万人,占50.86%,比2000年提高9.5个百分点。大学中女生的比例已经超过男生。

中国女性接受继续教育的状况得到持续改善。据第三期中国妇女社会地位调查显示,近3年来,有16.6%的女性参加过各类培训和进修,其中从业女性参加过培训和进修的比例为20.3%。所有这些都为发展和提升女性领导力提供了基本保障。

(二)中国高等教育在提升女性领导力方面的经验、做法

1.高等教育政策性倾斜,帮助女性获得更多的发展机会

有调查显示,女大学生平均投出44份简历才有可能得到一个意向协议,56.3%被访女大学生对就业形势不乐观。针对女大学生就业难情况,政府近年来连续出台了一系列措施。例如,全国妇联与教育部、人力资源和社会保障部、中国女企业家协会共同发起"全国女大学生创业导师行动"。截至2011年底,该行动已在各地建立女大学生创业实践基地6700个,拥有12,000多名创业导师,提供见习岗位16万个,已帮助13万名女大学生实现创业;他们还开展了"女大学生创业扶持行动",通过小额贷款支持、创业培训、

安排就业见习、召开专场招聘会等工作推进女大学生创业就业,实现女性自身与社会的同步发展。

2.女子高校的蓬勃发展在促进提升女性领导力方面发挥了主力军作用

中国目前专门从事女子高等教育的机构有近20所,在校生超过4万人。这些学校包括女子普通本科高校和高职高专学校,提供硕士研究生教育、本科教育、专科教育和短期培训(张李玺,2012)。女性高等教育已成为中国教育体系的重要组成部分。

第一,女子高校一直致力于将具有社会性别意识的女性教育推广到主流教育中,为女性提供了更多接受高等教育的机会,并为女性提供了更多谋求社会职业发展的课程和学业的选择方式、符合女性的教育形式,以及没有性别歧视的、有效的学习环境。很多研究表明,女校学生在数学、自然科学和阅读方面的能力超过男女合校的学生;女校学生更积极参加课内外的各种活动,获得更多发挥领导力的机会,对自身在学习、能力提高、个人生活等方面的满意度高于男女合校的学生。

第二,女子高校能培养更多的具有社会性别意识的优秀女性人才。女子高校的学生比男女合校的女生更具有社会性别意识,更加明白两性的社会角色是人为的、可以重构的、可以通过改变社会性别制度来改善的。女人的命运掌握在自己手中。女校的学生更具备解构权威、关注差异、民主多样、参与赋权、群体互动的理念,也更有竞争的信心和勇气。

3.女性/性别研究相关学科建设取得重大进展也对女性教育发展起到积极的促进作用

经过改革开放多年的发展,中国女性/性别学科(women/gender studies)的内容与领域不断拓宽,使传统的大学学科无论在思维方式上还是在知识结构上都发生了重大变化。2006年,女性学专业被正式列入教育部本科专业目录。目前,中国有30多所大学/研究院的44个硕士学位点招收女性/性别研究方向的硕士研究生,11个学位点招收女性/性别研究方向的博士研究生,这些学位点遍及哲学、经济学、文学、史学、法学、管理学、教育学等学科门类。

同时,女性/性别学科的师资队伍不断壮大,仅中国妇女研究会就有115个团体会员单位,50多所高校设置了妇女研究中心,开展相关研究和教学活动。这些都深化了社会性别对中国女性/性别学科的影响。

4.高校在日常教学活动中重视女性领导力的培养

高校除了在学科建设、学术研究、课堂教学中积极培养女性全面发展外,还积极支持学生社团在各项活动中培养女大学生的领导力。如,高校设有女生部,组织"女生节"、保护环境、反对暴力等各种推进性别平等、反对不平等的活动。这些活动促进了女大学生性别平等意识和主体意识的进一步觉醒,增加了高等教育特别是校园文化中女性平等参与的机会。女大学生的组织、游说、谈判、推广、协调、沟通等领导力也通过这些活动得到培养和锻炼。

5. 开展多方合作，丰富女性领导力培育模式

以中华女子学院为例，从2013年开始，中华女子学院与美国威尔逊国际学者交流中心合作，在中国开办了为期三年的"女性参与公共服务——女大学生领导力培训"研讨班，整个研讨班计划培训来自北京和全国各地高校的120名女大学生，在社会性别意识、国际妇女运动发展、自信心、执行力、决策等方面给她们提供系统讲授。授课教师来自中国内地、中国香港、美国、韩国、日本等地，培训还组织女大学生赴美国等地参加"与高层女性对话"活动。目前，两期培训已经完成。结果显示，培训在提升女性的社会性别意识、提高领导力，特别是参与意识、平等意识等方面产生了积极的影响，收到了明显的效果。

另外，中华女子学院还先后与幼儿园、小学和中学合作，联合开展以行动为导向的科学研究，在幼儿园和小学开展社会性别意识教育，提高教师和学生的性别平等意识，营造一个大家都来关注女性成长、提升女性参与意识和自信心的氛围，为她们日后进入社会、积极参与经济社会发展奠定基础。

三、青年女性领导力培育是教育工作者的使命和责任

无论就全球状况而言，还是就中国的现状而言，进一步提高女性领导力并充分发挥其重要作用任务艰巨，意义重大。从中国的现状看，女性参政议政的比例仍偏低，离《北京宣言》要求的妇女在决策层中占30%的比例还有较大差距；女性领导人的数量偏少，作为主要领导的"一把手"就更少。越到高层，女性领导越少，女性领导能力并未得到充分发挥。要解决这些问题，尚需坚持不懈地努力，比如我们要进一步从思想上真正树立男女平等的性别观念，营造支持女性发展的社会环境；切实解决妇女就业歧视、参政歧视和劳动待遇不公平等切实问题；加大对妇女教育培训的投入，激励优秀女性人才成长等。

作为教育工作者，我想立足本职工作谈几点培育女性领导力的建议。

(一) 将性别平等教育和女性领导力培育纳入各级教育体系

让儿童从小建立性别平等、男女两性共同参与决策的意识，让更多女性能够摆脱传统性别观念的约束，提高自信心，掌握相关的能力，积极主动参与公共管理和决策。当然，这是一个系统工程，需要基础教育和高等教育机构的协作，还需要社会各界的关注和支持。首先需要政府层面的政策支持，教育部要开展专题论证，将女性领导力培训纳入教育体系，使其成为女性成长过程中的必修课程。此外，还要深入研究女性领导力的内

涵和外延,要研究女性领导力培育的规律,按照领导力发展的规律设计相关的课程。女性领导力的培育要从义务教育抓起,一直延伸到高等教育。在这个系统工程中,小学、中学和大学教育者要达成共识,各自明确职责和任务,分工合作,有机衔接。

(二) 发挥高校的研究优势,在女性领导力研究方面发挥积极推动作用

例如,2010年,陈至立副委员长亲自倡导、主持开展了"女性高层次人才成长状况研究与政策推动项目"研究,并依据研究结果向科技部、国家自然科学基金委员会等部门提出"放宽女性申请青年科学基金的年龄到40岁、进一步明确女性可以因生育而延长在研项目结题时间、逐步增加专家评审中的女性成员人数"等政策建议。这些建议得到了认可和采纳。2011年,科技部和全国妇联联合发布了《关于加强女性科技人才队伍建设的意见》,从增加女性科技人才储备、扩大科技领域女性就业机会、促进女性高层次科技人才发展等方面提出了一系列政策措施。这些政策的实施收效显著。青年科学基金项目女性获资助者由2009年的1991人增加到2010年的2723人,增长36.77%。在国家杰出青年科学基金项目中,获资助的女科研工作者人数在2010年达到32人,此前年度获资助女性人数从未超过20人。女性获资助率达到13.62%,比男性高出3个百分点,改变了长期以来女性获资助率低于男性的局面。

(三) 做有社会性别意识的教育者,为促进女学生领导力培养营造良好环境

各级各类教育机构要鼓励女学生自尊、自信、自立、自强,并为之营造良好的培养环境。而营造这个环境,最有责任和义务的是我们在座的女校长们,我们可以在学科建设、科学研究、经费资助等方面给女教师和女学生们更多的机会,在女性领导力培养的师资队伍、教材建设方面加大投入力度,在全国乃至全世界的女性领导力课程和资源整合方面拓展思路。

总之,我们相信,21世纪将是一个大批女性进入公共管理,在经济社会发展中发挥重要作用的世纪,关注青年女性领导力培育将会给女性发展带来机遇,更会为社会和谐发展带来生机和活力。

我们认为,一所女校长管理的、具有社会性别意识的学校,一定会让更多的女学生知道:只要同样有机会,她们也能创造辉煌。

谢谢大家!

领导力与变革：我的经验和教训

卡伦·L.古尔德

（纽约市立大学布鲁克林学院校长）

早上好，我很荣幸能够有机会参加这个鼓舞人心的论坛。过去的几天，我们已经听到并分享了许多引人深思的观点和诸位的领导经历。今天我想借此机会感谢会议的主办者和中国传媒大学，感谢你们让我们在此相聚，感谢你们打造这样一个全球高等教育女性领导力对话平台。

今天我也特别开心能够对在座的各位女校长，以及各位前途光明的年轻女性发言。在这个全球化的时代，女校长们必须目标清晰，勇敢进取并放眼未来。而今天在座的各位年轻的女性将引领我们的未来，我非常肯定在数十年后你们将肩负领导者的使命，促进大学、社会和文化的发展。

经常有人让我介绍自己——作为女性——在不同学术背景下的职业发展经历，比如教授法国和法语文学尤其是女性文学的经历，还有成为学术机构领导的经历。想在这个简短的发言中把我的所有经历介绍清楚是不可能的，所以我将把重点放在当前话题上，并期望用一种幽默诙谐的方式让大家有所思考、收获智慧。

首先，我想简单地自我介绍一下：我于1948年出生在美国旧金山，我的家庭相对贫穷。父亲在第二次世界大战后读完高中，然后在加州大学伯克利分校获得了一个药学学位，他能读大学多亏了军人安置法案和我母亲的努力。我母亲并没有大学学历，她在银行工作。我的父母希望两个孩子都能上大学。作为家中的长女，父亲总对我说，只要我足够努力，充分发挥潜能，就能实现所有梦想。我小时候想成为一个著名的芭蕾舞者，但当时个子不够，所以我觉得父亲的话似乎也不太对。然而，正是父亲灌输的毫不动摇的信任——相信我一定能梦想成真——一直在支撑着我实现一个个理想。我非常感激父亲，是他让自信常伴我左右。

我小时候有过很多很宏伟的理想，但是我从来没想过会成为大学校长，连高中校长都没想过。现在回忆起来，我一直非常尊敬老师、热爱学习。1964年，作为帕洛阿尔托市的一名学生，我被选到法国交流学习了一年。我那时虽然成绩优异，但法语一直不太好，所以当时还惊诧于自己被选为法国交流生的事实，毕竟此前我从未出过国。让我意外的是，父母居然同意让我在法国南部的一所公立女校度过高三一年，他们当时并不知道这段经历对我意味着什么。

我16岁那年来到距离家乡6000英里之外的法国，在寄宿家庭过着简朴的生活，而正是这一年的生活改变了我的人生。我的法语越发流利，并开始迷恋法国历史、文学和文化。1969年，我在索邦大学完成我的本科学习，之后又在俄勒冈大学和巴黎获得了近代拉丁语博士学位。1973年，我在宾夕法尼亚州一个偏远小镇上的巴克内尔大学担任法语教师，这是我的第一份教师工作，也是我从未想到的一份工作。作为一位有着国际化视野的教师、学者，我必须适应美国中西部的乡土生活和阿米什村民的风俗——他们民风淳朴但与世隔绝。我在那里的婚姻破裂后，变得只身一人——家人远在加州。我时常问自己：我来这里干什么呢？孤孤单单，无依无靠，于是我投身教学、研究和教学委员会工作，并继续跳舞保持健康。我又一次学着慢慢适应新生活。

在从事教学、科研和服务工作的20年中，我先后就职于三所大学。在此期间，我再婚了，还有了两个可爱的孩子。1996年，我接受了欧道明大学的职位邀请，成为文学艺术学院的院长。于是，我再次搬家，这次是从俄亥俄州搬到弗吉尼亚州。在这之后，我又担任了辛辛那提大学文理学院院长、加州州立大学长滩分校的教务长和主管学术事务的副校长。2009年，我成为布鲁克林学院的校长。我每一次职务和工作地点的变动，都意味着要适应新的文化环境和体系。每一次变动都让我的管理经验、教学观点和学术研究重点变得更为清晰。

每一次从"局外人"变成大学管理者，我总是试着深入学习大学管理体系，提出新的管理观念，开拓新的研究方向，同时尽快察觉其他教职工是否对我的新政策有不满或担忧。事实上，我一直致力于高校改革，但我从不大张旗鼓，而是用清晰的方向和目标指导我的工作。

最近几年，国内外涌现大量媒体报道，探讨政界、高等教育、传媒、汽车工业、投资银行、空间探索、科技、体育等各行各业的"首位"女领导、女CEO意味着什么。之前，《纽约时报》在"周日体育"版面刊登了一篇特别报道，文章叙述了黑人公社辩护律师米歇尔·罗伯斯的故事。她小时候一直住在低收入家庭安置房里，但现在米歇尔已经是NBA球员工会的"首位女领导"。米歇尔对自己成为NBA中"首位女领导"一事的认识很值得我们学习。她用亲身经历"教导外甥女们，不要在意你是否是公司里面唯一一个女性，而要尽量比其他人更优秀"。米歇尔的建议有效而直白。成为"首位女领导"很值得骄傲，但更为重要的是，领导者的管理工作是否有效、深刻、新颖。

我积累了哪些担任高校领导的经验呢？我又能对有志成为领导者的年轻女性提出什么好的建议呢？下面是我的五条简短有效的建议。

第一:保持自信需要长期坚持。

人们大都认为,自信是开展高效管理工作的前提。但是,自信并不是天生的。对于大多数人来说,获得自信也并非一日之功。培养作为领导者的自信将是富有挑战却十分必要的过程。想在任何行业获得自信都需要付出大量时间,积累各种经验,同时还要有充分的耐心。我认为,与同事们高效合作、理解成员的共同目标,就能够形成作为领导者的自信。

自信不应该和自大混淆。自大的人不愿意听取他人意见,总觉得自己什么都懂;而自信的人则善于倾听他人的见解,耐心地分析问题,最后才作出对公司和个人未来发展有利的决策。

第二:创造并发展领导团队至关重要。

高校领导,包括女校长,只有组建一个值得信赖的领导团队才能有效地发挥领导作用。大学大多机构庞大、人员冗杂,校领导必须有效地招纳贤才、及时地对教职工更新换代,才能促进未来的发展。和多数的校长一样,我的团队主要是上一届领导组建的,队伍中有人工作能力突出,有人却差强人意。我曾招收过新成员,也劝退了部分老"战友"。我从实践中认识到,领导层的构建非常困难。高校教务长、院长、校长都应该做好教职工测评工作,认真选拔有能力的新人,因为这些选择事关高校未来的发展。

第三:时刻关注高等教育的核心目标,力争为社会作出更大贡献。

如今,美国公众的目光聚集高等教育,这是前所未有的。纳税者、公务员、大学校友和家长们都在质疑美国高校的教育、专业及其经济价值,他们不确定美国对高等教育的投资是否能收获应有的回报。近20年来政府给公立大学的办学经费持续下降,因而我们必须把经费花在实处,给真正优秀的学生和教职工颁发奖金。我们也必须寻求更多的外部资金,来支持科技创新、推行项目、颁发奖学金。

洞悉瞬息万变的经济状况并采取措施尽快适应经济社会的发展是美国每一位大学校长和学院院长不容推卸的责任。与此同时,作为高校领导,我们还要时刻关注高等教育的核心目标和重大影响。我们必须确保学生们能在课内外深入学习各种知识,保证学生们在掌握专业知识的同时,能够培养批判性思维,乐于与持异见者共处。高校毕业生成功掌握了各种知识、技能和理解力,将在各自擅长的领域,本着负责任的态度,努力为公司和社会作出贡献。

第四:既要庆祝成功,也要承认不足。

高校领导们都知道公开表彰优秀学生、教职工和毕业生的重要性。我和许多校长一样,觉得表彰他们是最快乐的事情。我们怀着满腔热情,衷心感谢学生和教职工们为高校作出的贡献,并为他们感到自豪。

与此同时,作为校长,我们还必须处理好令人不快的麻烦,这是对我们的耐心、智慧和外交能力的多重考验。有时候，我们会作出并不完善的决定和判断。当这种情况发生时，我们必须立即承认错误并从自己或他人的错误中吸取教训。"人非圣贤孰能无过"，我和我的领导团队成员都犯过错，之后也都会尽力补救。犯错并不可怕，关键是我们要及时承认错误并共同商讨解决方案。不敢直面困境、不想承认错误，这两点是当领导的大忌。

第五："壁垒上的裂缝"——帮助其他女性提高领导力。

高校女教职工不受重用的局面已经有所改善，但现状依然不容乐观。那些没有跻身高校领导层的教职工已经被详细记录在案，他们未来的发展将成为人们争论的焦点。20多年前，帕特丽夏·特纳·米切尔在《壁垒上的裂缝：高校管理层中的女性》(*Cracking the Wall: Women in Higher Education Administration*)一书中写道："即便高校女领导的数量有所增加，但我们的成就依然像是在壁垒上砸出了一条裂缝。"20年后的今天，尽管在学术界、科学界、企业和组织中涌现了一批女领导，但女性领导力的发展进程依然缓慢，这一点让人很受挫。

作为女院长、副校长和校长，我们有责任引导年轻女性成为未来的领导。通过为女性提供更多的职业发展机会，锻炼她们的领导才能，鼓励她们摆脱安逸、接受挑战，我们终将培养更多的女性信心满满地走上领导岗位。

（翻译：张达维）

我对女性领导力的几点看法

克里斯塔·薇兰托拉

（坦佩雷大学董事长）

亲爱的同行，女士们、先生们：

首先对第六届世界大学女校长论坛的主办方和赞助商表示感谢，我很荣幸能够在此发言。这是一次宝贵又难忘的经历，论坛让我们结交新朋友，了解中国文化，认识当代中国。参加中国传媒大学60周年校庆，见证现代女性领导力研究院成立，又给我们留下了许多美好的回忆。

我有幸参加了五届世界大学女校长论坛。论坛主办方让我总结一下论坛的意义和影响并发表自己的看法。

世界各国学术界的女性领导定期会面，相互切磋，讲述个人事迹、分享领导经历，论坛的重要性是不言而喻的。通过论坛，我们相互学习，共同推进高等教育及性别平等事业。此外，我们也深知，作为前辈的大学女领导应该鼓励有潜质的青年女性参加培训并最终走上领导岗位。

一、鼓励青年女学者的必要性

那么，具体怎样鼓励青年女学者呢？我们都知道有些事情越早做越好，比如：

(1)鼓励青年女学者在职业生涯中不断担负新的重任；

(2)提醒她们不必为了自己的事业而牺牲家庭和孩子；

(3)为女性组织领导力培训，最好也让男性参与培训；

(4)通过开展战略规划、设置管理机构、成立工作小组，确保女性在领导力培训和政策性活动中有足够的参与度；

(5)保证高校能够为女性提供平等的机会。

我们还应记住，等到职位空缺再寻找女性候选人就太迟了，毕竟女性领导不是说来就来的。此外,我们还可以从政商界的女性领导身上学到很多经验,从而推进非学术领域的性别平等。

二、以女性领导个人之力无法改变世界

榜样就像永不熄灭的火把,其影响是十分重要的。中国的刘继南教授和土耳其的居尔松教授就是我们的榜样,这两位女性是"有志者事竟成"的生动阐释。

尽管个别的女性领导是无可取代的榜样,但她们的力量不足以带来永久性的改变和实质性的进步。因此,举办这次论坛,让女校长们会面并讨论国际发展形势是十分重要的。很多建设性意见会在会议中产生,或在其他研讨会和活动中落实。欧洲大学联盟(European University Association)和世界大学校长论坛(World University Presidents' Forum)这样的地区性会议都有特殊意义。

女性领导者还需培养,因此现代女性领导力研究院的成立恰逢其时。说到这,我想引用一个瑞典普选新闻中的数据。该新闻称,一项民意调查显示,72%的选民认为性别平等问题是影响他们投票的一大因素。这说明,瑞典所有政党都将性别平等提上了参选议程,而这72%的选民中有相当一部分是男性。

三、女性与男性共同改变世界

为实现学术界和其他各领域的性别平等,女性和男性要为创造更美好的世界而共同努力。从历届论坛可以了解到,我们需要特别关注学术界女性的职业前景,因为还存在一些体制问题,比如现行的雇用制度并不利于促进男女机会均等。由于家庭原因,女性事业起步较晚,而她们最初的职位和薪水都比较低。从事顶级研究工作的女性少之又少,而年轻的女研究员结束产假后,其工作又很可能被边缘化。

我认为我们还需要考虑另一个问题。事实上,女性并不愿公开谈论性别歧视和自身的不满情绪。她们宁愿不说,或者只和其他女性讨论。女性的交际空间很小,能让男性和女性共同探讨男女平等的论坛则更为罕见。

四、在世界范围内建立信任机制

关于本论坛,我还想提一点。这方面的效果或许不能立竿见影,因为这是隐性问题,要有一定的时间才能完成。我指的是要建立彼此信任的关系,让不同国家的院校开展国际合作。相互信任意味着我们不能把自己的体系或想法强加给别人,而应该相互学习。

无论我们来自单一民族的小国家,还是来自多民族、多语言的大国;无论我们来自发达国家还是发展中国家,都要相互依存,更好地了解对方。

世界大学女校长论坛的举办,使得大学间的双边或多边合作成为可能。我们已签署各种合作协议,但真正令人期待的是这些协议生效并持续落实到学术活动中的那些时刻。我们有很多成功合作的例子。在此,请允许我先举一例。世界大学女校长论坛创立之初,我们同中国传媒大学开始了教师交流和本科生交流项目。中国学生到芬兰坦佩雷学习,求学的学校在"博洛尼亚进程"(Bologna Process,欧洲的一种教育体制)、学费制度和英语培训的基础上,为中国交流生提供学士学位课程。这样的学习能够很好地帮助那些在国内获得学士学位准备去欧洲上研究生的中国学生。同样,芬兰学生也可以到中国传媒大学南广学院学习一年,主要学习汉语沟通技能,这一年算是他们芬兰本科学位学习的一部分。

研究方面,我们与中国传媒大学和复旦大学建立了双边、多边媒介研究组。北欧的26所大学与复旦大学在上海联合创立了一个活跃的平台——北欧中心(Nordic Centre)。我近期在坦佩雷见到中国传媒大学和复旦大学的一些学者与坦佩雷大学的学者一道在暑期学校工作,这就是媒介与信息研究的一个合作项目。

基于上述实例,我想问,要在世界范围内促进高等教育领域的沟通合作,还有比论坛更好的方式吗?

最后,请允许我再次感谢主办方,谢谢你们的热情招待,谢谢你们组织了这样一次振奋人心的聚会。在实现男女教育平等和领导力平衡的目标前,我们始终要保持足够的耐心和积极的心态。

(翻译:唐惠润)

高瞻远瞩开拓民办教育蓝图
凝心聚力彰显女性领导魅力

胡大白

（黄河科技学院创办人、董事长）

尊敬的各位校长、各位嘉宾，女士们、先生们：

1984年，中国高等教育毛入学率仅为2.37%，经济社会快速发展与人才匮乏的矛盾十分突出。人民群众渴望求学，离退休干部希望发挥余热，高校教师盼望施展才华。把求学者、办学者、教学者三股力量整合在一起，为国家培养急需的人才，成为时代的要求、人民的呼声。在这种情况下，我与丈夫杨钟瑶用30元起家，创办了"郑州自学考试辅导班"，并确立了"为国分忧，为民解愁，为社会主义现代化建设服务"的办学宗旨，坚持以质兴教。我们艰苦创业，滚动发展，用2年多时间就发展到学生10,000多人。1988年，我提出"创办中国特色社会主义民办大学"的战略目标，从此"敢为天下先"成为学校创新创业、勇往直前的最强音，成为学校发展的冲锋号。1989年，学校归纳概括了黄科院精神，即"清醒敏锐的开拓精神，勇往直前的拼搏精神，坚韧不拔的实干精神，大公无私的奉献精神"，这成为后来指引学校发展的精、气、神。1994年，学校成为国家教委批准的第一所民办普通专科高校，实现了历史性跨越。

1995年，我提出"以提高教学质量为中心，以提高管理水平为手段，以加强思想政治工作为保证"的办学方针，以及"打硬仗、上台阶、创特色、争名牌"的战略思想，并按照本科院校建设标准，大力改善办学条件。经过5年的辛勤努力，2000年，我们成为教育部批准的全国第一所实施本科学历教育的民办学校。

升本以后，为了实现"办一所对学生最负责任的大学"的愿景，我们更加注重品牌建设和内涵发展，将主动服务地方经济建设和社会发展作为战略目标，构建了"本科学历教育与职业技能培养相结合"的特色人才培养模式。2008年，我们得到了教育部本科教学工作水平评估专家组的充分肯定。学校的办学之路，也两次被美国弗吉尼亚大学商学院列为教学案例。学校本科毕业生平均就业率连续多年保持在96%以上，2014年被教育部评为全国高校毕业生就业工作50强。

作为学校的创办人与董事长,我始终坚持依法治校,民主管理,推进现代大学制度建设。学校建立了学术委员会及"双代会"等制度,充分发挥学术组织和群众组织在学校管理中的重要作用。同时我提出了"全心全意为学生服务、全心全意为教师服务"的理念,把学校营造成学生和教职工的精神家园。我把学生当成自己的孩子,使学校到处充满温馨的爱意,学生们称我为"校长妈妈",我很感动也很自豪。我们对教职工采取"事业留人、感情留人、待遇留人",现在学校设置14个二级学院,9个研究所,58个本科专业,31个专科专业,设有国家专业综合改革试点、院士工作站、博士后研发基地、工程技术研究中心、重点学科、特色专业、实验教学示范中心等高层次教学科研平台44个,为教师提供事业发展空间。同时,学校把他们当成家人,努力把他们的需求想在前面,建成教职工安置住房528套,均价在2300元/平方米,远低于郑州市商品房价格,使他们能安居乐业。

当前,学校作为全国首批"应用科技大学改革试点战略研究"单位,积极贯彻落实国务院关于加快发展现代职业教育体系建设的部署,坚持"应用型创新人才"的培养目标定位,加强校企合作、校政合作,积极开展国际交流与合作,全力推进学校向应用科技大学转型发展。

30年励精图治,我们走出了特色发展之路,实现了跨越式发展;30年春华秋实,我们创造了无愧于时代的辉煌业绩,铸就了无愧于历史的荣光;30年薪火相传,我们形成了独具特色的优良传统,积淀了弥足珍贵的精神财富,为实现建设中国特色、世界一流应用科技大学的宏伟目标,开启了新的航程。

中国：历史与未来之交

塔玛拉·钦察泽

（格鲁吉亚外交学院执行院长、中格友好协会会长）

中国是世界古代文明的发祥地。中国是一个神秘的国家，其许多思想成就是现代文明的基础，也为其他许多国家的艺术、哲学、医学和科技发展提供了灵感。

后来我才认识到，真正的艺术力量蕴含于艺术本身。多年前，在乌克兰基辅，当我还是高中生的时候，我发现自己对艺术很感兴趣。我在古老的街道上漫步，参观教堂、洞窟修道院、历史名胜、博物馆。然而，我拿回第比利斯的唯一纪念品却是在克里斯艾迪科街①上买的中国茶具。这并不是什么稀世珍品，而是苏联时期在许多城市可以看到的礼品。当时，我只对基督文化感兴趣，天知道我为什么被中国的纪念品吸引。那时候，镌刻奇异花纹的容器深深吸引了我，给了我无尽的想象。

我从未打算专门收藏中国的艺术品，但买了第一件后，我开始养成了买中国产品的习惯——无论是在莫斯科、旧金山、费城、华盛顿、纽约，还是在欧洲的城市，抑或是东方的城市，我走到哪里都会买中国的艺术品。在商店或东方珍宝店里，我总是被雕像、器具、扇子、刺绣、花瓶、绘画、珠宝等中国艺术品吸引。"你被迷住了！"英国人、美国人如是说。

长期观察特定的形式和色彩让我开始了解中国艺术的本质。随后，我开始看中国的绘画作品和理论书籍。人生来贪婪，总是要求得到更多。我收集的中国艺术品越来越多，于是腾出一个大房间用来做中国博物馆。那里的氛围很特别，给了我一种平静、神秘、特别的美感。

早晨，特别是我心情不好的时候，我会走进我的中国博物馆，四处看看，坐在中国原产的长椅上，感受平静美好之气。若有朋友来拜访我，我们会在其他房间聊天，墙上挂着静物画。这样的房间也很美，但不会让人感到神秘。若朋友询问："我可以去你的祈祷间吗？"我不会感到惊讶，我知道他指的是我的中国博物馆。博物馆很安静，弥漫着神秘的美感，对于欧洲人来说很新奇。几乎所有中国驻格鲁吉亚大使和使馆工作人员都曾来过

---

① 基辅的主街。

我的博物馆。大使宫建伟曾说:"你有两件事让我感到惊讶,一个是中国博物馆,一个是中格友好协会。"他继续说:"我从未想过,能在格鲁吉亚看到这样安静的中国一角。我觉得在中国这样的私人博物馆都很少见。"宫大使赠送了我两件中国艺术品,丰富了我的收藏。在离开格鲁吉亚前,宫大使在城市博物馆举办了一次展览,展品是中国和格鲁吉亚的照片。他让我选择两张照片作为礼物。我选择了两张美丽的照片,那是中国和格鲁吉亚最美丽的景色。

在宫大使离开格鲁吉亚前一天,他拜访了我,还拿来了我挑选的那两张照片。他问我:"你知道这是同一个地方的两种风景吗?"我不知道。事实上,这两幅照片都是四川的景色,并且几乎是同一个地方。我在我的中国博物馆里为这两幅照片安排了位置。王开文大使曾送我一个象征着力量的中国古典雕像——马踏飞燕。这个雕像现在陈列在玻璃柜里,与我在其他国家买的中国艺术品放在一起。所有的来客无一例外地会被墙上的陈列所吸引。这幅黑色的丝绸花刺绣可能出自19世纪,颜色褪去,反而更显得庄重而美丽。这些艺术品背后都有很有趣的故事。在第比利斯老城的一家古玩店,我看到了一个古老、破旧的屏风。似乎没有人想买它,但我买了,我把它切割成四块刺绣,加框,没有明显瑕疵的艺术品于是就诞生了。

最近,中国驻格鲁吉亚大使岳斌先生来我家拜访。他对我的展品印象也很深刻,并向我解释了一些艺术品的意义,还许诺赠送我一些青铜艺术品来丰富馆藏。

在接触中国文物、艺术和文学多年后,我产生了去中国的想法。一个机会促成了我的中国行。王开文大使邀请我和古丽·阿拉萨那教授、卢丹·罗特潘德教授和玛娜娜·萨纳泽教授前往北京参加第三届世界大学女校长论坛。我们代表了不同类型的教育机构。我代表了格鲁吉亚的外交教育。中国的接待非常暖心。会议在人民大会堂举办。会后,我们参观了古寺、宫殿和公园,还登上了长城。会议组织者为我们办了酒会和欢迎派对。晚上,我们回到宾馆,在床上和长椅上看到了不同的礼物——画、刺绣、丝绸艺术品和我们的照片等。桌上每天都有装满异域水果的篮子。我们无时无刻不感受到组织者的贴心。中方组织者承担了所有的费用,甚至我们的机票,这是我们没想到的。

后来,我们又去了其他城市参观——令人震惊的上海、美丽的苏州和南京。古老的历史、艺术、建筑和现代的技术、建筑、医学以及欧式现代艺术完美融合;传统与现代交相辉映,和谐共生,这些城市所代表的正是中国的特征。在其他国家,这些几乎是看不到的,但在中国,新与旧的完美融合让人倍感舒适。中国人给传统注入活力,尊重历史并重获新生;前进的中国,正处于历史与未来之交。

格鲁吉亚驻中国大使馆也给了我们访问团很多帮助。米哈伊尔·乌克列巴大使于百忙中带领我们参观了名胜古迹,并一一解释相关意义。我们还拜访他家,他美丽的妻子招待了我们,并做了可口的中国菜。很明显,像米哈伊尔·乌克列巴先生这样了解历史与文化、代表传统与现代并能与本地人结为朋友的人本来就应该成为大使。由于米哈伊尔·乌克列巴先生拥有这些可贵品质,所以他被推选为《格鲁吉亚人看中国》一书的主编。这个选择绝对是正确的。这本饱含中国之爱的书,也激发了我的写作热情,让我乐意与读者分享我与中国的故事。

2009年,我创建了中格友好协会。每一个想法都需要时间积淀才能转化为行动。从高中时代买第一个中国纪念品到2009年创办协会,我的想法变成现实的确经历了很长时间。由于我对中国文化怀揣钦慕之情,我组建了这样一个能让会员经常探讨中国艺术、哲学、政治、经济和医学的协会。一些中国的大使也参加过讨论。其中一次会议是在塔玛拉美术馆举办的。从名字可以看出,这个美术馆也是由我发起成立的。

那次会议于2012年9月举行,恰逢中格建交20周年。陈建福大使发表了开幕式演讲。接下来,协会成员弩泽教授发表了关于两国建交20周年的演讲。最近,岳斌大使和协会会员还做了一次访谈。

没有建设性的行动是不会受到关注和赏识的。我发现,中国驻格鲁吉亚大使非常欣赏我们协会的活动,因为我们洋溢着了解中国历史、文化诸方面的热情。为了拓展兴趣,过去三年,大使馆还提供了让我们到中国短期学术访问的机会。协会成员对此十分积极,他们从中国带回了丰富的资料并乐于与我们分享对中国的印象。

多年前,一个女孩儿买了一套中国茶具,从此她发现了一个美丽新世界。奇妙的是,一点兴趣就足以影响人的一生。我的兴趣促使我收集中国艺术品,学习中国历史、艺术和文化,随后又创建中格友好协会。

看似不经意的一步,一步一步迈出去就踏出了一段旅程。没有绝对的巧合,所谓的灵感往往也只光顾有准备的人。我的一步步是什么?那就是对中国伟大文明和灿烂文化的爱。

中格友好协会的标志——两只紧紧相握的手,象征着两国人民的友谊。在这里,我们能看到格鲁吉亚和中国的关系——友谊、互助、理解与包容。

(翻译:马心湖)

下编

大学女校长与女性领导力的提升

女性领导在大学管理中的体会

关乃佳

（南开大学副校长）

在知识经济时代，高等教育无论是对于一个社会的良性运行，还是对于个人发展都具有举足轻重的作用。在我国，越来越多的女性进入大学，成为大学校园里一道靓丽的风景，也有越来越多的女性进入大学的管理层，这标志着社会的巨大进步。我投身于高等教育事业30余年，从2006年开始担任南开大学副校长，在此我希望和大家分享我对大学女校长社会角色的认识和我的人生体会。

中国进入现代社会以来，一方面，受到更为积极的社会性别平等制度制定和性别文化观念的影响，女性在受教育水平、职业、收入及婚姻和家庭等方面的自主权得到了明显提高；另一方面，随着更为平等的教育机会和妇女平等意识的增加，女性对社会参与和家庭中平等的主观期待也在提升。这些都促进了女性在社会发展领域的参与和贡献。具体到高等教育领域，中国女大学生、女硕士、女博士人数和比例都在快速增长，一些专业各层次的女生比例明显高于男生，大学女教师的比例也显著提高。2010年，全国12万余名硕士研究生中女硕士占到50.4%。2012年，全国硕士研究生143万余人，女硕士比男硕士多4万人。女博士研究生所占比例也逐渐上升：2008年，女博士只占博士生总人数的34.7%，2012年已经达到36.5%。与此同时，大学校园管理层中的女性也越来越多，她们在推动我国高等教育事业发展中发挥着重要的作用。截至2013年，中国"985"高校中校领导总数为448人，其中女性45人。

在高等教育的发展进程中，大学校长的角色发生了明显的变化。20世纪50年代末，著名学者哈罗德·斯托克提出，大学校长开始从"学者型"变成"管理型""经理型"。第一种是学术象征型的大学校长，第二种是教学行政管理型的校长，第三种是校务经营型校长。随着高等教育在21世纪的新变化，大学面临更多的挑战和机遇，对大学校长也提出了更高的要求，大学校长应该是复合型管理人才，应该兼具学者、管理者和经营者的理念和素质。女性对大学管理的参与能够为大学的发展带来多元化思想、经验及创新理念。

大学女校长具有不可比拟的优势。在人力资源开发和管理的相关研究中,学者通过对不同行业、不同职业、不同职位以及不同人口特征(性别、年龄)的实证调查,总结出成功人士的六大类胜任特征,主要包括:(1)成就特征——成就欲、主动性、关注秩序和质量;(2)助人/服务特征——人际洞察力与服务意识;(3)影响特征——个人影响力和公关能力;(4)管理特征——指挥、团队协作、培养下属和团队领导;(5)认知特征——技术专长、综合分析能力、判断推理能力与信息寻求;(6)个人特征——自信、自我控制、灵活性与组织承诺。从上述胜任特征中,我们发现,不同性别有不同的优势,如女性往往具有更好的服务意识、人际洞察力和灵活性等,而男性一般具有更好的成就欲、自我控制和判断推理能力等。本人入职8年来,有过很多经历和体验。简单地说,在领导能力方面,男性和女性并无太大差别,关键是执政理念和事业心上的不同。

此外,女性美本身就具有感召力、吸引力。女性美表现为:细腻、耐心、善解人意的性格美;善良、关爱人生的人格美;善于民主沟通和感情协调,善于倾听和语言表达,善于处理人际关系的工作艺术。女性在领导方法上,往往更擅长运用柔性的沟通来开展管理活动。具体表现在:一是善于分析性倾听;二是善于营造情感环境;三是更擅长处理人际关系——更具有协调能力和交往能力。中外的大学女校长都很好地证明了女性杰出的管理能力和人格魅力。第28任哈佛大学校长德鲁·福斯特是哈佛大学历史上的第一位女校长,也是自1672年以来第一位没有哈佛学习经历的哈佛校长,她向我们展示了女性领导非凡的魅力和才能。吴贻芳在年仅35岁、尚在美国攻读学位时受邀担任金陵女子大学的校长,成为金陵女子大学的第一位中国校长,也成为中国第一位大学女校长。吴贻芳连续执掌该校23年,金陵女子大学获得了英美各著名大学的认可,学生持有吴贻芳校长签发的毕业证书可免试入读国外著名大学。新中国第一位大学女校长是1983年任职于复旦大学的谢希德女士。她是我国半导体物理学的开拓者之一,先后当选为第三世界科学院院士和美国文理科学院外国院士,在学术和管理领域都很有建树。

但是,与中国大学女校长的发展相比,中国高校领导团队中的社会性别问题还是比较突出的,主要表现为大学女校长人数和比例低、人员配置结构不合理等。我所在的南开大学历史上(1919—)校领导基本是男性,本人大概是第三位女性校领导。在中国高校领导中,存在"权力尖端缺损"现象:高校中高层女性领导干部、正职女性领导干部比例偏低,女性领导在重要岗位上任重要职务的比例偏低。对于大部分高校而言,从纵向分布看,女性在高校各级领导机构中所占的比例越往上越低,呈现出"金字塔"或"类金字塔"结构,最高决策机构中更是难觅女性身影。从横向分布看,高校女性相对集中于行政部门,党政、组织部门明显滞后,女性领导与权力的结合也是边缘权力高于核心权力,而且她们担任正职少。具体担任组织领导、党政决策等部门决策性工作的女性领导干部更是凤毛麟角,大多数女性领导主管宣传、统战、学生等工作。

此外，传统性别文化的影响仍然很大，社会公众对女性的刻板印象和评价偏见依然存在。女性在社会参与方面发生了积极的转变，但女性作为家庭生活主要照料者的角色并没有发生实质性的改变。工作与家庭不平衡、个人发展需求与家庭传统角色之间的冲突仍然是影响女性生活状态的重要因素，这些也都对大学女校长的发展产生了深远的影响。推进有利于女性发展的工作—家庭平衡政策，增进大学女校长个人选择的自主性，应该成为相关政策扶持的重要方面。

今天，我们在这里探讨大学女校长的管理优势以及存在的问题，我想都是为了更好地促进女性参与高等教育，更好地发挥女性特质，为中国大学的发展贡献自己的力量。

谢谢大家！

传授身为女性领导的经验

莉尔雅娜·姆尔基奇·波波维奇
(贝尔格莱德艺术大学校长)

贝尔格莱德艺术大学一直在不断更新高等教育战略,为监控和保证教育质量提供新的标准,力求实现合作与竞争之间的平衡,同时也为女性提供更多的高层职位。这些举措为实现最高标准的治理带来了明显的效果,其中包括鼓励了各个层面的性别平等。

贝尔格莱德艺术大学是欧洲为数不多的几所专门致力于艺术教育的大学之一。学校由四个学院组成,分别为音乐学院、美术学院、应用艺术学院和戏剧艺术学院。学校共有学生2700余名,教授470余名,本科、硕士、博士层面的学习项目70多个。学校拥有75年的悠久历史,不断界定和细化着艺术教育的纲领,为塞尔维亚和该地区的整体文化发展带来了极大的影响。秉承成为新思想的集结舞台的目标,我们制定了艺术教育的具体指导办法,将艺术的理论研究和实践结合,并为跨学科研究提供平台。

我们的目标是培养学生的审美情趣、感性的洞察力、文化意识以及专业知识。贝尔格莱德艺术大学遵循三条行之有效的原则:第一,通过严格的入学考试,甄选少数优秀学生入学;第二,甄选最优秀的艺术家担任教职;第三,甄选最能综合不同艺术、教育和理论经验于一体的学习项目供学生学习。正因为遵循了这些原则,贝尔格莱德艺术大学才能提供良好的学习环境和高质量的知识。也因如此,我们的校友有世界顶级的艺术家,有文化生活的领导者,有艺术政策的制定者,诸如艺术管理者、大使和部长等。

贝尔格莱德艺术大学独特的教学精髓就像一座桥梁,连接着传统与现代,连接着艺术理论和实践,连接着个人和集体的艺术创作,连接着专业性和艺术自由,连接着不同的艺术和科学领域,同时也保证了学校在同类高等教育院校中的翘楚地位。

塞尔维亚依据博洛尼亚协定原则所实施的高等教育改革,对贝尔格莱德艺术大学而言一直是一项巨大的挑战。依据这些原则,我们建立了共同的学分体系(欧洲学分转换体系),按照周期组织学习(学士学位3—4年,硕士学位1—2年,博士学位3年),同时创建了艺术教育最高水平的新形式,即艺术博士研究。作为这一举措的先驱,我们受到各界质疑,也承受着很大的压力,需要克服许多困难。值得庆幸的是,成功获得艺术博士学位的学生越来越多,成为我们扫除路障的最有力支持。

在塞尔维亚近些年最为困难的时期,我担任贝尔格莱德艺术大学戏剧艺术学院的院长达6年,获得了丰富的领导经验。现在,作为贝尔格莱德艺术大学的校长,我最大的使命仍然是推进大学的战略目标,改善学校治理,更新学校课程,引进新兴跨学科学习项目,强化学校的研究实力,在整个塞尔维亚组织具有精湛艺术成就的暑期艺术学校,重建出版活动,推进学校的设施建设,履行大学对学生和教授多样性的承诺。在试图完成这些使命的过程中,我面临着和其他校长一样的困惑和阻碍,但贝尔格莱德艺术大学还有自身特殊的问题,主要包括:要保证充足的师生比(1∶5),要保证从事艺术教学所需的高要求、高价格的教学资源,要保证充足的教学空间,如工作室、画室、音乐厅、舞台、画廊等。

贝尔格莱德艺术大学是诸多知名国际网络的成员之一,如欧洲艺术学院联盟、法语国家大学协会、欧洲文化管理培训中心网络、欧洲大学协会以及 UNIADRION 大学网络等。通过与众多高等艺术教育机构的双边合作,我们扩大了师生和研究人员的交流,鼓励他们参与国际项目。

贝尔格莱德艺术大学的实际领导层由一名女校长、两名女副校长和一名男副校长组成,这有力地证明了性别平等在学校各个层面得到了落实,并且女性领导的经验传授也成功完成。在贝尔格莱德艺术大学的历史上,一共有18位校长,其中只有4位女性(表1)。值得注意的是,这4位女性都是最近25年间被推选出来的,而在此期间只有1位男性当选校长。也就是说,在过去的20多年里,女性占据着贝尔格莱德艺术大学的主要决策地位,决定着学校的政策制定。

表1 贝尔格莱德艺术大学校长构成情况

	校长	副校长
男性	14人 77.8%	45人 90%
女性	4人 22.2%	5人 10%

这种女性人数在最高学术领导层不断攀升的趋势可以从几个方面来解释。一是社会进程发生了巨大的变化;二是在过去的数年里,塞尔维亚的教育模式、工作模式和家庭结构也得到了很大的发展。女性在教育领域占据领导地位意味着人们对女性管理者的理解发生了显著的变化,也就是说人们对贝尔格莱德艺术大学女性领导的认识越来越深入。这方面的经验尤其重要,因为我们要时刻牢记,在整个塞尔维亚的高校体系中,女性在高级管理层的比例仍是偏低的。正因如此,在塞尔维亚16所正规认证的大学中,目前仍只有1位女校长。

一直以来，贝尔格莱德艺术大学的男女学生比例大致均等，但是现在学校似乎更偏爱女生。这表明将有更多的女性可以在艺术领域同男同事一起竞争，也响应了高等教育的号召。但是问题是，为什么担任领导职务的女性仍然很少？尽管在我的大学里，女毕业生占到了全体毕业生的一半，但是很明显，女性在获取硕士学位或博士学位方面不如男性。这种硕士和博士学位上女性数量下降的趋势表明一定数量的女性没有继续寻求更高水平的教育，这可能是因为她们已经近30岁，到了考虑其他优先事务的年龄（如成立家庭、生育孩子等）。如果再加上缺少支持、遇到经济困难等问题，那么女性获得博士学位的机会势必远远少于男性。

此外，在角色和职责分工方面也存在性别偏见。也就是说，打造职业生涯、履行专业职责一向属于男性，而家庭事务则一直归于女性。在这种环境下，领导层历来被视为一个男性主导的领域。再加上领导职务往往充满挑战，女性领导者不得不想方设法来协调她们的个人生活和职业生活，而她们的职业和教育往往会被生育子女以及家庭事务所打断，因此，女性被任命为高层领导的年龄往往要比男性大一些。

目前，贝尔格莱德艺术大学女性领导的数量仍不令人满意（表2）。在院长这一领导层面上，女性只占7.79%；在较低的领导层面上，如担任副院长、系主任的女性比例要稍高一些，分别为20%和37.83%。贝尔格莱德艺术大学女性领导不多，可能是由于院长职位，尤其是校长职位的选拔非常苛刻、非常复杂，从而导致不少女性放弃了那些最具挑战性的职位。

表2 贝尔格莱德艺术大学师生构成情况

		院长	副院长	系主任 2013/2014	学生 2013/2014
音乐学院	男	14	14	9	380
	女	2 12.5%	11 44%	4 30.76%	646 62.96%
美术学院	男	23	25	1	129
	女	1 4.17%	4 13.79%	3 75%	213 62.28%
应用艺术学院	男	18	36	5	227
	女	1 5.26%	4 10%	5 50%	481 67.94%
戏剧艺术学院	男	16	25	8	255
	女	2 11.11%	6 19.35%	2 20%	289 53.13%
女性总量		6 7.79%	25 20%	14 37.84%	1629 62.18%

考虑到领导者素质要求的复杂性以及相关责任所带来的严峻挑战，传授作为女性领导的经验似乎是一项非常艰巨的任务。虽然管理的技巧和策略可以传授，但除此之外，领导职务还要求领导者具有某些特定的品质，如抱负、真诚、自信、创造力、平衡、勇气、文化竞争力、能量、批判性思维、求知欲、较强的沟通能力以及与各种各样的人有效沟通的能力。即便拥有了上述所有的能力，女性领导仍然需要强大的人际网络以及某些特定的有利条件，才有可能被推上大学的顶尖领导职位。

从这种意义上说，对于那些具有很强个性以及良好沟通能力的成功且勇敢的女性，说服并激励她们接受领导职位才是问题的关键。

传授知识和技能，给某人提供有用的专业意见，似乎并不是件难事。尽管我们有强烈的传授知识的意愿，但将我们的领导经验传授给女同事绝非易事。此外，在男性主导的社会里（充满性别成见和偏见），为了获得职业成功，很多女性每天都要面临无数的挑战（特别是作为母亲的责任和家庭责任）。她们往往将领导力视为一种额外的义务或负担。在这种情况下，要激励她们去竞选院长或者校长似乎是件不可能的事。

尽管这个问题涉及整个社会（需要政府的政策支持，需要工作单位的激励，需要教育提高认识，需要社区和家庭的理解等），需要全社会将女性领导力视为根本才可能真正提升女性领导力，但个人也可以为这一问题的改善作出贡献，因为个人即社会。

在家庭环境中，女性的角色是领导者（家庭组织可持续发展的支柱）。这就可以断定，在时下男性主导的社会里，女性也有天赋在其他社会场合中担负领导角色。在当代社会，女性最主要的问题是缺乏自信。因此，问题的解决办法主要在于提高女性的自尊和自信。这就需要我们鼓励广大女性，为她们提供发挥领导作用的机会，同时要学会维持或提升她们的自信。只要能做到这些，成功就是水到渠成的事情。

艺术高等教育领域是培育女性领导者的摇篮，它的核心理念是不断创新，不断挑战传统的观念。因此，艺术环境让人更愿意尝试新鲜事物，也让女性更有能力打造自己的领导生涯。不过，家人的支持是必要条件之一，也是女性成为成功的领导者最重要的因素之一。

高校是推进社会和文化进步的前沿阵地，正因如此，高校也应该成为女性发展的典范。高校应该采取行动以保证最高的专业水平和教育质量，如为女性打开无限机会的大门，鼓励她们取得学业进步，促使她们进入管理阶层等。为了实现这个目标，高校可以采取各种方法和策略，如性别政策、配合制度、导师支持及与机构、网络合作以获取社会包容等，但是核心战略之一应该是高等教育的国际化。跨文化对话可以带来深刻的影响，进而帮助女性去除局部障碍和阻力，让她们尽可能地发掘自身潜力，充分展示自我。

对于这一点，我认为多与女同事交流、分享作为女性领导的个人经验对于提升女性领导力至关重要。2011年，我参加了在厦门举办的第五届世界大学女校长论坛，2012年和 2014 年,我参加了在伊斯坦布尔举办的欧洲大学女校长会议,今天又参加了在北京举办的第六届世界大学女校长论坛。我觉得我的这些经历对于我的职业发展产生了显著的影响。通过这些重要的会议,我们互相支持,我也因此获得了终身的友谊。这些关系是我最宝贵的财富。来自世界各地的大学女校长们汇聚一堂,分享她们职业生涯中遇到的困难和问题,这些都是令人鼓舞的,可以激励广大女性更好地担任领导角色。

(翻译:徐娟)

创立大学是一场艰难的寻梦之旅

芳达·斯维日卡娅·谢瑞佛格鲁

(迪兹杰大学校长)

> 如果世界能变得更美好,那一定少不了女性的努力。
>
> ——题记

这一切都源于我的一个梦想:建立一所有创造力、有活力、有竞争力、有助于地区可持续发展的大学。我想把大学建在我的故乡迪兹杰,当然,它并不是一个大城市。想要实现这个梦想的坚定信念使我成为2007年创建的迪兹杰大学的校长候选人之一。2007年5月,土耳其政府正式任命我为这所大学的校长。现在,我正处于2011年开始的第二个任期。

一、迪兹杰大学的飞速发展

迪兹杰大学始建于2006年,但它的历史可以追溯到1976年在迪兹杰郊区建立的第一所职业学校,当时的那所学校现在地处市中心,曾是邻省伊泽特·贝索尔大学迪兹杰校区的一部分,拥有三个系、一所护士教育学院和一所旅游教育学院。截至2006年3月,迪兹杰大学已成为独立法人机构,学生人数达5500人。

2006年,学校仅有三幢学院楼,一幢社会服务楼,校园环境较为简陋。但7年后,这里已经发展成为坐拥数座教学楼和社会服务楼,基础设施齐全的大学(图1)。

如今,学校设有十一个系,学生逾16,000人,教工逾1500人。学校发展的相关数据见表1至表3。

图 1　2006 VS 2013 年的迪兹杰大学

表 1　学术领域的数据

	2006	2013
系	3	11
研究生院	3	3
学院	2	5
职业学院	2	9
研究中心	—	9

表2　人力资源发展

	2006	2013
学生	5774	17,230
教师	370	819
行政人员	323	753

表3　功能区发展

	2006	2013
教育和行政区	56,805 m²	133,771 m²
卫生区	7807 m²	27,000 m²
社会服务区	8400 m²	25,000 m²
运动区	6833 m²	33,673 m²

二、"创造价值"的理念

迪兹杰大学的特别之处在于她的办学理念——创造价值。这种理念建立在用科学知识、学术经验创造或增加价值的基础上。因此，参与者是实践该办学理念的重要因素。

一个很能说明问题的例子是，2011年，我们发起的项目"在一起我们能创造得更多"在29个国家的399个项目中脱颖而出，得到了欧洲委员会授予的欧洲创业大奖。伊吉尔卡是迪兹杰一个经济并不发达的小镇，在那里，养蜂是人们最重要的生计。一位生物专业助理教授前往研究伊吉尔卡的蜜蜂。她的工作证明，这种蜜蜂有特殊之处。随后我们提交了注册申请。在当地各个部门的配合下，迪兹杰大学养蜂研究中心在一座废弃的大楼中建立了起来。林业部门也大力支持由林学院发起的蜜蜂森林项目，蜂场随之建立起来。女性、残疾人和失业青年等弱势群体中的养蜂人和商人接受了良好的职业培训。该项目取得显著成果，蜂蜜生产的效率得到了提高，蜂场加工的蜂蜜副产品也获得了很好的效益。此外，蜜蜂森林的建立让无污染蜂蜜的产出成为可能。当地人知道了该地区的蜜蜂是可贵的资源，现在这个地区已经得到了权威部门和当地人的保护。

图2　养蜂中心把当地的妇女变成了企业家

在过去的 3 年,养蜂研究中心组织孩子们学习相关课程,以提高他们对自然资源、伊吉尔卡蜜蜂和可持续发展的认识。

图 3　孩子们的课程:我们是蜜蜂,我们有蜂蜜

除了科研项目,参与者们为了创造更多的价值,也将基础设施建设提上日程。会议厅和音乐中心既满足了大学生的日常活动需要,也为当地 30 万居民的生活提供了便利。与此相似,本校还建立了该地区第一个残疾人游泳池,为残疾孩子的合作项目提供了更好的辅助。

图 4　基础设施对所有人员开放

其他的例子也出现在卫生、教育、工业、林业和农业等领域。我校有自己出版的刊物,有时也有例如专利或实用模型等知识产权方面的内容,力图以多种方式为当地人民谋福祉。

三、学术成就与企业成就

伊斯坦布尔科技大学调查发现,迪兹杰大学在学者人均出版量上排名全国第 7。2013 年,在科学部、工业部和技术部发布的一份最具创新性和创业潜能的大学排行榜中,迪兹杰大学在土耳其 170 余所大学中排名第 31,一年中上升了 5 个名次。

在 2000 年后建立的 100 所大学中,迪兹杰大学是第一个创建科技园的大学。迪兹杰科技园由 20 余位合作伙伴共同建立,其中 3 位供职于董事会。如今,科技园孵化中心已经爆满，30%以上的企业家来自大学。

在由土耳其科学部、商务部和技术部2011年公布的科技园排名中，迪兹杰科技园在53个科技园中排名第30。在2012年的榜单上，我们的排名上升到了第24。

企业课程对大学所有院系开放，学校鼓励学生们参与贴近生活的实践项目。迪兹杰大学是第三个加入由土耳其质量联盟与欧洲品质管理基金会所发起的国家质量行动的大学。2011年，欧洲品质管理基金会授予迪兹杰大学杰出贡献三星证书。

在过去的几年，有1/5的教师参观拜访了东西方大学。在3个月到2年的国外访学过程中，他们参与了各种各样的科研项目。学校同样鼓励学生们参加交流活动。事实上，促进大学发展的关键是国际化。因此，国际双学位项目应运而生。迪兹杰大学已成为欧洲大学联盟、土耳其—美国科学家与学者联盟的成员，并参与签署了欧洲大学宪章。

四、大型项目

虽然迪兹杰大学还是一所年轻的大学，但我们已经拥有了多个国家级项目。比如，我们曾与地区社会安全部门共同发起了第一个关于社会安全的职业项目。

迪兹杰大学是第一个，也是唯一一所向所有相关人员开放述职会议的大学。学生、教师、管理人员、工业部门、非政府机构、媒体和市民都可以来参加这些会议。这些会议是过去半年工作的陈述说明，每半年举办一次。所有大学学术部门的管理人员和负责人都要做陈述。主席就过去半年学校资源的使用情况进行说明，并根据各部门的报告内容制订下半年的计划。各个部门的负责人回答观众提出的问题。

图5 半年一次的述职会议

迪兹杰大学也在一些重大国家项目中发挥重要的作用。她是土耳其最大的项目——由卫生部统领的卫生防疫标准与策略服务体系的发起者和协作方。这个项目涉及几乎所有的公共部门和40余所大学，历时逾10年，投资几十亿美元，并将持续至2023年——土耳其共和国100周年诞辰之际。设计这个项目仅花费2年时间，但该项目已对卫生部和第十个国家公共发展计划的制订产生了重大影响。

五、高等教育领域的女性领导力计划

迪兹杰大学的重点项目之一是女学者的领导力项目。这个项目直指土耳其高等教育领域的一个悖论：尽管女教授的比例并不低，但占据领导职位的女学者却很少。土耳其女学者（41%）和女教授（28%）的比例与欧洲的平均水平相比是差不多的（40%，20%）。玻璃天花板指数也显示，土耳其女学者从研究员晋升为教授的难度是最低的（1.25），接近最适宜的1.0，欧盟的平均值是1.90。但是，土耳其女校长所占的比重仅为6.5%。

迪兹杰大学已经开始了土耳其大学领导改进项目。在项目推进过程中，学校于2012年11月开办了名为"提升高等教育领域女性领导力"的工作坊，讨论女性成为大学领导的障碍，并寻找策略来克服这些困难。女校长、副校长、女性问题研究中心的负责人、学者、政治家以及土耳其唯一的女部长参加了这个工作坊。最后的报告总结了这些问题和解决办法。

为了探索提升领导力的方案，2013年4月学校举办了一场为期两天的青年女学者领导力研讨会。这个项目受到了土耳其各方的欢迎。关于学术领导力和承压能力等的研讨会向所有的专家学者开放，女性领导的圆桌讨论为与会者们提供了分享经验的平台。这些活动自2014年开始举办，每年至少举办两次。

六、挑战

大学管理面临的一大挑战是如何展望大学与城市的前景。迪兹杰省在1999年成为土耳其的一个独立省份，但其行政部门还没有完全制度化。这就可能导致城市对大学的扶持力度不够。

交通问题也很棘手。迪兹杰大学位于小镇边界，能够获得的资源少之又少。城市无法铺设到大学的主路，下水道和供水系统等基础设施建设方面的投资也非常有限。

于是，迪兹杰大学尝试用自身的资源解决基础设施问题。比如，我校购置了一套在冬季扫雪、其他季节辅助建设的配套工具。

另一大挑战是,迪兹杰大学的校长是一位女性。在父权制社会,女人执校的大学,很多问题是得不到重视的。而男性主导社会关系网络,主宰决策权力,且互相帮衬,女性的地位自然非常不利。

改变现状并非一蹴而就,但在此进程中,我们需要更多的女领导出现。我的做法是保持沟通,提高决策透明度,保持积极的态度,持续为地区创造价值。"创造价值"是战胜一切的有力武器。

七、个人简历

我最大的优势是曾在德国、美国和土耳其求学过。在博斯普鲁斯大学工程学院毕业后,我得到土耳其教育基金会的支持,到享誉盛名的美国大学——斯坦福大学加州分校攻读硕士学位。毕业后,我虽然有留美的机会,但毅然决然回到了土耳其迪兹杰,随后在博斯普鲁斯大学攻读了博士学位并任职于其他大学。

对于我这样在学术界和商业界都有发展可能的人来说,留在迪兹杰或许是一个奇怪的决定。主要原因很简单,我嫁给了一个迪兹杰人。这个决定改变了我的一生,甚至可能改变迪兹杰的未来。

我曾在迪兹杰职业学院工作,它是迪兹杰大学的前身。但是,我的经历和愿望相悖。学校存在基础设施和制度方面的诸多问题,会造成不必要的资源浪费。通过与工业部门合作,组织整合资源,改善校园环境,所谓的不利因素都可能成为机遇。在那所学校的工作经历给了我很大的帮助,特别是在我成为迪兹杰大学校长候选人和迪兹杰大学校长的前几年。

事实上,我始终坚信"无论做什么,都要力图为他人创造价值,都要有所作为"。有了如此动力,我才得以不断地追逐梦想,并激励自己努力地实现梦想。自身的努力、美好的愿望、积极的态度、齐心协力的团队和坚定的信仰,使得"坏运气"最终转化成了机遇。

八、女人可以有所作为

我很幸运能在一个男权主义盛行的国家获得成功,但我深知女性面临的困难之大、之多。比起男性,女性要付出更多的努力才能脱颖而出。评估制度是偏向男性的,评估者本身也大多是男性。歧视有时是隐性的,很多时候,甚至连女性自己都察觉不到。

女性不愿成为领导职位的候选人。这可能是因为比起承受工作压力,女性更愿意承担家庭责任。此外,女性面对的环境不够友好,不能很好地照顾孩子,缺乏自信或榜样的力量,都可能导致女性与领导职位失之交臂。但父权制是所有问题的根源。

作为女性学者和女校长，我们可以有所作为。领导力研究表明，新的领导力模式将主宰未来，这对于女性学者来说是机会，因为女性的性格特点会在未来的管理模式中帮助她们抢占先机。例如，她们拥有良好的沟通能力、团队协作能力、强烈的责任感和同时完成多个项目的能力。我们需要为女学者开展培训和指导项目，为女性提供交流沟通的机会。女性领导应该更多地被人们认识。从这个角度看，像世界大学女校长论坛这样的活动是非常必要的。女媒体工作者可以为学术界的女性开辟更广阔的空间。政界的女性可以为其他女同胞提供法律援助或政策支持，如提议建儿童看护中心等。自由的工作环境可以鼓励更多的女学者在大学里承担更多的责任。我们的教育表明，这些进步会一步步地改变父权制。于是，针对整个教育系统和传统教学方法的改革非常必要。

结 语

我们呼吁更多的女性参与社会，希望更多的女性出现在高等教育的决策层。未来的领导力系统需要女性所特有的品质，这预示了积极的女性生存环境。我尝试总结了一些重要的问题，我认为，这些问题应该引起女性的注意。我真诚地希望，这些建议可以帮助世界上的女性同胞。

*我们需要更好地了解自己，更多地相信自己。

*我们不应该不愿或羞于为自己的发展设定目标。

*我们要寻找并抓住机会，不断改革、改进（课程、研讨会、圆桌会议、行政职责……）。

*我们不应该逃避挑战，而应该用一套行之有效的方法应对挑战。

*我们不能助长父权制。

*我们要支持其他女性的成长、成才。

（翻译：孙思宇）

提升大学领导力：洞观与变革

李 明

（首都医科大学党委书记）

今天我们所领导的大学，正处在一个以快速变化为特点的时代。10 年前，我刚刚担任首都医科大学校务委员会主任时，亚洲尚处在金融风暴洗劫后的艰难复苏时期。10 年后，世界经济又笼罩在金融危机的阴影下。2002 年，中国的国内生产总值是 12 万亿多人民币，经济总量排世界第 6。10 年后的 2012 年，这一数值上升至近 53 万亿人民币，经济总量排世界第 2。2002 年，中国高校录取学生 320 万名。10 年后的 2012 年，中国高校录取学生 685 万名，翻了一番。上述变化，只是永不停息、激荡大海里的几朵浪花。我们的大学，就是在这样一浪追着一浪、波涛汹涌的海面上航行，有时阳光灿烂，有时疾风骤雨。这要求舵手——这个时代的大学领导人，比任何时候都能保持对办学环境变化的敏感性。

世事变化，纷纭繁复，政府、国家、政党、企业、学校、医院、科技、艺术、体育、团体、宗教、民族、城镇、乡村、部落等，无一不处于变动之中。大学领导不必要也不可能了解、洞观全部变化，但要对可能影响到大学办学的变化，保有足够的敏锐。这样的变化，就是我们的办学环境，包括：

（1）可能影响大学价值目标的社会价值观的冲突和变迁；

（2）可能影响大学办学定位和功能发挥的社会机构、政府、公众对大学的期待；

（3）可能影响大学收入的经济政治走向和财税政策；

（4）可能影响大学毕业生就业的产业、行业状况和人力市场；

（5）可能影响大学专业设置、学生培养的社会需求、产业、行业发展状况和产业、行业政策；

（6）可能影响大学学科和科研布局的世界和本国科技发展趋势、重大科学发现、技术发明，世界和本地区的科技政策；

（7）可能影响大学师资队伍水平的其他大学和社会机构的人事措施与薪酬福利待遇；

(8)可能影响大学规划和运行的世界和本国的教育趋势、教育政策;

(9)可能影响大学办学意志和信心的社会、同行对大学的评价,大学的社会声誉、业内声誉;

(10)可能影响大学内部政策的社会改革进程;

(11)可能对大学产生重要影响的其他变化。

这些环境因素,分别触及大学办学的主要方面。大学领导要对它们进行跟踪观察。这就如同在浩瀚海洋上驾驶巨轮的舵手,需要对航线周围的气象、水文时刻保持警觉一样。只有观察、分析并保持冷静的判断,大学领导才不会迷失宝贵的方向感、位置感,才能选择正确的航路,驾驶大学这艘巨轮前进。

首都医科大学10年来遇到的、最大的环境变化,一是中国高等教育的大规模扩张,二是国家医疗卫生体制改革,三是国内医患关系前所未有的紧张。这些变化给我和我的同事们带来了一系列必须思考、必须抉择的问题。

医学作为祛除人类病痛、维护人类健康的学问,面对的是人的独一无二、仅此一次的生命。生命所系,性命相托,因此,医学教育从来都是精英教育。在大学合并、学生扩招的背景下,面对更多层级、更多数量的学生涌入校园,首都医科大学还要保持精英教育吗?还可能保持精英教育吗?

为国民提供可以企及的医疗卫生保障,是各国的难题;开展医疗卫生体制改革,更是世界级的难题。我国的医疗卫生体制改革,不是局部性的修修补补,而是全面的、综合的改革,涉及各个卫生管理部门、各级各类医疗机构、各个患者、各层次医学院校,涉及财政政策、卫生政策、教育政策、人才政策、社会保障政策等一系列的政策重构。首都医科大学需要改变自己的办学定位吗?需要改变既定的教育结构吗?需要改变曾经的医学生培养模式吗?大学的临床医学院在医改浪潮中,怎样与医疗型医院相区别,保持并发展自己学院型医院的教育体系、学科架构、学术水准和服务质量呢?

空前凸显的医患矛盾成因复杂,不时出现的患者方伤害医护人员的极端行为,沉重打击着医生和医学生的职业信心,不知不觉地销蚀着数千年的医学价值观。困境中,怎样防止医学价值观在医护人员和医学生中的悄然改变?怎样完善对医护人员和临床医学生合法保护的政策法规?怎样构筑、巩固医学生的职业信念?

上述的诸多变化和问题,就是我和我的领导团队,作为首都医科大学的领航人,这10年里必须全面观察、深入分析并作出明确判断的重要问题。

尽管洞观学校办学环境的变化非常重要,但洞观本身并不是目的。变化总是既蕴含着生机,也埋伏着危机。作为大学领导,还应从洞观变化的能手,跨前一步,成为在变化中哺育希望的能手。抓住一切机遇,创造学校事业的新生长点,这是大学领导尤其要注重的事情。

2003年的首都医科大学,尚是一所教学型大学。在扩大招生规模的浪潮中,首医看到了扩招中蕴藏的优化教育结构的可能。我们紧紧抓住了扩招的机遇,但我们从未把扩招本身作为目的,而是采取了稳定本专科生规模,扩大七年制和研究生规模的策略。到2013年,首医全日制本专科生从2003年的4700余人,仅增长到5200余人,增长率仅为10.6%;全日制七年制医学生和研究生,则从2003年的1900余人,增长到2013年的4500余人,增长率高达136.8%。教育结构的优化,不仅使我们发展并维护了传统的高层次、高投入、高质量的医学精英教育,还保障了学校由教学型医科大学顺利转型为科研教学型医科大学,学科体系进一步优化,科学研究蓬勃开展。学校每年获得的省部级以上科研项目,2003年是112项,2013年达504项,其中国家自然科学基金项目由26项增长到250项;年度科研经费由2003年的4000余万元,增长到2013年的4亿余元。

发展新的生长点,情况要比单纯线性累加复杂得多,常常需要通过改革周密设计某一方面或某几个方面,来为新生长点的顺利发展开拓空间。改革应对变化,以改革保障发展,是变革时代大学领导必备的能力。

改革能力有三个必要成分:

第一,设计改革的能力。优秀的大学领导都是改革设计师。任哈佛大学校长40年的艾略特,在哈佛大学实施了课程选修的改革。研究型大学的改造不仅极大地改变了哈佛教育的面貌,也对全世界的高等教育产生了深远的影响。[①] 曾任加州大学校长和伯克利分校校长的克尔,在任期间,领导加州大学各个分校和其他高等教育机构,协商制定了《加州高等教育总体规划》,将加州高等教育机构区分为三个层次,并规定在相邻层次可以进行学分转移。这不仅遏止了加州高等教育机构的趋同化,其创造的大学生入学立交桥做法,也对世界高等教育产生了巨大影响。[②]

第二,推进改革的意志。如果不涉及教师薪酬福利,教育改革不一定如我们想象的那样对教师有很大的吸引力,也并不总是天然地就能得到教师的无保留支持。一方面,教育效果本身具有滞后的特点,改革成效究竟如何,很难从当下采取的改革措施去评判;另一方面,教育改革的设计者可以是大学领导,但教育改革的执行者则必定是教师和教育管理者,教育改革必然意味着教师和管理者的自我改变,他们需要抛去已经习惯的老套路,学习、创造、训练、发展新的工作方式。思维定式以及工作习惯,常常不知不觉形成改革的阻力。在阻力面前,坚定的、毫不动摇的改革意志是改革实施的关键,是领导的改革能力不可或缺的部分。"哈佛大学一位教授曾质问艾略特,'我们已走过了这么漫长的道路,我们都很满意,为什么突然间我们要进行变革?'艾略特坚定地回答——'因为你们

[①] 王英杰.美国高等教育的发展与改革[M].北京:人民教育出版社,1993:74.
[②] 克尔.高等教育不能回避历史——21世纪的问题[M].王承绪,译.杭州:浙江教育出版社,2001:130-153.

有了一个新校长'。"①

第三,组织改革的韬略。既然大学改革的执行者是教师和管理者,组织改革的核心韬略,就是要把被动参与、可能怨声载道的执行者,变成主动参与、富有创造力的执行者。为了使首都医科大学的学生培养模式全面与国际医学教育标准接轨,全面适应国家医疗卫生体制改革的趋势,从 2005 年起,我们开展了三轮教育教学改革。我们采取的策略是"基金立项、个人申报、奖励成果、挂钩聘任",把学校的顶层设计以改革主题和校长基金课题的方式,向全体教师开放,教师申请教改课题,获得立项并完成研究和教改后,其成果可以申报奖励并可以作为聘岗业绩得到认可。这一策略得到了我们希冀的教师反应,三轮教育教学改革共立课题 1160 项,支持经费 420.6 万元。我们完成了医学实验教学的综合改革、全科医生培养模式改革、面向京郊农村的医学生培养模式改革、临床医学专业硕士研究生培养模式改革、20 余个本专科专业的符合人才培养目标需要的新课程体系和内容体系改革。其中,"首都农村医学人才培养体系建设与农村医学人才培养的研究与实践"项目获得国家教育教学特等奖。

综上所述,今日之大学正处于以快速变化为特点的时代。提升领导力,要关注三种禀赋或能力的培养:一是洞观办学环境变化的能力;二是抓住机遇,创造事业新生长点的能力;三是设计、推进校内改革的能力。

大学女领导要发挥自身的领导力,就要重视这三方面能力的提升。并且,大学女领导完全可以在这三方面做得很好。首都医科大学校领导班子共有 10 人,其中女性 5 人;中层干部 129 人,其中男性 55 人,女性 74 人。毫不夸张地说,首医是一所女领导占多半的大学。学校组织部门对近 3 年校领导和中层领导年度考核结果做了统计分析。结果显示,女领导和男领导在获得的评分上没有统计学差异,个别方面的表现甚至更为出色。所以,经过有目标的训练和自我提升,女性在胜任大学领导职务方面,完全可以充满自信。

---

① 王英杰.美国高等教育的发展与改革[M].北京:人民教育出版社,1993:75.

印度高等教育中的女性领导力

尼拉姆·库马尔

(印度科学和工业研究委员会国家科技与发展研究所高级研究员)

通过观察学术领域的女性任职状况,我发现研究机构很少有女性领导,比如女校长。另外,职位越高,女性越少,这很让人失望。相较于校长、院长、系主任这类职务,女性担任终身教授的人数更多一些。人们开始讨论研究机构领导职位中男女比例持续不平衡的根本原因。在印度,男女不平等表现在方方面面。印度在历次"全人类发展之性别不平等指数"评估中排名都很低。虽然印度女大学生数量有了显著增加,但女性依然很难登上高层校领导职位,终身职位也不例外。

这表明什么?女性和男性有着同样的学习研究能力;女性和男性对事物产生兴趣的方式和具备的能力相同;女性和男性都能胜任卓有成效的领导工作;有时,女性比男性更适合担任领导。但是,男性往往主观认为他们比女性更适合担任领导。最近,大众报刊和学术论文开始讨论女性领导的潜在优势。许多证据表明,印度不同领域都有着杰出的女性。早在1946年,汉莎本·梅塔就在校长一职上表现出色,还为印度的教育发展作出了突出贡献。

导致现状的原因有哪些?几十年来,研究人员试图对这一现象作出解释,比如人们总会质疑女性的领导水平。但这些解释缺乏合适的理论依据,想当然地认为人们是受到了"性别适合论"和"男性优势论"的制约。但是,女性领导在部分公司很受欢迎,因为这些公司更青睐"温和的"领导。

一、印度高等教育中的女性领导力现状

在印度,女性往往只能担任女子大学的校长。

尽管近年来女性领导的数量快速增加,但"玻璃天花板"仍制约着女性的职业发展。那些有实权、担责任的岗位或领导岗位更是如此。即使是极其优秀的女性,也很难成为最高领导人。

总体来说,我们很难分别获得印度男女领导人数的相关数据。但过去的一项调查表明女性领导远少于男性领导:女校长、女教务主任占比少于10%,女院长、女董事、女系主任等高层领导占比也少于10%。

轮流制让部分职位得以对女性开放。无论职位高低,高等院校中有决策权的女性仍然很少。尽管女领导的数量有所增加,但女领导的比例减少了。

即便在21世纪,印度女性也会因为特定的文化背景遭受歧视。从数量上看,印度的大学数量位于世界前列——共659所大学(其中只有6所为女子大学)、约4500所女子学院和35,539名本科生。

现代的印度女性教育从19世纪初兴起,并于19世纪80年代开始招收女生。1921年后,女性教育发展迅速,在近几十年进步最快。印度在不同领域都有杰出女性。

印度高等教育系统存在显著的性别歧视。在纵向结构和严格的等级制度下,性别歧视将在印度长期存在。

尽管缺少系统的、全面的数据,我们仍然可以肯定,只有一小部分女性能够身处决策层,比如担任校长或院长。

二、世界其他地区的情况

在27个欧盟国家中,学术评级为A的女性占20%,但只有10%的校长为女性。平均看来,27个欧盟国家的学术科研主要由男性领导,女领导只占男性的一半。2007年,大学女董事只占22%,2010年为36%,增长微乎其微。在英国高等院校中,女董事只占12%,女校长只占17%。

三、举措

印度的教育政策在某种程度上回避了关键的性别平等议题。最近,政府推行了一些缺乏深远意义的举措来增加任职高校的女领导。教育领域的性别不平等现象反映出印度政府在提高女性权益方面的不力。

大学捐赠委员会出台了增加高校女领导的新计划,其目的是:促进性别平等;用政策规范高等教育系统;通过女领导治校提升高校的教育质量。

四、女性领导力建设

印度推出了高等教育第十一项计划,该计划的具体目标是:

(1)缓解高等教育系统内的性别不平等现象;

(2)为女性提供各种不同水平的培训课程,鼓励女性获得领导职务;

(3)制作和培训课程相关的培训教材,并通过网络或纸媒发布;

(4)支持积极的性别活动,比如建立性别平等小组、确定敏感指标等;

(5)通过网络,促进并支持高校女性领导之间的联系。

(翻译:臧雅睿)

对发挥女性人才引领作用的思考

卞 文

(上海市妇女干部学校副校长)

在当今经济快速转型升级的过程中,人才资源已经成为各种社会资源中的第一优质资源,成为现代生产力的集中体现,成为推动经济发展的重要力量和直接动力源泉,而女性人才资源作为其中部分,起着不可忽视的积极作用,显现出这一集体的力量所在。

习近平在妇女与可持续发展国际论坛开幕式上的致辞指出:"妇女是推动人类文明进步的伟大力量。没有妇女事业的进步,就没有全社会的进步。""中国将继续着力做好妇女教育培训、劳动保护、社会福利、卫生保健、扶贫减贫及法律援助等工作,积极改善妇女发展环境,努力促进妇女事业与经济社会协调发展、妇女与男性平等发展和妇女自身全面发展。"他还强调:"中国拥有世界上最大规模的妇女群体。""在实施科教兴国战略和人才强国战略、推动建设创新型国家进程中,我们通过优先发展教育,加大对女性人才资源开发投入力度,使越来越多女性能够接受高层次专业教育,成为各类高水平人才。"《上海妇女社会地位研究(2000—2010 年)》显示,上海在业女性中拥有大专及以上学历女性的比例从以往的女性低于男性——1990 年女性比男性低 4.7%、2000 年女性比男性低 2.9%,历史性地转变为 2010 年女性比男性高 4.3%。而在女性受教育水平已经达到相当程度的背景下,珍惜女性人才,充分开发和利用女性人才资源,无疑能为人口老龄化的上海注入经济社会发展的新动力。

一、充分发挥女性人才引领作用的重要意义

近年来,越来越多的领域出现了女性精英。她们在各自的领域发挥着重要作用,具有较高的知名度和较强的社会影响力。女性人才既包括高层次的女领导干部、职业女性,也包括面广量大的基层女干部和妇女群众中的女创业带头人、女能手。女性人才在经济发展领域主要体现为企业经营管理人才、农村应用人才和现代服务业中的精英。

从媒体的报道和相关统计看,目前我国女企业家数已占到企业家总数的 25%,其中

17%的女企业家已拥有国际专利。从事社会服务行业的女企业家比男企业家多了2.4%。在企业高级人才中,女硕士、女博士占了44.2%和31.4%的比例。在女性人才参与的服务业的推动下,我国城乡女性的就业人数逐年增加。

现阶段进一步关注并推动女性人才成长具有重要的现实意义。以上海为例,率先实现经济增长方式的转变,建设"四个中心",需要一大批高层次人才。而现代服务业和高新技术产业的发展,为在智力上可与男性并驾齐驱的女性创造了众多施展才华的机会。第三期上海妇女地位调查表明,城镇在业女性中接受过高等教育的女性比例已过半数。趋于完善的人才体质机制和人才发展环境,为女性人才的大量涌流提供了基础保障。

就上海女性人才现状看,专业技术人员中女性占四成,高级职称中的女性比例上升;公务员中女性占25%,局级与处级领导岗位上女性比例偏低;经济管理人员中女性占三成,高级管理人员以男性为主;女性人才整体结构需要继续改善。社会不仅要推进女性人才,特别是高层次的女性人才在数量上的显著增加,还要推进其政治参与上的不断加强。当然,这也是社会发展和进步的一个重要标志。

让女性在经济社会发展中更好地发挥示范引领作用,是当前妇女工作的首要任务。

二、齐抓共管女性人才培养、发展的几点认识

高层次女性人才的领导力和影响力大小,事关女性群体"效劳"及示范引领作用发挥的程度。妇联作为群团组织,有着特定的工作性质、职责、对象和方法,在服务女性人才工作上具有独特优势。如何利用自身优势盘活女性人力资源,有效运用其社会影响力,更好发挥其引领作用,结合学习《上海妇女社会地位研究(2000—2010年)》,我的思考及认识如下。

(一)制定具体目标,运用政府的力量推动女性人才的发展

新颁布的《上海市中长期人才发展规划纲要(2010—2020年)》中写入了"进一步完善有利于女性高层次人才成长的支持环境,加大女性人才培养力度"的工作要求。承担着妇女利益"代表、代言、代理"职责的各级妇联和妇女组织,要加强与各级组织部门的沟通,不断丰富女性人才培养的渠道,加大培养力度,并进一步形成女性人才的推荐机制。

(二)完善政策措施,为女性人才群体的壮大提供良好的政策环境

推广科技系统,实施青年人才资助计划,在人才政策制定和实施过程中要适当向女性倾斜,给女性更多的培训进修、轮岗交流和挂职锻炼的机会。上海创办了由市委组织部、市委党校和市妇联联合举办的女性人才开发专题培训班,并纳入市委组织部人才培

训工作序列。可以尝试在女性高层次人才集中的行业率先提高女干部比例。

(三)加大宣传力度,充分展示女性人才的凝聚力和感召力

运用各种宣传媒体,大力弘扬先进典型,是发挥女性人才示范引领带动作用的重要前提。利用节目、阵地、活动等优势,广泛宣传,大力表彰,增强女性人才自身的荣誉感和责任感,同时也激发更多女性投身经济社会建设的热情。

(四)搭建交流平台,更好发挥女性人才在经济社会中的引领作用

妇联可以通过女企业家等协会组织,增强对各领域女性的凝聚力、吸引力、影响力,使女性人才在经济社会建设中的参与度、贡献度稳步提升;可以借助开展已久且成效显著的主题活动,如"双学双比""巾帼建功"等,提高女性人才的创新热情和水平。可以组织高层次女性人才,用她们的智慧才能服务社会。例如,上海妇联组织的"女性文艺工作者下社区"活动,引发良好的社会反响。妇联创业就业品牌活动"青年女性职业飞翔",邀请知名的女企业家赴高校、社区,言传身教创业经历、企业经营,取得了积极的成效。

(五)加强服务工作,为促进女性人才的创业、创新创造条件

群体组织具有工作领域的广泛性、工作方式的灵活性、工作渠道的多元性等优势。妇联组织以此优势,多争取政策、资金、技术等有利的资源,搭建女性人才创业、创新的服务平台,了解、反应她们的心声,维护她们的正当权益,满足她们的培训需求。比如,利用各级各类培训机构和妇女干部学校的教育培训资源,为她们量身打造"培训菜单"。多渠道、多方式地提供贴心的服务工作,使她们增强发展的自信,夯实成功的基础。

巴西东北部的女性领导力

雷切尔·巴罗斯

（阿拉戈斯联邦大学副校长）

谷歌曾调查过各国的女性领导力状况,调查结果十分有趣:10位接受调查的女领导均为国家总统、总理或首相,她们都因在政治上的建树得到赏识。

从人类学角度分析这一结果可以发现:这里对"领导"的定义是有限的,它特指政治领域的领导。

除了"领导"定义的限制,调查也表明,虽然女性有着众多领域的领导才能,但往往只有政治领域的女性领导才会被人们所认识和接受。

分析谷歌调查是为了引出我演讲的主题,即巴西东北部的女性领导力。我在这里成长和生活,目前担任阿拉戈斯州规模最大的高校——阿拉戈斯联邦大学的副校长。

为了能够在有限的时间内论述这个复杂而宏大的话题,我必须说明女性领导对于巴西东北部地区的重要意义,这将有助于理解这个话题。从历史上看,女性领导力是怎样在巴西东北部产生并发展的？在此之前,女性的社会地位如何？

由于男权社会传统的存在和现代化进程的滞后,巴西东北部男女权利的相互联系和发展有着自身的特殊性(其中,两种联系和本文相关)。尽管文化传统的影响迅速减弱,但人们的传统思想依然制约着本地区女性的发展。

在此,我主要探讨文化结构和现实处境的问题,传统观念会影响人们的生产活动和规章制度,同时也塑造了人们对于男女差异的固有成见。传统认识已经深入人心。人们认为,在生产活动、社会管理等事务中,男女的差异决定了他们的分工。现在,男女有着怎样的社会分工？传统认识又怎样影响着现代人的思想呢？

16世纪初,巴西东北部成了唯一的葡萄牙殖民工厂,用来处决印度人并引入非洲奴隶。1888年之前的近400年中,巴西的经济主要依靠奴隶贩卖。自那时起,由于种族歧视,黑奴成为社会最底层的群体。直到现在,黑人仍然在为自己的权益、联邦的法律和公共政策抗争。

殖民历史和我的主题相关,因为在这一时期,巴西形成了一种长期存在的社会关系,这种社会关系的形成过程又叫"巴西化"。作为奴隶贸易的起源地，种族歧视在巴西一直十分普遍，这对理解性别歧视、女性领导的困境有着借鉴意义。

在殖民时期，女性只学做家务。除了养育孩子、打理家务，女性几乎不参与任何社会事务，她们无法通过除结婚之外的其他途径获得社会地位。在男权社会中，女性的社会角色就是家庭主妇、妻子和母亲。

在这里提到这种主流思想观念是很有必要的。殖民时期，虽然性别歧视并非社会主要矛盾，但女性仍为争取自由付出了巨大代价。社会等级观念深入人心，主张变革的人们往往会遭到严厉打击。即使那些思想先进的变革者往往也有着根深蒂固的传统男权价值观，他们往往认为女性领导者残酷专横，常使用大屠杀巩固自己的统治，有报道称女地主常出于愤怒或嫉妒对奴隶们使用剜眼、剜胸的私刑，且类似报道屡见不鲜。

在这种情况下，除了个别例外，女性总体的受教育程度只有小学水平。通过女权主义者长期的斗争和倡导，女性才有机会上中学，而接受高等教育则是更久之后的事了。巴西首批高等院校建于19世纪，此前，只有富家子弟能够出国读大学。在不健全的教育体系和传统思想的双重影响下，女性很少有机会接受高等教育，她们只能在家做家务。

身处男权社会，女性的教育瓶颈越来越窄。许多工作岗位只对男性精英阶层开放，男性因此能够在众多领域发展。而女性只能被禁锢在家庭中，为婚姻和家庭服务。她们缝衣、绣花、弹琴、带孩子，尽自己所能让丈夫和家人满意。

直到20世纪，巴西的女性权益才有了突破性进展：1932年，女性获得选举权；1961年，政府批准使用避孕药，女性最终获得受教育权并得以走出家门、外出工作。这些进步具有划时代的意义，它们打破了传统的男权体系，缓解了性别失衡的局面，甚至重塑了两性关系。

在这些进步中，意义最为深远的是男女的平等教育。这意味着女性能够获得和男性相同的专业教育，教育赋予女性前所未有的专业前景和职业机遇——巴西东北部女性的社会地位得到了根本性改变。婚姻并不是女性的唯一出路，她们还能拥有自己的职业发展。目前，全球的女大学生比男大学生多。在巴西的阿拉戈斯联邦大学也是如此。

为什么我唯独要强调女性受教育权的进步呢？这和本次演讲息息相关，主要有两个原因。第一，我希望提醒人们，不仅在政治领域，其他行业也有女性领导人；第二，我想证明女性在除政治之外的其他领域也拥有领导力潜质，比如，女校级领导广泛存在于巴西东北部的公立高校中。

我将简要介绍巴西东北部高校的女性领导力现状，并强调女领导的重要性。巴西女性占总人口的52%，虽然已经有了女总统、女候选人以及57位女联邦议员和巴西共和国参议员，但她们只占议会和国会席位的8.5%和不到15%。

综合考虑巴西东北部的特点和联邦公立大学的现状，巴西东北部18所高校中有7所学校的校长由女性担任，女校长约占40%。考虑到男权思想的影响和女性的不懈抗争，这个数字对于体现21世纪女性领导力的进步具有极其重要的意义,它标志着女性走出家门、获得自身职业发展的巨大进步。就在大约150年前,女性想打破社会阶级的桎梏、晋升为高层管理人员几乎是不可能的事。

虽然巴西已经出现了不少女性领导,但在世界其他地区,女性仍然很难获得领导职务,女性领导力的提升仍面临多重挑战。目前,巴西东北部高校的女校长占40%。在此之前,有的国家和地区的女校长比例已经达到了这一水平,为此他们付出了更大的努力。在人们的努力下,其他行业女性领导的比例也有提升。

虽然女性地位在渐渐提高,但女性的收入仍然较低。巴西利亚大学政治学家帕特丽夏·兰格尔发现,几乎80%单身女性的最高月收入是5周最低工资的总和。女性常需要换班,可能也正因为此,巴西议员中有22%的单身女性,而只有5%的单身男性。

在巴西东北部,教育为改变女性社会地位作出了怎样的贡献呢?公立大学的女性领导往往都有着高学历,博士学历是成为校长的必要条件。巴西东北部7位公立大学女校长都有博士学位,她们的研究方向各异,但都和人文科学、医学相关。

学习人文科学、医学的女校长们有着什么共性呢?她们有着怎样的专业特点,又是如何晋升到校长的呢?有趣的是,巴西东北部女性校领导们没有一位从事精密科学研究,至少现在是这样。这难道是一种巧合吗?高校女性领导是否具有其他必不可少的共同特点呢?

有关女性管理行为的研究(马查多,1999)表明,女性有着更为明确的目标,因此管理方式更加简洁。女性敢于创新、注重合作、保证工作质量。女性更擅长交际、更加敏感、善于体察他人,同时待人接物都十分谨慎,这让她们能够获得不错的管理效果。

考虑到这些因素,我们不难推测为什么巴西东北部大学女校长多学习人文科学或医学专业了。从事这些学科研究的人员往往需要直接或间接地和富人们打交道,比如医生、护士、社会工作者和老师。女性所具备的特质和这些职业的需求不谋而合。

当然,这些都只是我个人的一点认识。

感谢大家的关注!

(翻译:臧雅睿)

女性领导力与现代大学治理的思考

樊丽明

(上海财经大学校长)

人类的文明进步史实际上也是一部女性解放、进步、发展的历史。[1] 随着经济、社会的发展以及女性自身素质的提高,越来越多的女性走上领导岗位,与男性一样担负起领导职责。当今世界,政治、经济、文化、社会、科技、教育等各领域涌现出了大量杰出的女性领导者,女性领导力的影响不断上升。在高等教育界,女性领导者数量逐步增加,成为现代大学治理不可忽视的一支力量。

一、女性领导力的内涵与特质

女性领导力,简言之,即女性领导者的领导能力,这种领导力呈现出女性化特质,有别于一般的领导力。与传统男性领导者相比,女性领导者凭借在沟通、团队协作、人性化管理以及个人素质等方面的特质,在组织管理中彰显出独特的优势。

(一) 善于沟通,重视团队协作

沟通是组织内部的黏合剂,是领导者激励下属,发挥领导职能的基本途径。一般而言,女性惯用语言直接表达自己的情感和想法,对事物的敏感度更高,所以在沟通能力上,女性拥有明显的优势。有效的沟通和协调,使女性领导者能更多地了解组织成员,发挥各成员的优势特长,营造出和谐、协作的组织氛围。在面对困难与分歧时,女性领导者懂得运用各种沟通技巧,化解内部矛盾,平衡各方利益,形成团结一致的协作力。女性善于沟通的特质更适合于现代组织的柔性管理。

(二) 拥有亲和力,注重人性化管理

独特的母性天性使得女性领导者富有爱心和耐心,具有委婉和善、善解人意的品质。

---

[1] 陈至立.提升女性领导力 世界将更加美好[J].妇女研究论丛,2013(04):5-7.

女性领导者的这些品质使其个人魅力得到提升,在组织中拥有较强的亲和力和凝聚力,在管理过程中更注重人性化管理。女性领导者懂得关爱他人、换位思考,能设身处地地体会他人的感受,充分体现出了平民化、人性化的领导色彩。这种"以人为本"的管理理念更符合当今被领导者要求得到尊重与认可的心理诉求,因而女性领导者的决策也更容易被理解和接受。

(三) 具有坚忍顽强的品质

在个人素质上,女性领导者往往表现出比男性更坚强的品质。长期以来形成的社会性别观念,造成了社会和组织内部对女性领导力的偏见和质疑,女性需要冲破重重阻碍,尽更大的努力才能成为领导者。另外,女性往往承担了更多的家庭责任,女性领导者需要处理好家庭角色与领导者角色的矛盾,在时间和精力的平衡上面临着挑战。女性领导者在成长过程中面临的社会压力和承担的双重角色,造就了她们坚忍顽强的心理素质和积极进取的工作精神。

二、女性领导力与现代大学治理

与传统管理模式相比,治理是一种新的管理模式,更注重协调,而不是控制。所谓大学治理就是大学内外利益相关者参与大学重大决策的结构和过程,是联系大学内部以及外部各利害关系人的正式和非正式关系的制度安排,大学治理结构是现代大学制度的本质与核心。从控制走向协调,以治理代替管理,是世界高等教育改革的趋势。[1] 当前,我国现代大学制度建设进入了一个新的阶段,女性领导者因其领导力特质,对提升我国大学现代治理产生重要作用。

(一) 契合学术共同体柔性治理的需要

女性领导力比较契合大学这一学术共同体的柔性治理需要。大学本质上是一个学术共同体,先有学生后有教师,共同形成学术组织,又产生行政、教辅、后勤等需要。大学的这一组织特性要求现代大学治理必须尊重学者、关爱学生、崇尚学术。同时,随着社会的进步,大学的学者、学生的人生追求逐渐超越了过去单纯的对物质利益或学术的追求,他们渴望更多地参与学校事务,把自身的人生价值融入学校发展中。因此,需要给予学者和学生更多的非物质激励,比如民主、平等、尊重、权利,以及实现自身价值的满足感等。而女性领导者的柔性领导力特质恰恰能够满足学术共同体和内部成员的这些要求。女性领导力是一种带有柔性特征的领导能力,注意用柔性的方式管理和开发团队资源,

---

[1] 湛中乐.现代大学治理与大学章程[J].中国高等教育,2011(09):18-20.

建立在尊重人的人格独立与个人尊严的基础上,能有效提高组织成员的向心力、凝聚力与归属感。

大学章程是现代大学制度的重要组成部分,是现代大学治理的依据和准绳。《上海财经大学章程》于2014年5月5日提前获教育部核准。在章程制定过程中,我们充分发挥善于沟通、协作的优势,通过深入调研、召开座谈会等形式广泛听取师生意见,激发师生的内在潜力、主动性和创造精神,最后形成了具有学校特色的章程。比如,在章程框架体系构建上,我们坚持大学是一个学术共同体的理念,把学生、教师、学术组织等学术共同体的构成要件放在重要地位,在阐述了学校办学理念后,即对学生、教师、学术组织的权利义务进行了规定,然后才对学校的内部关系(管理体制)、外部关系(交流与合作)等方面进行说明。

在现代社会,大学这一学术共同体不再是象牙塔,不能脱离社会、孤立发展。为此,2012年我校95周年校庆之际,我们大力推动成立了上海财经大学校董会,建立了校友会、校董会、教育基金会"三会合一"的合作发展机制,整合设立了统筹该项工作的合作发展处。"三会"联动的工作机制,促进了学校与社会各界的全面紧密合作,促进了校内外各类资源的有效利用,促进了学校更好地服务社会,也促进了学校的更快发展,成为我校完善现代大学制度的新探索。

(二) 符合现代大学人性化管理的需要

女性领导力符合现代大学人性化管理的需要。随着社会经济发展和人们对人性的关注,以"物""事"为中心的管理理念早已发展到以"人"为中心的管理理念。管理活动要以人的管理为中心,以人的权利为根本,强调人的主观能动作用,力求实现人的全面、自由、普遍发展。大学管理的起点和归宿都是人,一切手段和方法必须围绕人的因素展开,必须坚持"以人为本"的管理理念。同时,人性化的管理和教育,需要人性化的教育教学手段和设施来支撑。基于人性化管理理念进行人性化的管理和教育,大力提升服务水平。而女性细腻、温柔的个性和设身处地为人着想的特质,显然非常适合现代大学人性化管理的需要。

上海财经大学非常重视尊重与服务学者、关爱学生,通过服务师生实事计划等形式将人性化管理理念体现在方方面面,将对人的尊重落实在时时刻刻。环顾上财,对于教师,学校没有配备豪华的办公设施和环境,但是有温馨的"午餐时间",在简朴的教工食堂,我们和普通教师依次排队打饭、用餐时随意落座,我们可以就任何问题与教师进行平等交流、倾听教师心声。借助2013年开展群众路线教育实践活动的契机,我们更深刻地了解了教师员工的诉求,并有针对性地推出了"服务教师六项实事",包括"发挥教师教学中心作用,提升教师教学能力""逐步提高教职工学校津贴水平""建立实施学校周转房制度"等措施,切实回应了广大教师员工的生存发展需求。

对于学生,我们一直坚持从学生的需要出发,为学生成长成才提供支持服务。一方面,努力为学生学习发展提供支持。近年来,我校全面启动了以"探索分类人才培养模式,加强通识教育和实践教育"为核心的新一轮本科教学改革。通过构筑学术英才、业界精英、创业人才的多元成长路径,增加学生的科学研究经历、创新创业经历、海外学习实习经历,增加学生选课自由等一系列举措,因材施教,个性培养,为学生的成长成才提供更加丰富的机会和更为宽松的氛围;通过打造七大核心通识课程模块,开设和提升科学人文大讲堂、春晖大讲堂、甲申讲坛等,以利学生开阔视野、提升素质,对学生的全面成长和终身发展产生潜移默化的影响;通过开展"千村调查"、增加志愿者服务等社会实践项目,鼓励学生在体察社会的过程中形成完善人格。我校大学生社会实践品牌项目"千村调查",每年组织千余名大学生走出校门、深入农村、深入基层、深入社会开展大型社会实践和调查,使学生在"走千村,读中国"的过程中增强社会责任感。另一方面,努力改善学生的学习生活条件。近两年,我校陆续推出了"服务学生实事工程",着力做好无线网络校园全覆盖、图书馆延时开放、增加文献数据库、新建学生宿舍和食堂、增加和管好运动场地、洗衣房和浴室进入宿舍楼等,切实解决了一些学生普遍关心的问题。

(三)适应大学传承与创新发展的需要

女性领导力适应大学传承与创新发展的需要。高等教育发展具有效益滞后性、大学精神培植的长期性、事业发展的开拓性①等内在规律,治理大学必须尊重高等教育内在发展规律和逻辑。因此,治理现代大学,必须在传承中创新,重视传统,保持张力,渐进变革。而女性的领导力特质,使我们能够重视前人经验,不轻易改弦更张,从而保持政策的连续性和有效性;同时,女性天生的坚韧品质又使得我们能够面对各种困难,克服发展中的难题,循序渐进开展改革,保证大学发展的可持续性。

上海财经大学以建设具有鲜明财经特色的高水平研究型大学为目标。长期以来,学校以现代化、信息化、国际化为发展框架。其中,国际化是我校推进现代大学治理的重要抓手。自 2004 年开始,学校实施海外院长实聘制,成规模引进海外高水平师资,在国内高校中首推"常任轨"海外人才培养考核机制,并以此为切入点,推进主动对接国家战略和融入国际教育发展趋势的综合改革,实现了学校的跨越式发展。我们新的管理团队上任后,继续坚持国际化发展战略,进一步深化完善"常任轨"教师聘任制度,初步完成了高层次创新型人才引进培养的"上财实践",为我国高校近年来大规模引进海外人才提供了师资管理范本。

然而随着这项改革的深化,一些深层次矛盾和问题也开始显现。比如,海归院长对

---

① 柯佑祥.市场进入次序优势与高等教育发展[J].高等教育研究,2007(09):20-24.

国情、校情以及党组织的地位和作用、群众工作的特点等认识不足,可能会有碍现代大学制度建设。对此,我们以完善"四位一体"(行政班子、党组织、教授委员会、二级教代会)院系治理结构改革为契机,鼓励院系坚持从事业发展出发,从积极支持海外院长大胆开展工作的需要出发,加强与海外院长的沟通交流,主动搭建存量教师与海外院长沟通交流的平台,帮助海外院长熟悉国情、校情、院情,从而及时化解困惑、隔阂和矛盾,营造和谐氛围,增强院系凝聚力,促进学校事业发展。

三、提升我国高校女性领导力

尽管高校的女性领导不断涌现,女性领导力逐步提升,但就中国现状而言,高校的女性领导数量仍偏少,且愈到高层愈少,女性领导能力的发挥仍面临着一些障碍。目前,在我国"211工程"大学(含39所"985工程")的115位校长[①]中,仅有4名女校长,占比仅为3.5%,其中"985工程"大学中女性校长仅有1名。而美国2012年女校长比例已达26%[②]。美国8所常春藤盟校中就有3所的现任校长为女性。可见,我国在大学校长尤其是高水平大学校长这个职位上,女性比例远不及欧美发达国家。

针对我国大学女校长数量偏少、女性领导力不足的现状,我们建议,应从提高能力、创造环境、加强交流入手,切实提升女性领导力,充分发挥女性领导力在现代大学治理中应有的作用。

(一)提升女校长自身领导力

第一,开阔工作视野。大学的发展需要适应经济社会发展的需求,这就要求大学校长拥有广阔的视野和创新的意识。因此女校长需要开阔社会视野,跳出本校建设,放眼高教改革,将本校的发展与高教改革的潮流联系起来;需要开阔国际视野,与国外高校开展多层次、宽领域的教育实践交流,汲取国际高等教育管理的优秀经验,促进学校的发展和自身的提升。第二,强化理性思维。女校长应当清醒认识自身的优劣势,扬长避短,刚柔并济,学会理性决策,树立认真调研、仔细论证、大胆推进的工作理念,做到富有感性但秉持理性,长于亲和力而不失原则性,擅长平衡而不失决断力。第三,要有长远眼光。学校的管理涉及人才培养、科学研究、队伍建设等多方面的工作,因此女校长在考虑问题、谋划发展时,不仅要精于管理,更要具有全局思想,以长远发展的眼光,准确把握学校发展方向。

---

① 我国共有112所"211工程"大学,由于中国矿业大学、中国石油大学、中国地质大学都有两个校区,这3所高校按照6所统计,故"211工程"大学共有115位校长。
② 数据来自美国教育理事会2012年对全美高校校长进行的大规模调查。

(二) 为女校长发挥领导力创造更好的环境

以大学女校长为代表的女性领导力的发挥是高等教育文明程度的重要体现。然而,女校长面临的多重压力和社会对女性领导力的质疑与不公平对待,不利于女性领导力的发挥,家庭、社会、学校、国家等多方应共同为女校长创造更好的环境。家庭方面,要营造包容的家庭氛围,建立相互理解、相互尊重的家庭关系,鼓励男性参与家庭事务,减轻女性在家庭生活中的负担;社会方面,要提倡社会两性角色的多元化发展,改变传统的两性角色分工印象,肯定女性的优秀特质,鼓励女性参与管理和领导工作;学校甚至国家层面,要充分认识女性领导力在现代大学建设中的重要性,高度重视女性领导者的培养选拔,为女性领导者创造更多交流、锻炼和深造的机会。

(三) 加强与世界各大学女校长的交流

世界上很多国家大学女校长出现得比较早,数量比较多,女校长在大学管理中的地位较高,女性领导力运用经验丰富。我国大学女校长和其他女性管理者应该发挥自身乐于交流、善于学习的领导力特质,通过参与世界大学女校长论坛、开展对国外著名高校女校长的访问活动等,积极加强与高等教育发达国家大学女校长或女性管理者的交流。与她们就事业和家庭的平衡、女性领导力在大学管理中的应用、女性领导者面临的现实困境等问题进行沟通交流,通过交流提升我国大学女校长和女性领导者的领导能力及管理水平。

领导力与艺术
——音乐院校的女校长

玛利亚·穆拉夫斯卡

（格熙音乐学院副校长）

一、音乐学院——艺术教育的摇篮

在全球范围内，人们总认为高等艺术学院建立在一种特殊的师生关系之上。教师是否权威直接关系到艺术教育是否成功。早在中世纪，欧洲就盛行"大师学派"，即学生们纷纷追随行业翘楚，并尊称他们为"大师"。苏格拉底和毕达哥拉斯就是这样的大师，他们从严选拔，只有那些严于律己、自学能力极强的学生才可能成为他们的弟子。中世纪，学生们在欧洲游学，并非选择学校，而是寻找大师。无论是学习科学还是艺术，学生们都期望能拜巨匠为师，把他们视为榜样。几个世纪以来，尽管教育体系经历了深刻的变革，但艺术领域的师生关系仍和那时相差无几。在高等音乐教育中，"老师"显然是"艺术家"的同义词。

音乐学院是高等音乐院校，教师都是享有盛誉的杰出艺术家，而学生们个个天资聪慧，他们将在音乐学院大展宏图。艺术圈里既有成功人士，也有待培养的新人。这些新人往往有着各种独特的艺术理念，只是欠缺系统、实际的教育和引导。如何正确理解青年艺术工作者的需求、如何应对音乐教育的特殊性、如何提出可行性方案，这些都是音乐学院的校长们面临的难题。

著名教师和优秀生源的数量成正比，好老师越多，慕名而来的学生越多。因此，校长必须仔细筛选教师，让学生能够有机会和本专业最杰出的艺术家共事。一对一教学对于建立这样的师生关系是再好不过的了。

按照波兰高等音乐教育规定，校长应优先录用拥有博士学位或教授职称的教师候选人，同时还应为博士后（即持特许任教资格人士）和全职音乐教授提供高级职位，保证他们能够从事独立科研工作。校长聘用教师时必须遵守该规定。

除此之外，音乐学院还要确保青年音乐人才能够全面、均衡地发展。这就需要开设人文学科，特别是诸如文化史、哲学史之类的科目。对于未来的音乐家而言，拓宽知识面和学习专业知识同样重要。

由此可见，音乐学院的校长必须处理好以下两个问题：第一，必须遵守国家法律法规；第二，不仅要管理好具有深厚艺术造诣的教师们，还应该重视学生的职业启蒙教育。大部分学生有着出色的艺术敏感度、新颖的认知见解和强烈的情感表达意愿。要想采取灵活的方法解决学生们的复杂问题，并充分激发学生们别具一格的音乐天赋，校长就必须具备丰富的心理学知识。学院各项工作必须遵循高等教育法，但遗憾的是，教育法往往忽视了艺术教育的特殊性。

二、双重身份——活跃的音乐家和高等艺术学院校长

按照波兰法律，音乐高等院校的校长并不一定直接代表全体师生。校长最多可以连任一届，每届任期四年，能否连任要看任期内的表现。

我认为，校长只有深入参与教育、艺术和学术实践，才能成功解决管理过程中遇到的各种难题。只有兼具校长和艺术家双重身份，才能充分了解艺术学院的复杂性和特殊性，从而以负责的态度胜任管理工作。也就是说，艺术学院校长必须同时掌握多种专业技能，这是个耗时耗力的艰巨任务。那么，艺术院校的校长是否能同时高效地从事艺术、表演和教学工作呢？

我担任了两届音乐学院的校长，可以负责任地说，一位成功的高校校长必须大幅缩减自己的艺术和学术活动。这几乎成了所有高校校长的难题，但对于艺术学院校长，特别是表演类艺术学院校长来说，困难更大。公共表演不仅需要充分准备，还要求演员高度专注。专注的前提是情绪稳定，比如，音乐家应该尽量避免处理一切其他事务，保持心情放松。但是，校长在工作中总要承受巨大的心理压力，因此就无法专心进行艺术或学术活动了。如果高校校长长期不从事创作或表演活动，就可能会影响到教学水平。长此以往，校长的业内认可度和出场机会都会受到影响。学生们也会不满——他们希望自己的老师是一位精于表演的艺术家、当之无愧的榜样。要想处理好这些问题，即使是最杰出的艺术家也要作出巨大的牺牲。波兰作曲家卡罗尔·席曼诺夫斯基在1930至1932年担任华沙高等艺术学院院长。在这短短两年间，他的创作大大减少，直到卸任后才恢复正常。

为了应对这一局面，校长们似乎只有妥协——牺牲艺术创作或表演的次数以确保其质量。无论工作压力多大，都要保证质量。

三、女校长的成功历程

担任音乐学院的校长是一种使命，这一使命激励我得以连任。校长的核心任务是服务全校师生，"服务"就意味着关心他人。从字面上看，"管理"和"服务"两者意思相差甚远。其实，只要"管理"有益于他人，就等同于"服务"，这正是我对"管理"的理解。

通过多年对高等艺术学院的成功领导者的观察，我发现校长应该有两点必不可少的特质：第一是创造力，第二是协调能力。在第二点上，女性往往比男性做得更好。

两届格熙音乐学院副校长的经历让我找到了自己的管理方式，那就是，充分利用教职工的创造力来优化管理。艺术界有很多创造力非凡的人才，他们对于高校未来的发展至关重要。因此，必须通过民主选举赋予他们决策权，让他们的才华得以施展。校长总要在实现教育目标的过程中进行各种决策。如果把部分决策权下放给其他教职工，不仅能避免校长的个人过失，还能够刺激教职工的责任感，带动高校发展。这样，就可以充分开发教职工的创新潜能。由此可见，校长要让全体教职工齐心协力，向共同目标迈进。

上述刺激教职工创造力的方法已经在格熙音乐学院成功推行，这使得各部门、各人员能够和谐共处、紧密合作，共同促进学院发展。我坚信，如果没有赋予教职工们决策权，他们就不会提出新的举措，更不会相互合作。推动学院发展、增进理事会成员间的尊重和理解是我们的共同目标。在共同目标指引下，我们从组织工作中获得了巨大的个人满足感。

相较于男校长，女校长似乎会遇到更多由职务衍生出的困难，我主要是指个人和家庭方面的种种不便。

女校长的职业会从各方面影响她的个人生活，主要是子女抚养问题。发展职业不应该与抚养子女冲突，因为父母有义务以身作则，教会子女关爱他人。人类有着抚养后代的天性，这是根深蒂固的。新生儿不仅需要生存的物质基础，更需要精神上的支持。以不牺牲事业为前提，父母双方应为孩子等量付出。那么，女性能否事业、家庭两不误，并保障孩子的权益呢？我认为，要做到这一点需要父母双方的共同努力。父母双方都应该合理规划时间，心系子女。至少要保证有一方能够陪伴孩子度过人生的各个重大阶段，而另一方主要专注于职业发展。

结　论

　　从某种程度上说,管理艺术学院本身就是一门艺术。成为一名优秀女校长的前提是拥有出色的协调能力,无论是工作还是生活,都应该把尊重与理解他人放在首要位置。

（翻译:臧雅睿）

高校女性领导队伍建设中的影响因素分析

——基于某省 41 所高校的调研

孙秀丽

(山东交通学院党委书记)

据联合国的有关研究,任何一个群体的代表在决策层达到 30% 以上的比例,才有可能对公共政策产生实际的影响。只有个别代表的参政只能成为现代政治的特殊装饰品。因此,世界上多数国家所争取达到的女性参政比例目标是 30% 或 3∶1。目前,中国女性参政的比例达到了 21%—22%,且国家相关部门仍正通过各种努力积极提高女性参政的比例。

高校的女性领导是国家宝贵的人才资源,这支队伍是推动教育发展、引领妇女进步的重要力量。在高校管理改革不断深化的今天,高校女性领导的数量偏少、比例偏低。性别比例的失衡制约了高校的健康和谐发展,了解高校女性领导队伍的建设现状及对原因进行分析,对于高校的发展具有重要的现实意义。

一、高校女性领导队伍的建设现状

(一) 高校女性领导配备率偏低

从被调查高校看,领导班子中的女性领导配备率低于各级党政领导班子的女性领导的配备率。2011 年,山东省的省、市两级党政领导班子女干部配备率达到 100%,县级党政班子女干部配备率 90%,女性进村委会、居委会比例都达到了 100%,而高校领导班子中的女性配备率却只有 60%,这与各级党政领导班子的女性领导配备情况相差较远。

(二) 高校女性领导相对于女性教职工与教职工总数的占比严重偏低

在调查范围内的高校中,2011 年,普通高校教职工总人数为 142,698 人。其中,女教职工的人数为 65,179 人,占该省高校教职工总人数的 45.68%,而厅级女性领导只占厅级领导人才总数的 8%,处级女性领导只占处级领导的 17.6%。由此可见,高校各级女性领导在同级领导中的占比与女性教职工在总教职工中的占比不相匹配。特别是目前各高校的女教职工人数几乎都达到了总数的一半,而担任领导职务的比例却非常低。

(三)高校女性领导的任职年限短于男性且具有停滞期

在高校各级领导人才中,女性领导的平均年龄均大于男性领导,任职年限均比男性领导短2—3年。25岁以前是女性成长的黄金期,26—32岁是"百事缠身"期(择偶,结婚,调整构建夫妻、婆媳关系,生养孩子,早期教育)。女性30岁以后提升同一级别职务比男性晚3—4年,较大比例在科级、处级职务上滞留下来不再升迁。到了33—40岁,孩子上了学,女干部的精力较多地投向工作和发展,进入第二个成长黄金期。在41—45岁,孩子冲刺高考,父母、公婆变老需要照顾,女性进入第二个精力分散期。46—51岁,孩子上了大学,家庭空巢,女性进入第三个成长黄金期。但不久就面临退休,女性对发展的信心和努力逐渐减弱。这几个精力分散期,较大地影响了女性领导的成长。

(四)高校女性领导人才任职分布呈现岗位边缘性的特点

高校女性领导的任职岗位主要分布在辅助性岗位,担任正职、实职少,副职、虚职多。对于大部分高校而言,从纵向分布看,女性在高校各级领导机构中所占的比例向上逐级降低,呈现金字塔型结构,最高决策机构中更是难觅女性身影,有学者把这种现象称为权力尖端缺损;从横向分布看,高校女性相对集中于行政部门,党政、组织部门比例明显较低,女性领导与权力的结合也是边缘权力高于核心权力;而且担任正职的女性领导干部少,具体担任组织领导、党政决策等部门决策性工作的更是凤毛麟角,大多数女性领导主管宣传、统战等工作。

二、影响高校女性领导发展的主要因素

对于高校领导队伍中出现的女性领导配备比例低、女性领导任职年限短于男性、任职岗位多为辅助性岗位的现象,我们认为,原因是多方面的。这里我们主要从高校层面因素和高校女性自身因素进行探析。

(一)高校层面因素

1. 领导选拔制度存在性别不平等的问题

现有高校领导干部及后备干部任职条件表面上看是中立的,但从传统的性别观念来看,它是以男性的生理和成长规律为标准设计的,如有关年限和岗位经验等干部提拔和任用条件,并没有充分考虑到女性的生理特点和成长规律。在高校领导干部选拔任用过

程中,提拔领导职务的条件是:拟提任正科级领导职务,须有五年以上工作经历;拟提任副处级以上领导职务,须具有在下一级职位任职三年及两年基层工作经历等。这些规定并没有考虑到大部分女干部在 30 岁左右要经历生育期(从怀孕、哺乳到抚育),工作和家务负担加重等的特殊阶段。这一阶段,女性的学习和工作进程被迫减缓或停歇,步入职业生涯的低谷期。相关规定在实施过程中造成了对女干部的歧视,使她们在生育期过后落后于同样年龄、同等资历男同志的发展。表面中立的政策实际存在性别歧视,造成了男女领导干部任用、提拔上的失衡。

2. 高校缺乏有利于女性领导发展的专门政策

调查显示,教育部等有关部门至今未出台高校领导层中关于女性人才发展的相关政策,而且,目前高校现行的干部政策没有把女性的生育和家务劳动因素考虑进去,也就是未将女性的性别特点纳入政策的制定环节,缺づ向女性倾斜、补偿和保护的政策,这就造成了男女领导成长发展的不平衡。甚至有些高校的干部政策还继续沿用限制女性发展的条款。比如,特别提出女性后备干部的年龄不得超过 45 岁,某些领导岗位必须由男性领导人才担任,同一岗位因性别不同而要求不同,同等条件下男性优先等情况。因此,目前我国高校领导人才的竞争机制实际上是一种无视性别差异的竞争机制。

3. 高校女性领导人才提拔主要以选任制为主且轮岗交流机会少

调查发现,有 86.2%的高校女性领导是通过选任制担任领导职务的,通过考任制担任领导职务的只占 13.8%。女性走上高校领导岗位主要是以本单位提拔为主(占 81%),交流任职的女性领导仅占 19%。有 52.2%的高校女性领导认为,在干部选拔中主要存在轮岗交流机会少的问题。以上情况在一定限度上导致女性领导人才被提拔任用的概率降低。

4. 高校女性领导人才缺乏定期、系统的领导素质培训

培训是提升管理层素质的重要措施,定期接受岗位培训对干部素质提升具有重要作用。调查显示,99%的女性领导认为在领导岗位上参加培训是必要的。而实际的情况是,高校女性领导曾经参加的培训主要涉及具体工作业务(47.2%)、高等教育理论(46.1%)、政治理论(40.4%);而参加领导科学与方法(25.35%)以及女性素质提升培训(5.6%)的较少。在培训次数方面,有 34.9%的高校女性领导人才自任现职以来从没接受过任何培训,也有 34.9%的女性领导只接受过一次培训,两次以上的更少。因此,对高校女性领导人才进行定期、系统的培训是非常有必要的。

5. 高校女性领导人才晋升机会少于男性领导人才

调查结果显示,51.3%的女性领导认为男性在接受培训、职务晋升等方面的机会比女性多;55.4%的女性领导认为在事业发展中存在性别歧视。这表明,高校的性别平等意识

虽然有了较好的推进,但是,高校女性领导的发展机会普遍少于男性领导,高校依然存在隐性的性别歧视,这极大地阻碍了女性领导人才的发展。

6. 不平等的退休制度

高校存在男女领导不同龄退休的政策,有的高校规定女性50周岁退居二线,还有的高校规定女性55岁、男性60岁退休,这使女性的政治生命缩短。而且,《中华人民共和国高等教育法》和《中华人民共和国妇女权益保障法》均没有对女性高级知识分子和处级以上女性领导退休年龄作出明确规定,导致各高校在退职、退休年龄问题上执行标准不一致,从而造成高校女性领导任期缩短,高校女性领导参政水平降低,决策层人才队伍性别结构失调。

(二) 高校女性自身因素

造成高校女性领导现状的另一个重要因素源自女性自身。

1. 女性的自然属性和生理特征制约高校女性的从政之路

女性的自然属性和生理特征等客观因素决定了她们必须承担繁衍、教育后代的责任。生育是女性成长的第一个关口。不少女性因生育哺乳等中断事业,加上精力更多地转移到家庭和孩子身上,知识链条中断,培训学习减少,在后来的发展中逐渐与男性拉开了差距,"一步跟不上、步步跟不上"多从这个阶段开始。调查数据显示,40%处于该阶段的女干部认为自己因为怀孕、生育和哺乳,工作的连贯性和持续性不如男性。

高校的知识女性承担着繁重的教学、科研任务,为使自己在教育岗位上不落伍,许多女性将有限的精力投入到教育科研中,同时留有一部分精力照顾家庭,因此往往无暇顾及参政。恩格斯指出,妇女的解放,只有在女性可以大量地、以社会规模参加生产,而家务劳动只占她的极少的功夫的时候才有可能实现。

2. 政治进取心不强是影响女性走上领导岗位及在领导岗位进一步发展的重要原因

高校女性领导人才往往比男性缺乏勇气、魄力和斗志,主要原因是高校女性领导人才缺少强烈的心理动机,比较消极被动,在心理上认定自己难以应付激烈、紧张的挑战和竞争,影响了自身实际水平和作用的发挥。领导尤其是正职在履行决策、协调人际关系等职能时,要承担巨大的风险。因此,一些女性对从政有一种退缩心理。

有一些女性即使在教学岗位上出类拔萃,但从政之路的复杂性和不确定性,使她们对参与政治抱有一种敬而远之、避之不及的心态,她们宁愿成为学者,也不愿走仕途,宁为人妇不愿为官,对待政治机遇畏缩不前,乐意沉浸于自己的学术研究和家庭角色中。

3. 政治素养不高是制约女性领导发展的重要因素

高校女性是一个特殊的知识女性群体,她们具备良好的文化素养和业务能力,但又普遍忽视自身政治素质的培养。受传统偏见和传统意识影响，女性领导人才形成了对社会事务的不关切和非参与性的习惯，女性领导人才的非参与意识是在长期被局限于家庭事务并对社会事务的非参与行为中形成、积淀下来的，这种群体社会意识一经积淀必然反过来制约群体行为。一些女性领导不关心政治，只关心孩子成长和家庭生活等，除业务工作外，对政治一般持远离态度。一些具有渊博知识的女性进入了高校组织部门的视野，但经过一段时间的考察后，却往往由于政治素质差，政治理论水平低，组织管理能力弱而无法入选权力机构。大多数高校女教师习惯于从事单纯的教学和科研工作，习惯于与文字、书籍、课题、试验打交道，而对复杂多变的行政事务一筹莫展，对政治理论畏惧却步。女性参政意识薄弱、政治进取心不强是导致女性领导职业发展滞后的非常重要的原因。

4. 角色冲突给女性领导造成的心理困扰也是影响女性领导成长的障碍

男性一般较少顾虑内外角色的冲突，对于他们来说，两种角色在很多情况下是可以同时扮演的，而女性的这两种角色在绝大多数情况下则是相互冲突的。女性要从事高等教育并进入领导阶层，就形成对传统分工理论的一个极大挑战。由于女性受到传统道德规范的影响，在传统的家庭角色和社会角色之间难以取舍，男性管理者不需考虑的问题在女性那里却成为她在职业生涯中的最大顾虑，令女性常常陷入鱼和熊掌不可兼得的两难境地。

领导、妻子、母亲多重角色的冲突使一些女性领导者产生内疚心理，认为自己是个好领导，但不是好妻子、好母亲。这种内疚心理，使一些女性领导在多重角色的冲突和价值观的矛盾中苦苦挣扎。10.2%的女性领导认为因为事业影响了家庭，让自己感到内疚和自责；12.8%的女性领导因为家里的事情，有时会放弃参与重要工作的机会，有的甚至放弃了培训、锻炼的机会。在事业和家庭的选择中，有的女性领导把当贤妻良母作为主要目标，当事业和家庭发生矛盾、冲突时，常常选择以家庭为重。即使已经晋升到了高级职务，一些女性领导在遭遇工作和家庭"蜡烛两头烧"的疲累考验时，也常常选择家庭，甚至放弃事业追求。

5. 自身素质是影响女性领导人才发展的关键因素

女性领导人才表现出比普通女性群体更为优秀的素质。大多数高校女性领导具有"双高"特点，即职称高、学历高，业务能力较强，工作责任心强，重视自我发展和能力的提升，具有女性管理者独特的柔性管理风格。在座谈中，我们发现，一般来说，成功的女性都兼有自信、自尊、宽容、大气、强烈的事业心和进取心、坚忍不拔的意志、较高的管理水平等素质、能力。具备这些优秀素质、能力的女性，更容易走上领导岗位。

但女性心理素质中也存在明显的弱势倾向，表现为眼界不够开阔、缺乏全局观念等。70.1%的高校女性领导认为目前高校女性领导的不足之处在于眼界不够开阔，58.8%的女性领导认为是驾驭全局能力不强，还有37.9%的女性领导认为是缺乏自信，35.6%的女性领导认为是家庭观念过重，47.2%的女性领导认为是个人成就期望值不高。这与领导人才所必备的性格特征是相悖的，往往成为女性领导成长道路上的无形障碍。

从以上分析可以看出,高校女性领导人才的任职比例相对偏低,任职结构不合理等现象的出现既有高校政策层面的原因,也有高校女性自身的原因。不同的高校、不同的个体,原因各有不同,只有真正了解阻碍高校女性参政的根本原因,并予以引导和解决,才能真正调动高校女性参政的积极性,促进女性领导队伍的健康的发展。

教育领域的女性领导议题

克里斯蒂娜·克里斯图瑞努

(迪米特里埃·坎特米尔基督大学副校长)

教育系统中的女性领导不仅要研究科学实用的教学方法,还要用公正合理的眼光看待学生、高效处理学生问题。当前,青年学生的思维受到各种思潮和诱惑的冲击。在罗马尼亚这样的新兴经济体,最常见、最普遍的思潮就是消费主义。

近百年,消费主义深刻地影响着人们的生活观念。今天,不只是年轻人,甚至不少中老年人的消费观仍然十分盲目——他们随大流地追捧媒体和商业广告上炒作的奢侈品,比如成套的豪车和时装。俗话说得好:"别成为奢侈品的奴隶。"人们买下所有心仪的奢侈品后,虽然虚荣心能稍稍得到满足,但这只会让他们贪恋更多的满足感,不断购买奢侈品。购买奢侈品成为人们增强自信心的方式。豪车是事业成功的象征,是上层阶级的象征,奢侈品带来的虚荣心叫作"外向型自信"。这种自信只是暂时的,一旦丧失外部物质条件,自信心就会瓦解。

因此,年轻人不断向亲友、伴侣或是教师们寻求慰藉,希望自己不受"消极"物质财富的干扰。教师们必须引导学生认识到自信心只能通过学习知识和接受自我两种方式获得,这种满足感称为"内向型自信"。和消费主义不同,"内向型自信"的建立过程也是进行"慢生活"的过程。"慢生活"强调寻找工作和放松的平衡点,既追求个人目标又兼顾人际交往,而不是一味崇尚消费主义、拜金主义。

同为生活理念,"慢生活"和"简生活"有很多相似之处。但是,因为"慢生活"是"消费主义生活"的反义词,所以它更强调人们通过适度调整生活节奏获得精神上的满足,同时提高人均生活满意度。这一点在经济危机加剧贫富差距的当前社会更为重要。20世纪90年代,主流媒体开始宣传"简生活"这一概念,工业社会掀起了一场持续的"简生活"热潮。"慢生活"主要在师生中流行,它主张放慢生活节奏,科学分配时间,而不是过度挥霍。同时,"慢生活"还鼓励人们在工作间隙多和同事交流娱乐而不要总是专注于自己的事,"慢生活"的实质是反对个人主义和后现代隔离主义。

倡导"慢生活"主要是为了增加闲暇时间,摆脱"挣了就花"的消费模式,避免在获得高水平生活后购买不必要的物品。对于个人来说,"慢生活"的意义很简单,就是尽力全面认识自我,充实精神世界,体会生活的意义。

想真正过上"慢生活"需要长期努力,甚至还需要在原有的工作和生活方式上作出牺牲。无论是否具备"慢生活"所需的经济基础,只要选择了"慢生活",就要用坚定的意志和自控力支撑自己。然而,由于"慢生活"具有个性化、多样化的特点,它只需要人们对原有生活方式进行小修小补,所以经济社会中"慢生活"的追捧者大有人在。"慢生活"必然会让人们的非工作时间增加、休闲活动多元化。同时,社区间、个体间、团体间的交流的次数增加了,质量也提高了。

"慢生活"并没有群体限制,所有社会成员或机构,无论是成年人、儿童,还是公司、机构、组织、政府机关都可以成为"慢生活"的主体。

在实际生活中,放慢生活节奏意味着多种生活方式和行为模式的改变。大多数"慢生活"者都是自愿选择这种生活方式的,但某些自然或人为因素也会促使人们不得不选择"慢生活"。另外,"慢生活"既可以是暂时的,也可以是永久的。

一、工作与收入

选择"慢生活"有时是出于对现状的不满,最常见的是对工作(或收入)不满。这类人更乐意接受"慢生活"中"为了生活而工作"的理念,而不愿意接受社会意识形态中"为了工作而生活"的理念。对金钱的重新定位让人们不再只顾工作,而是开始寻求工作与生活的平衡点。

从经济上看,"慢工作"就是削减实际或预计工资,压缩工作时长,降低消费标准。"慢工作"下,人们不再按照市场指定收入预期,而更乐意追求非物质财富。

对于个人来说,"慢工作"意味着自愿降低年收入水平。这类人更看重工作以外的生活,因此会减少工作时间,这必然会造成收入降低。简单来说,"慢工作"是和"工作狂"相对的另一个极端,"慢工作"常常表现为拒绝加班或只上半天班。

放慢事业的节奏是"慢生活"在经济方面的另一方式,它意味着降低先前对财富和更高的社会地位的渴望度。比如,辞职后在离家较近的社区就职,从事自由职业或是自己做生意。

追求"慢生活"的人渴望更多非物质财富,比如,休假、和睦的家庭关系、个人自由等。对于他们来说,高薪的代价是各种压力、无尽的绩效考评以及上下班耗时,所以换个轻松的工作是个不错的选择。

二、消费习惯

"慢生活"的另一表现是理性消费或积极参与另类形式的消费。"慢生活"指出,消费主义是压力和不满情绪的源泉,因为在充斥个人消费主义观念的社会中,人们总会用物质财富衡量社会地位和幸福感。但是,欲壑难填,人们得到的只是更多的压力和不满。在"慢生活"引导下,人们不再追求物质财富和物质满足感,而只购买生活必需品,重质量而非数量。

人们的消费观念调整后,开始重视商品的功能而非其对个人社会地位的附加作用,"慢生活"者不再盲目追求品牌。在这种消费习惯的引导下,年开销减少,因此人们就更倾向于选择少工作、少挣钱的生活方式。同"慢工作"等其他方面相比,控制消费并不困难,毕竟缩减开销只是一个小小的改变。

三、政策鼓励"慢生活"

相关公共政策的出台让"慢生活"成为越来越多人的选择,不断健全的医疗养老保险让人们不必为此类开销担心。工会、企业和政府将实行更灵活的工作时间制度以保证就业,并提供兼职和其他非传统的工作形式来缩减员工的工作时长。

四、环境影响

"国际减速周"的口号是"慢下来,绿起来"。不管有意与否,"慢生活"总体上有助于环保,因为它摒弃消耗化石燃料的快节奏生活并提倡可持续的生活方式。同时,"慢生活"还能够在一定限度上减少人们的碳排放量,让人们的生活重心从城市转向郊区。

五、"慢生活"的地理特点

和快节奏、高压力的城市生活相对,"慢生活"倡导搬到规模更小、更接近乡村、生活节奏更慢的社区。虽然这种搬迁会对生活方式带来剧烈变化,但互联网让迁居到乡村的人们依然能够接触到主流文化。

六、社会政治影响

"慢生活"参与者大多出于自愿而非政策强制,这表明消费主义直接导致人们对生活产生不满情绪。通过用非物质财富重新衡量生活的满意度,"慢生活"在现存的社会制度下,以经济可持续发展为前提,倡导一种新的生活方式。总体而言,"慢生活"和政治无关,因为政治家们只在乎全力争取选票,并提出应对财政困难和经济萧条的政策。"慢生活"者们并不在意政治家们的经济政策,因为金钱不会对他们造成困扰。

虽然在工业化国家里消费者占据主流,但仍有20%到25%的人会选择"慢生活"。"慢生活"并不是一种不合群的"异类"生活方式。虽然国家政策依然以消费主义和粗放型经济增长为中心,但已经有不少政治家在竞选中宣扬"慢生活"理论,呼吁人们以家庭为重,并出台新的劳动条例。

和"慢生活"相似,"乐活主义"也主张反消费主义理论和实践。保罗·瑞恩认为,至少有四分之一的美国人信奉"乐活主义"。

卡尔·欧诺黑在《慢生活颂歌》一书中,将"慢生活"和"简生活"归于"世界慢运动"的范畴。

发展中国家各个阶层都涌现出"慢生活"的倡导者,他们对国内"只有发展经济才能促进社会发展"的观点提出质疑。"慢生活"和"后唯物论"受到越来越多"草根"民众的追捧,但"草根"文化终究进入不了社会主流,他们没有建立配套的组织进行管理,也无法触及国家政策。不过,这既是"草根"的劣势,也有可能成为一个机遇。

(翻译:臧雅睿)

提升女性领导力的"五项修炼"

山红红

[中国石油大学(华东)校长]

当今世界,女性领导力正在崛起。无论是政界、商界还是学术界,无论是西方还是东方,女性在时代舞台上扮演的重要角色正越来越受到人们的关注和重视。我担任大学校长近10年,与政界、企业界的许多女性领导有过对话交流,也曾多次参加世界大学女校长论坛,广泛接触了世界高等教育领域的优秀女性领导。同为女性,彼此交流之中有着更多的理解、信任与共鸣,我从她们身上,体会到了作为一名女性的修为与价值,更对提升女性领导力这一话题产生了浓厚的兴趣和点滴的思考。概括起来说,提升女性领导力,需要加强五个方面的修炼。

修炼之一:提升自身的学识水平

古人云:"求木之长者必固其根本,欲流之远者必浚其源泉。"一个人的学识和能力,就是他上、下、进、退的力量源泉。对于女性领导而言,学识是实现目标、成就事业的基础。拥有丰富的学识会使女性领导更独立、更成熟、更有魅力,规划目标时能够以远见卓识凝聚更多的共识和信心;进行决策时能够具备理性认识,准确把握大局方向,并考虑其他因素所带来的影响,形成科学的决策;遇到问题时能够从容理性视之、辩证客观看待,刚柔相济、柔韧巧妙地化解;与人沟通时能够以美好的心灵、鲜活的思想、清新的言谈打动人心,易于融入各个群体,逐渐形成个人影响力。

女性领导提升学识水平,需要持续不断地加强学习。一是要多向书本学习。"腹有诗书气自华",既要多学高等教育相关知识及教育名家传记、文集,也要多学哲学、历史、经济、政治、法律等知识,完善知识结构,充实提高自己。二是要多向实践学习。"纸上得来终觉浅,绝知此事要躬行",在工作实践中,要多学习、多思考、多积累,丰富自己的经验和阅历,同时还要多向基层学习,用心开展调查研究,解决实际问题,使自己接地气、长灵气、增才气。

修炼之二：学会认识自己

古希腊的阿波罗神殿大门上写着一句闻名遐迩的箴言——"认识你自己"，劝人要自知。关于修身养性、认识自己的思想，在我国传统文化中源远流长。《道德经》有言："知人者智，自知者明。胜人者有力，自胜者强。"老子的这句话可为女性领导认识自我、提升自我提供有益的借鉴。

女性领导能够做到知人之长、知人善任是一种智慧，能够做到知己之短、自省自胜则是一种更高层次的智慧。一个人只有能够认清自我，才能够建立起内心最持久的定力和最坚定的信念，才能不断控制自己、完善自己、战胜自己。这样，女性领导掌舵的航船，才不会随波逐流、偏离目标。

如何做到自知？一是要全面辩证地看待自己。既要看到自己的短中之长，又要看到自己的长中之短；既要看到自己优势的显能，又要看到自己优势的潜能；既要看到影响自身优势发挥的内部条件，又要看到影响自身优势发挥的外部条件。只有这样看自己，才能避免自我认识的片面性。二是要保持自省。"金无足赤，人无完人"，女性领导要经常反省自身存在的缺点和不足，并加以改进和提高。同时也要认清，哪些性格特征是女性自身固有的，如"温和""细腻"等，这些固有的特征可以作为一种艺术融入工作中，充分发挥自身优势；哪些方面确实属于不足之处，应该付出十足的努力加以改进；哪些方面在事业发展的一个阶段是个人的优势，但是随着形势的变化已经不能满足事业发展的需求，需要进一步提高。三是要勇于战胜自我。在充满挑战、充满诱惑的今天，女性领导者要做一个无私、无畏的人，将"自尊、自爱、自立、自强"作为自身的准则，保持积极、健康、向上的心态，自我激励、自我磨砺，排除干扰，抵抗万难，不断创造和展现自己新的更大的价值。

修炼之三：建立女性的自信

对于女性领导，世俗社会倾向于给很多称谓前加上一个"女"字，如"女校长""女官员""女强人"等，并赋予其调侃性的内涵。更为重要的是，当人们津津乐道"女性身份"这个标签时，女性为工作所付出的努力就会被无形地消解。英国前首相撒切尔夫人曾说过这样一句话："就领导而言，没有性别之分，只有能力之分。"哈佛首位女校长福斯特上任后接受记者采访时说："我不是哈佛大学的女校长，我是哈佛大学的校长。"女性领导应该建立一种自信：男性能做到的，女性也能够做到，并且可以做得更好。

在知识经济时代，工业化和高科技使男性体力优势渐趋弱化，智慧和才华成为职业生涯的决定性因素。而善于组织协调、调适人际关系的性别特征使得女性在管理领域大有用武之地。美国《商业周刊》公布了哈格里贝咨询公司的一项调查结论：女人更适合做CEO。其中，女性CEO最突出的六项优势是：激励他人；建立沟通；产生高素质工作成果；策略性规划；倾听他人意见；分析问题。高等教育领域中女性管理者的优势也更加突出，在高校这样一个进行知识生产和传播的特殊机构里，知识分子需要更高的自由度和协作精神，这也为大学女校长发挥领导特征搭建了广阔的平台。女性领导在学校管理中体现出一种"以人为本"的治校理念和柔性化的管理方式，符合高等教育发展趋势，有利于高校管理的创新。

如以上所述，女性领导的优势是客观存在的，但要发挥这些优势、凸显个人价值，则需要女性领导建立强大的自信，切实将优势转化为自身能力。女性领导树立自信，有助于增强思维的敏锐性，更好地把握机遇、正确研判，提升女性领导的决策力；有助于增强智慧和勇气，调动一切因素应对各种挑战、完成既定目标，增强组织力和执行力；有助于树立自信从容的形象，增强女性领导的亲和力、凝聚力和感召力，赢得广泛的信任与支持。我们有理由相信，在自信心的驱动下，新时期的女性领导一定能够彰显独特而又充满魅力的领导力，用一双推动摇篮的手，推动整个世界。

修炼之四：掌握刚柔相济的领导艺术

管理大师亨利·明茨伯格在《关于管理的十个冥想》中提出："组织需要培育，需要照顾和关爱，需要持续稳定的关怀。关爱是一种更女性化的管理方式，虽然我看到很多优秀的男性领导正在逐步采用这种方式。但是，女性还是有优势的。"与男性领导相比，女性领导更加温柔、机敏、热情、细腻、善解人意、富有同情心；女性的母亲角色，使之更富有独特的爱心和耐心；生育、教育子女的过程，使其更加博爱，更加关注人性，更具有亲和力。这些个性特点，符合21世纪"人本管理""柔性管理"的理念，体现了女性领导力的独特优势。女性领导者应该发挥好这些优势，刚柔相济，以柔克刚，提升女性领导力。

刚柔相济是一种高超的领导艺术，也是树立女性领导形象和威信的重要方面。"刚"，就是领导者在原则上坚定，决策上果断，行动上坚决；"柔"，就是在策略上灵活，作风上民主，待人上谦和。作为领导，无论男性还是女性，都要在其位，谋其政，要善于规划目标、做好决策和制定方案，还要善于领导团队落实规划和决策。女性领导在发挥自身女性优势的基础上，还要具备刚强、果断、意志坚定等优秀品质，做到具有较强的亲和力而不失原则性，注重细节而不失全局，擅长梳理而不失决断，用女性特有的人格魅力和坚定行动赢得肯定和赞誉。

修炼之五:拥有健康和谐的身心

当今社会对女性的要求是多元的,既有传统观念的约束,又有现代社会的要求。女性领导面临的精神压力、心理压力、社会压力比男性领导更大。女性领导在以女性特有的关爱之心对待社会、对待组织、对待团队成员的同时,要更多地关爱自己,保持身心的健康与和谐。这既是提升女性领导力的需要,也是构建和谐社会的需要。

第一,境界要高一些。树立正确的人生观,辩证地看待自己、看待人生、看待社会。保持心胸豁达、乐观向上,使自己充满正能量,传递自身的价值与力量。

第二,视野要宽一些。要拓宽视野、扩大交往,积极参加社会活动、广交良师益友。这样有助于女性领导从多个角度了解社会,从多个维度思考问题,通过多种方式释放压力,从而消除各种困惑与烦恼,给自己不一样的心境。

第三,眼光要远一些。要用长远的眼光看待问题,将暂时的挫折与困惑放在人生的长河中去体会,不局限于一时一事的是非得失,以一颗超然物外、坚定从容的心,向着目标付出持久不懈的努力。

第四,兴趣要广一些。要培养广泛的兴趣,丰富业余生活,注重运动、劳逸结合,养成健康的生活习惯,让生活丰富多彩、充满阳光。

随着社会的不断进步,女性施展才华的舞台将更加广阔。女性领导一定要抓住机遇、迎接挑战、加强修养、提升能力,以美好而和谐的自己,以持续而强大的领导力,迎接一个奋发有为的时代,创造更美、更和谐的世界。

浅谈大学女校长与女性领导力的提升

王晓萍

(云南财经大学副校长)

女性是创造社会财富的重要力量,也是社会文明重要的推动者。在各国的高等教育领域,女性发挥着越来越重要的作用。从数量众多的女学生、女教师,到优秀出众的女校长、女领导,女性已经深刻影响着教育的未来趋势。大学女校长作为最耀眼的女性教育领导者,虽然为数不多,但是影响巨大。女校长们的风采与魅力、睿智与魄力都是高等教育发展的宝贵财富。

一、大学女校长的社会角色和职业角色

从宏观角度看,高校男性领导者和高校女性领导者之间,并没有绝对的差别和特点。具体到个人而言,在成功之前,都会有一条漫长而艰辛的道路;从微观角度看,相比于男性领导,女性领导的职业道路更为漫长、艰辛,而且往往由于家庭、生育等问题,它的连贯性会被打破。究其原因,主要是女性领导扮演的不仅有职业角色,还有社会角色。

(一)大学女校长的社会角色

所谓大学女校长的社会角色,是指女校长在社会中所处的地位和人际关系的位置。虽然在履行校领导职责、应对评价标准方面,男女校长是相同的,但女性的性别特征将女性校领导与男性校领导相区别,校长的职业角色又将女校长与普通女性相区别,由此形成了女校长社会角色的特点:多重性、复杂性和特殊性。现代社会对高校女校长的要求是多重的,现代高校领导的职责要求是不分性别的。而中国的传统要求女性还要俸老侍少、相夫教子,这使得女性校领导不得不在工作中和男同志一样尽心尽力的同时还要扮演好贤妻良母的角色。高校女校长面临着作为女性这一社会性别角色和校领导这一职业角色的双重要求。

(二) 大学女校长的职业角色

高校领导作为学校的最高领导层,对于学校的建设发展至关重要。男性领导与女性领导的本质差别是能力特征,而不是能力程度。管理者性别不同会使其具有能力结构的差异,而不是能力强弱的差异。社会不会因为高校女校长的女性性别角色而对其作为校领导的职业角色做性别划分。也就是说,对于校领导这一职业,无论是男性还是女性,都具有相同的角色要求。学者们对校领导角色进行了不同的定位,或将其定位于"个性思考者、终身学习者、持续反思者、全心服务者",或将其定位于"学校发展方向的指挥者、学术带头人、人际关系的协调者、经营管理者、对外联系者",或将其定位于"行政工作的负责者、教育改革的探讨者、学识渊博的指导者、言传身教的带头人、全校师生的服务者"。无论怎样表述,可以看出,人们要求的是一个完美的、不分性别的、多重角色复合的校领导;对内不仅要管好教学、科研与人才培养,还要管好人、财、物以及学校师生员工的学习、工作及生活等各方面;对外不仅要直接服务于社会,处理好学校与社会各种被服务对象的关系,而且为了获取学校发展的资源和保障学校有一个良好的发展环境,还必须处理好学校与政府、学校与企业、学校与校友、学校与学生家长、学校与学校等之间的关系。这体现了社会民众对校长严格的标准和要求。

二、大学女性领导力面临的现状

当今大学女性领导力面临的困境主要表现在三个方面:

一是层级越高,女性领导者所占的比例越低,话语权不足。尽管高校的女教师、女学生所占的比例近一半,但在大部分高校的领导班子中,女性领导所占的比例极低,有的高校甚至没有女校级领导,这也就带来了女性领导话语权不足的问题。

二是师生对学校管理者的要求越来越高,高校女校长工作压力不断增大。从高校来说,高校管理者面对的是一个特殊的群体。说它特殊,是因为高校教师的特性,即高校教师是个思想相对自由的群体。由于他们从事的主要是脑力劳动,并且他们的劳动过程是无形的,可以在任何时间、任何地点进行,工作没有确定的流程和步骤,因此,高校女校长就不可能像企业女领导那样,直接对被管理者的劳动过程进行监控和考核。此外,高校教师大都具有鲜明的个性,他们的教学和科研一般是独立完成的,不愿让个人活动受别人的干涉和干扰,反对硬性组织安排。而他们在强调活动的独立性时,又希望得到领导的支持与帮助。这也使高校女校长不可能像政府部门的女领导那样,通过较强的行政执行力来推进工作。

三是家庭、管理工作与个人自我提高难以兼顾。高校女校长在做好学校管理工作的同时,也不能放松自己的业务,同时还要兼顾家庭的责任。

面对以上问题,大学女校长在自我认知和社会认同之间需要找好平衡点,理性地看待社会对女性领导的角色期待,以增强自身能力为重点,全面提升女性领导力。

三、立足自身,发挥优势,全面提升女性领导力

早在20世纪就有学者预言:"21世纪是女人的世界。"当时人们都认为这种预言有些夸大和武断,但现在看来的确是远见卓识,学者想表达的是这样一种信息:进入21世纪,人类的管理将向"人性化"管理过渡,强调人是管理的中心,是一切管理活动的出发点和落脚点;注重平等和尊重,提倡竞争性合作和差异性互补,创造竞争优势,而女性领导恰恰是这种"人性化"管理的最佳人选。因此,大学女校长应该及时抓住发展机遇,充分利用性别优势和管理特征,进一步激发潜能、凝聚人心、实现目标,让高校女校长在社会中的主体地位和作用日益突出。此外,作为管理者,大学女校长有其特有的方式与风格,主要表现为深入师生群众,具有较强的亲和力、务实色彩和平民化色彩,工作认真和追求完美,处事相对严谨,细腻有余、放手不够,感性有余、理性不足,优柔有余、果断不足。显然这些特点有有利的一面,也有不利的一面,这就要求大学女校长在实际工作中必须树立新的领导观,学会扬长避短、取长补短。所以,如何提升领导力,如何把女性与生俱来的"柔"融入日常管理,切实做到刚柔并济,是每一位大学女性管理者都应认真思考的问题。笔者认为,可以从以下四个方面提升女性领导力。

(一) 要不断提高驾驭全局、统揽宏观的能力

在参与学校管理与决策的过程中,高校女校长往往会表现出一些弱点。比如,工作深入细致有余,而对宏观和战略层面的把控差一些,在引领变革方面也不如男性;再如,偏重感性,决策时容易意气用事等。因此,高校女校长首先要善于学习,在工作实践中不断克服自身弱点,不断提高驾驭全局、统揽宏观的能力。要在不断提高政治理论素养和政策水平的同时,广泛涉猎学校管理科学、学校领导科学、学校领导艺术等方面的理论知识,用理论指导教育工作实践,从而站在时代的最前列,以自己丰富的知识,精明的才干,引领全校的师生。具体说要加强以下能力的锻炼:理性思维和决策能力——理性地看待学校发展中面临的困难和矛盾,要在充分开展调查研究的基础上决策,保持清醒的头脑;谋划学校发展的能力——要有开拓意识、机遇意识,善于审时度势、与时俱进,善于把学校的发展与国家在高等教育领域的新政策、新措施有机地结合起来,促进学校的快速发展;识用高端人才的能力——要以爱才之心、识才之智、用才之魄,努力为他们的发展创造良好的工作环境和生活条件;工作创新的能力——从管理的角度讲,创新是一项很重

要的领导艺术,有魅力的领导往往是思维活跃、锐意创新的人物。此外,要清楚地认识学校各项事务之间的关系,善于抓住领导工作的重点,把有限的精力和时间放在那些对学校发展至关重要的事情上。

(二)要不断提高果断处事、统筹协调的能力

遇事不够冷静,处事不果断是女性领导在工作中容易出现的弊病。高校女校长要敢于担当,大胆管理,努力提高自己的处事能力。此外,由于多种原因,大学女校长很容易面临性别特征与社会要求之间、家庭与事业之间的矛盾冲突。要解决好这些问题,一是要处理好角色冲突,设立正确的人生定位。女性在角色定位的过程中容易出现两种倾向:一种是对自己能力估计过低,制定的奋斗目标太小,容易自我满足,甚至害怕成功,常常甘愿放弃对事业的追求;另一种是目标定位过高,过于追求完美,学习工作生活、事业家庭社会,事事要求尽善尽美,常常疲于应对,负荷过重。这些都在一定限度上制约了女性领导的成长和发展。二是要善于调节自己的心理,学会必要的心理保健,增强应对角色冲突、缓解角色冲突的能力。要培养积极的心态,形成正确、稳定的自我观,在遭遇困难和挫折的时候,要学会通过情境转移、合理的情绪宣泄和自我调节,满怀信心地树立新型的角色意识,不断提高角色素质,提高应对能力与调适能力,克服弱点,推动自身事业的进一步发展并争取个人的进步。

(三)要加强学习,完善自身,不断提升知性美

一名优秀的大学女校长,应该是具有知性美的女性,即集智慧、内涵、灵性于一体,集高尚的品德、渊博的知识、豁达的情怀、优雅的举止于一身的知识女性。在大学校园,女校长的领导艺术和才能固然是多方面的,但其人格魅力也是十分重要的。品行高洁、才学逸群,有着知性美的女校长,必定能使自己更多地吸引和影响周围的人。因而,大学女校长要涉猎广泛,视野开阔,不断增加知识容量,更新知识结构,同时还要有开阔的胸襟,要善于凝聚人心,塑造自身的形象。在领导工作中,要开放豁达,凡事从大处着眼,要宽以待人、严于律己,善于把周围优秀的人才当成朋友,虚心地以人之长补己之短,从而形成良好的精神风貌、高尚的道德情操、豁达的处世魅力,以公平公正之心和博大的胸襟,以充满激情的职业追求,真诚服务广大师生,感染广大师生。

(四)要不断增强社会性别意识,着力发展女性教育

高校的女校长不仅要关注自己的发展,还应该推动、带领更多的女性,成为她们成功的榜样。近年来,随着经济的快速发展和社会的不断进步,中国女性通过高等教育获得了巨大的发展空间,女大学生、女博士、女教授、女学者、女科学家、女校长的队伍也日益

壮大。但一些与性别、女性相关的问题也日渐凸显，如在就业、提拔、同工同酬等方面还存在着性别歧视的问题。女性的价值、地位要得到切实肯定，还有相当长的路要走。因此，大学校长，尤其是女校长，在承担推动高校迅速发展这一重要社会职责的同时，还要增强社会性别意识，担负起发展女性教育，促进妇女问题研究的重要使命。

芬兰高等教育改革进程中的女性领导力
(2008—2015年)

玛加·丽莎·田纽恩

(中博腾理工学院前校长)

芬兰地处北欧,占地338,000平方千米,河流面积占10%,森林面积占70%,湖泊19万片,气候冬寒夏暖。芬兰规模较大的城市有赫尔辛基(首都)、埃斯波、坦佩雷、万塔和奥卢等。芬兰是双语国家,6%的人以瑞典语为母语。2013年,芬兰人均国民生产总值为36,000欧元,国民生产总值1900亿欧元。芬兰于1995年加入欧盟,并在2002年1月获准使用欧元。

芬兰开放自由市场规模大,工业化水平高,这在很大限度上归功于制造业的成功。芬兰国民生产总值将近一半的收入来自对外贸易,出口商品主要有:电子及电镀技术产品、金属及工程产品以及林木工业产品。瑞典、德国和俄罗斯是芬兰重要的合作伙伴和商品输出国,这些国家占据了芬兰30%以上的出口市场。芬兰主要的进口商品有食品、石油、石油产品、化学品、运输器材、铁、钢、机械和纺织中间产品。俄罗斯、德国和瑞典是芬兰主要的商品输入国,这些国家占据芬兰超过40%的进口市场。

由于芬兰以外向型经济为基础,市场自由开放,贸易国际化水平高,所以高校必须与经济接轨。国际化和全球化是互相联系的。21世纪,全球化成为经济发展和学术研究的社会大背景。为应对国际化的学术环境,学术机构、科研组织甚至个人需要进行相应的政策实践。商品经济、知识与语言、国际化的课程设置等都要求我们参与国际化进程,主要措施有:设置分校、达成跨国合作共识、建立国际学生项目、创建英语课程和学位等。加强监管力度、保证国际化措施顺利实行,对于高校改革是不可或缺的(教育文化部,2009)。

30年来,国际学生的流动量翻了两番,留学生增长速度高于学生整体增长速度,这是因为发展中国家无法满足学生日益上升的教育需求。在许多国家,教育服务已经成为一项重要的外汇收入来源。随着学生和研究人员流动性的增加,新型教育模式开始出现,比如:设立分校、申请特许经营、开展定制教育、签署双语培训合同、进行机构配对、设立双学位和网络教育以及联系合作大学等。

芬兰高等教育必须提升国际竞争力。高校国际经验积累与教师定期交流有利于促进教育研究质量提升，同时也为国际学生提供了留学渠道。高校教学应保证高质量、符合自身专业特长并提供多语教学模式。另外，高校的办学目的是利用国际合作，尤其是欧盟内部和北欧国家的合作，来提高办学质量。芬兰政府计划2015年前大幅增加非芬兰籍教师、研究员和大学生数量，同时让高校真正成为国际学习和工作的社区（教育文化部，2009）。

芬兰有必要进行高校改革，建立与基础教育（小学和初中）相适应的高等教育。经济合作与发展组织（OECD）在国际学生测评系统（PISA）报告中发布关于芬兰小学教育的相关测评。芬兰学生素质自2000年来一直在PISA报告的主要测评项目中名列榜首，而学生的平均表现更是独树一帜。无论学生的住所、性别、经济地位、语言或文化背景如何，芬兰都为他们提供平等的受教育机会。芬兰小学教师一律有高学历，学生可在学校免费就餐。芬兰的中学有待参与教学评估，这是极其重要的。

经济合作与发展组织目前发布了"高等教育学习成果"（AHELO），芬兰参与了与大学生"学习力"有关的测评。AHELO可与PISA相媲美，主要评估经济学、工程学、通用技术等专业学生的能力。芬兰参与测评通用技术专业的学生。评估重点放在学生的批判性思维能力、解析能力、理解能力、解决问题的能力和写作能力上，调查对象是17个国家大约150所高校大三、大四的学生（OECD，2012）。

一、芬兰的高等教育

高等教育是提升芬兰国家和地区创造力的关键，高等教育与经济政策联系紧密。芬兰政府、大学和高等技术学院均出台相关改革措施巩固经济政策。目前，芬兰教育文化部下设14所大学和25所高等技术学院。芬兰是一个双语国家，主要使用瑞典语授课的高校共4所，包括2所大学和2所高等技术学院。

21世纪初期，芬兰的高等教育呈现"双轨制"特点，即高校由大学和高等技术学院两类组成，它们都隶属于芬兰教育文化部。2013年，大学和高等技术学院录取人数分别约为16.9万和13.89万。大学可授予文学和科学学士、硕士、准博士、博士学位，以及医学、口腔医学和动物医学等相关专业的硕士和博士学位。2012年，大学授予了约12,000个学士学位，14,000个硕士学位和1600个博士学位。

高等技术学院提供职业技术培训，并开展调研工作，它们的宗旨是培养适应社会需要的人才，并为地区的发展提供指导性建议。高等技术学院硕士生申请资格是具有UAS学士学位或同等学位以及三年的相关工作经验，学生从高等技术学院毕业后能够获得和大学同等的学位。2012年，芬兰各高等技术学院共授予22,300个学士学位和1750个硕士学位。芬兰的教育系统详见图1。

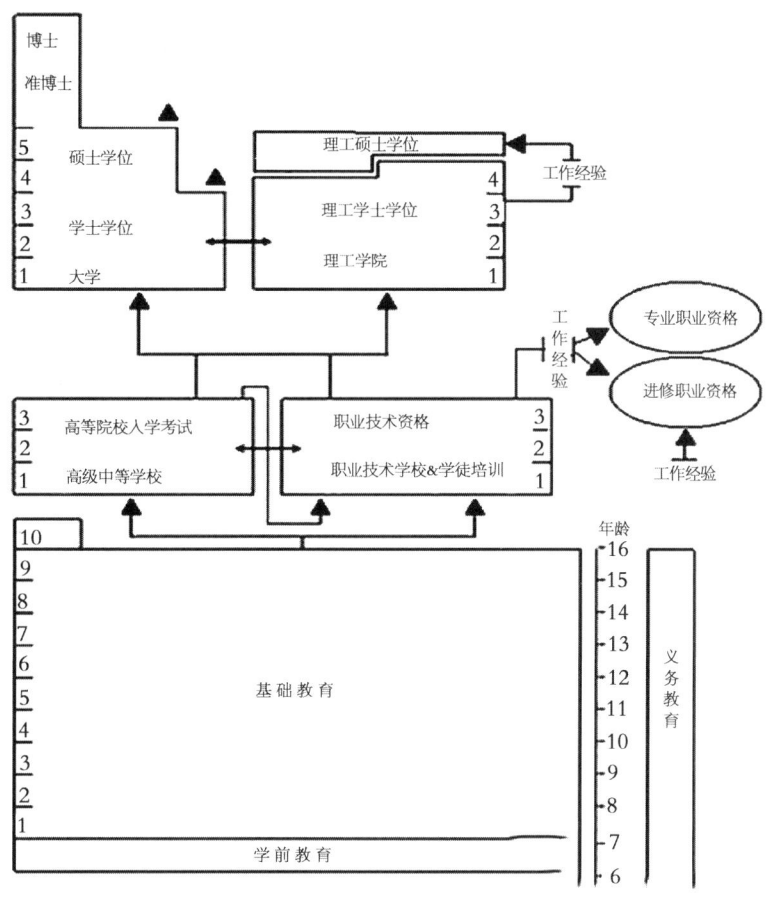

图1 芬兰教育系统

资料来源：www.minedu.fi

芬兰高校采用"欧洲学分转换系统"（ECTS），全日制学习一年共60个学分。本科生三年应修满180个学分，其中包括基础课程、语言课程和学位论文。硕士生两年应修满120个学分，但医学等部分学科所需时间更长。硕士学分包括专业课、辅修课、通识课、语言课程和交流技能及硕士论文。

学生获得硕士学位之后可以申请准博士（120—150个ECTS学分）和博士（240个ECTS学分）学位，获得全部博士学分需要至少四年的全日制学习并完成一篇博士论文。

大学和高等技术学院独立筛选学生，招生指标由教育文化部和高校共同制定，各专业招生数量都有严格限制。因为申请人数总是多于招生数，大学和高等技术学院采用不同的招生标准，比如，有的高校同时根据学生高考成绩和自主招生考试成绩择优录取，而有的高校除了高考成绩还将高中毕业考试成绩纳入考虑范围，但是艺术类院校只考虑学生自主招生的考试成绩。

除了普通本科和硕士学位,芬兰高校还会设立"独立硕士学位"项目,这种项目面向拥有学士学位或有同等学力的学生单独招生,课程多样,全英文授课。"独立硕士"需要在两年全日制学习中修满120个学分。有的"独立硕士"项目由两个或两个以上芬兰国际化高校组织,每年"独立硕士"项目毕业生数量占全国硕士生总量的比例较小。虽然"独立硕士"主要服务于国际学生,但"独立硕士"学历和普通大学硕士学历是完全相同的。

二、"博洛尼亚进程"

"欧洲高等教育区"(EHEA)出台了"博洛尼亚进程",该进程是高校现代化改革的框架。为提高司法透明度、简化国家教育体系,"博洛尼亚进程"实施"信用建设"系统,改革教育制度。主要措施包括:建立三段式高等教育体系;采用国家质量体系框架;出台"欧洲学分转换系统";颁发毕业证书,保证教学质量。

目前有47个国家已经采用了"欧洲学分转换系统"和三段式高等教育体系。芬兰于1998年加入"博洛尼亚进程"。在加入"博洛尼亚进程"的国家中,有26个国家约90%的学生参加"博洛尼亚"两段式学习项目,13个国家70%—89%的学生参加该项目,部分国家因立法较晚,参加该项目的学生较少。另外,几乎所有加入"博洛尼亚进程"的国家都参与了和学生、员工、经济、社会等领域相关的项目。"博洛尼亚进程"的当务之急是努力实现教学质量的稳步提升,促进学生交流,保障高学历人才输出,工作重点是为更多学生提供平等接受高等教育的机会。

EHEA国家都必须保证创造出实际收益,47个国家必须在不同背景下实施相似的教育政策。EHEA国家各自的境况不同,应从高校功能的角度具体分析各国教育结构、招生规模等问题。EHEA国家的学生数量差别巨大,从800人(列支敦士登)到1000万人(俄罗斯)不等(根据2012年数据),仅俄罗斯一国学生的人数就占据EHEA学生总数的25%,而五个大学生最多国家(俄罗斯、乌克兰、土耳其、德国、英国)的学生人数总和超过EHEA学生总数的50%。法国、波兰、意大利和西班牙有1500多万名学生,而另外14个国家的学生总数不到20万(根据已知数据)。这些数据表明,在EHEA各参与国中,芬兰虽小却发挥着相当积极的作用。

三、芬兰的高等教育质量

芬兰各大学校都由独立的议会法案统一管理。此外,"国家资格证书及相关专业认证框架"对知识、技能和不同等级的专业能力做出定义(教育文化部,2009)。高等学历,比如大学或高等技术学院颁发的学士学位,属于第六级别,大学或高等技术学院颁发的硕士学位属于第七级别,而准博士和博士学位属于第八级别。在不久的将来,芬兰议会可能会通过有关"国家教育认证框架"的议案。

"芬兰高等教育评估委员会"(FINHEEC)是芬兰国家教育质量保障部门,它负责对芬兰高校进行评估。FINHEEC 是"欧洲高等教育质量保证协会"(ENQA)的正式会员,同时也属于"欧洲高等教育质量认证部门"(EQAR)。FINHEEC 的审计模式符合欧洲质量要求,欧洲质量要求包括"EHEA 质量保证标准和指导",这是 ENQA 和 EQAR 成员国的标准。

"芬兰高等教育评估委员会"审计的主要原则之一是赋予高等教育机构自治权,这一原则由"芬兰大学法案"和"高等技术学院法案"制定,即高等教育机构应负责教育持续发展和高校运作。另一项审计原则是开展发展中的评估工作,目的在于帮助高校评估其优势、经验和优质领域,从而促进高校的发展运作。

"芬兰高等教育评估委员会"审计注重高校用以维持运作、发展教学并提高教学质量的方式、方法,通过该审计并得到 FINHEEC 质量标志(6 年有效)的高校可以证明自身拥有高质量管理系统、高效的运作模式和高标准的教学实践(FINHEEC,2012)。

四、"博洛尼亚进程"之高等教育改革

2002 年,依照"博洛尼亚进程",芬兰启动高校改革,并同步制订改革评估计划。高校改革评估——又称"全国新型学位体系可行性评估"——于 2008 年启动,2010 年结束。很显然,评估并未达到预期效果。原因在于,部分次级改革评估开始过早,而学位教育耗时太长,改革需更长时间才能见效。大学和高等技术学院第二阶段改革已经启动,而第三阶段改革仍在酝酿中。

评估从"波隆那进程"设定的目标出发,一些参与"波隆那进程"的芬兰高校将各自所设定的目标整合起来。评估的目的是将先前的成功经验加以运用,部分评估工作已经在过去几年完成,而其他的评估仍在进行,目前已经收集到大量信息。因此,下一步要筛选有用的评估信息并继续完成剩下的评估工作。

正如预计的那样,如此大规模的高校改革很难实现所有的目标。虽然部分目标已经初步实现,但依旧缺乏实践检验,比如一些立法层面的目标。换句话说,2013 年,高校改革仍在进行中。回顾过去 10 年,有的目标从一开始就过于空泛,有的目标则因为缺乏相应的支持而无法达成。"博洛尼亚进程"升级后,有些目标的重要性越发明显,比如构建"学习成果导向教育":2003 年和 2014 年对"学习成果导向教育"的课程分析可能会有很

大的差距(教育文化部,2009)。

以现实的眼光看待目前的状况是未来发展的先决条件,由于高校的全力配合,芬兰高校改革成果显著。改革工作不断推进,改革模型受到广泛好评并取得了成功。

高校改革评估也可以理解为全国性的高校自我评估,芬兰对于"博洛尼亚进程"的实施与其他国家并无二致。为了更深入地了解欧洲的教育情况,"芬兰高等教育评估委员会"决定邀请德国卡塞尔大学乌尔里希·泰希勒教授以国际化的视角做分析报告。大部分"博洛尼亚进程"参与国都是用本国视角对某个具体国家进行分析的,而泰希勒教授将用专业的眼光比较芬兰学位改革与欧洲其他国家的类似改革,他的评估成果将为后续工作和相应改革措施制定打下坚实的基础。

为了加强学位改革力度,芬兰采取了与"博洛尼亚进程"相适应的立法,保障在大学和高等技术学院中实行"两段式"高等教育体系。需要特别指出的是,"两段式"高等教育体系在高等技术学院取得了巨大的成功。改革还有其他许多优势,比如新型的课程设计和学习指导。目前,学位改革进程良好,其经验可用于未来的实践。

总体来说,高等教育学位改革有以下成果:立法保证"两段式"高等教育体系在芬兰大学和高等技术学院中得以施行。"两段式"高等教育体系在高等技术学院中的正式确立,标志着高等技术学院的毕业生现在既能够在学院,也能够转入大学继续深造。新型学位结构为本国和国际学生都提供了新机遇。然而,改革其他方面仍有不利于吸收国际学生的因素。目前有些高校为学生提供国际通用的补充文凭,一项议案建议建立全国高等教育学位框架,确定学位、学历级别,从而提升高校国际竞争力(FINHEEC,2012)。

五、2010 年颁布的"新大学法案"

芬兰教育改革的政治背景是 2011—2015 年政府工作计划,芬兰政府鼓励大学和高等技术学院提升教学质量和国际竞争力,希望于 2020 年前在芬兰建立"世界一流的教育"(卡泰宁,2011)。芬兰教育体制正在经历全面变革,上一届政府于 2010 年颁布了"新大学法案"。"新大学法案"赋予大学独立法人的地位,从多方面改变了大学和政府的关系,调整大学管理安排,将高校用人制度从公务员编制改为聘用制。让教职工从公务员变为聘用员工。

通过"新大学法案",芬兰政府用强硬手段促使高校合并,目前已经形成 4 所合并大学,分别是 2 所"二合一大学"和 2 所"三合一大学"。改革为芬兰高校能够保持自身国际教育科研竞争力起到关键作用,原因在于世界一流大学必须具备一定的教学规模。教育界认为,短期内让改革达到政府预期目标的关键在于多元化融资模式和企业化经营相结合。

一开始,这种企业运作模式并未在芬兰大学中发挥效用。芬兰高校常年由严格的立法管辖,形成了一种"传统高校结构"。如果政府不同意在高校进行企业化经营,分歧就会持续下去。

当不同行政机构发生矛盾时,高校改革还需时间检验,目前芬兰已经采取多重方式检测改革效果。有的专家认为应该在改革刚开始时就进行分析测评,有的则认为应该在改革进行一段时间后再测评。在官方政策下,高校本可以从内部对教育体制做出改变,但目前,芬兰高校可能只能通过增加部门分类来继续改革。当然,不同院校有不同的战略发展计划。

芬兰高校改革从2010年开始,到2015年结束。和欧洲许多其他国家一样,芬兰已经适应了传统的高等教育结构和高校系统,虽然这曾造成机构臃肿、决策缓慢、公共大学持续资金不足等问题。政府指出,传统的高等教育结构无法解决21世纪的主要问题,因此应该进行两个重要变革:大学必须自主施行战略决策并开展企业化管理。

六、芬兰高等技术院校的短暂历史

芬兰的高等技术学院是相对新型的高等教育机构。芬兰在1991年就实行了教育改革,改革是实现"世界一流大学"战略目标的一部分,改革的目的是为所有高中毕业生提供高质量的大学教育。自1991年起,芬兰创建实验学校,学校主要由技术学院、小型贸易机构和职业学校合并而成,开办实验学校的目的在于"提高高等职业学习水平并优化教育体系"。同时,教育和职业生活的联系也变得更加紧密。因此,芬兰逐渐建成一个"无大学"的高等教育系统,即一个和国际接轨的、以高等职业学院为基础的高等教育系统。当时,芬兰预计在2000年前能够落实教育"双轨制"目标。

芬兰原有的高等职业学校,通过专业机构升级,转变为一批高等技术学院,并配有新型多样的课程模式。芬兰高校改革受到欧洲其他国家既有经验的影响——吸收了德国独立高等教育部门和高等职业教育并存的"二元体系",接受了荷兰高等教育改革和挪威地区性高等教育机构改革的相关思想。芬兰议会于1995年通过法案建成永久的高等技术学院系统。教育文化部在高等技术学院试运营后,为它们颁发永久的办学资格证。2003年,"高等技术学院法案"实施,新型高等技术学院成为非研究型组织,能够提供三年半、四年或四年半的本科级别的学位,但不提供博士学位。芬兰立法监管并保障高等技术学院的运作。

芬兰教育"双轨制"在1991年确立,当时高等技术学院还处于实验阶段。1991年,芬兰共有21所大学,而政府又在此基础上建立了17所实验高等技术学院,随后其他实验学院相继建立。第一批高等技术学院在评估后通过教育文化部认证,获得了永久办学资格。高等技术学院虽然赢得了普遍好评,但也有质疑的声音,质疑者认为学院会增加政府教育部门的财政预算。无论在当时还是现在,教育开支都是政府开支的最大部分。人们争论的焦点是"芬兰是否需要建立覆盖全国、数量如此巨大的高等院校体系"。

目前,芬兰政府确立了教育"双轨制",目的是明确区分大学和高等技术学院的职责。"双轨制"下,大学和高等技术学院的学位名称和人才培养方案都得到了严格区分。虽然芬兰教育"双轨制"常遭到质疑,但它仍有着强有力的政治后盾。

芬兰高等技术学院的建立正值电子信息产业迅速发展之时,当时诺基亚成为主流手机品牌,芬兰对信息通信技术工程师有巨大需求,因此教育文化部需要对该专业进行扩招,以促进芬兰的发展。2008年,芬兰电子工业进入低谷期,相关企业开始了首批裁员。2008年2月,高等院校也决定对电子信息专业削减招生。但在今天看来,减招政策依然出台太晚,主要原因是不同地区利益分化严重,难以协调。

建立高等技术学院的一个重要目的是联合中小型企业。起初,高等技术学院计划名为"与企业共发展战略",后来更名为"研究与发展战略",现在叫作"研究、发展和创新计划"。企业联合经常涉及多个部门的运营,它们之间需要紧密联系。从试点开始,该战略已实施22年,高等技术学院为国家技术发展作出的贡献不可小觑。高等技术学院应掌握不同地区的发展需要,特别是学院周边企业的需要,这样才能因地制宜地开展研发工作。因此,必须将高等技术学院的研究成果分配给不同的地区。问题在于,许多中小型公司意识不到新知识的重要性。

企业应和高等技术学院紧密配合,共同推进教育、研究、创新及成人教育的发展,从而获得高效的研究成果。芬兰许多技术的使用度和流动性都有待提高。解决办法有:高校与企业达成长期合作,施行高校企业化管理和教职工雇佣制,充分利用中小企业的资源,使其成为研发地,让高校毕业生参与企业工作等。

七、高等技术院校的改革措施

芬兰政府在大学改革完成后着手进行高等技术学院的改革,改革遵照"新大学法案",现仍在进行。改革后的高等技术学院和过去完全不同:学院体制更加灵活并实行企业化经营。尽管可能只有部分改革能够直接作用于高等技术学院,但为芬兰高校注入活力仍是十分重要的。

高等技术学院改革的内容包括:减少招生指标、与教育文化部达成共识、开展高校合并与合作、颁发高等技术学院经营管理执照、确定资金来源等。

2012年4月,芬兰政府根据改革第一条的规定,在多个高校缩减2030个招生指标(-2272+242),并由教育文化部落实实施。减招前,芬兰高校每年的录取人数为24,607

人,减招后变为 22,577 人。

减招原因有:适龄入学人数减少,机械工程业、旅游业、文化产业等人才需求增加。其他因素还有:人口变化,卫生保健服务人员需求增加,人口向南部和西南部集中。

改革的第二项内容是所有高等技术学院必须和教育文化部签订从 2013 至 2016 年的合同。合同内容包括:高等技术学院战略目标,提高核心竞争力策略,教育领域细则和招生指标。

改革的第三项内容是鼓励更多的高校合并或合作。芬兰目前有 24 所高等技术学院,学院的学生从 1200 人到 16,000 人不等。政府强制部分小型高等技术学院合并,或在区域内建立紧密的战略合作关系,并称这种战略合作为"高校联盟"。合并和建立"高校联盟"的目的是保证教学质量、提高成本收益,并为学生提供更多受教育的机会。自 2007 年以来,芬兰共成立 4 所合并的高等技术学院,其中 3 所在芬兰南部,1 所在拉普兰。另外,还建成了 4 个高等技术学院的"高校联盟"。

改革的第四项内容是颁发高等技术学院经营管理执照。芬兰高等技术学院希望能紧密联系企业组织,促进地区发展。"新大学法案"要求高等技术学院的经营管理执照由地方政府、市联合政府、私人组织(芬兰有限公司或基金会)等颁发。

"新大学法案"规定,自 2014 年 1 月 1 日起,高等技术学院经营管理执照由私人组织、芬兰注册有限公司(股东可为多种组织)、地方政府、市联合政府、大学或多个协会(商会)颁发。

2013 年 9 月,芬兰各大高等技术学院都赶在"新大学法案"生效前申请获得高校经营管理执照,政府批准了这些申请。但是,部分高等技术学院制定了不同的管理政策,比如有些学院要进行全面改革。

部分学院董事也是地区企业代表,他们甚至还是其他高等技术学院的校友。目前,董事会成员都是教职工和学生代表,而未来,所有教育部门都会派出代表进入董事会。

改革的第五项内容是采用多元化融资模式,这在 2013 年"新大学法案"中就有规定。学院资金数额应以实际办学质量为标准。质量指标有:教学水平(学位)占 85%,科研发展实力占 15%,其中还有很多其他指标。政府提供的税款是学院主要的资金来源。

高等技术学院向大学学习,确立了一套融资模式。除了政府出资,学院还有其他资金来源,比如学费和捐助——由本国企业、欧盟和其他国家投资,但是政府投入仍是主要来源。

在某些情况下,大学可以吸收企业资金,高等技术学院也是这样。在接受企业资金之前,每所大学都会做出资金预算,并和教育文化部商议,确定资金额度和时限。政府承诺支付预算资金 1.5 倍的赔偿金,但只有极少数大学能够获得全部预算资金。依照最近的法律修订案,个人向高校捐款时,能够享受税收减免。芬兰是一个福利国家,这是一个根本性变化。如果人们对高校的捐赠税都能够减免,那么捐赠也就不失为高等技术学院的一种新型融资途径。

从理论上看,扩大大学资金来源的最好办法是增收学费。也就是,取消大学的免费福利,并在已经收费的大学增收学费。然而,这在芬兰基本不可能实现,因为宪法保证所有学生享受公费教育。教育文化部网站上写明:"学位教育仍将免费,但是改革后会尝试对来自非欧盟和非欧洲经济区国家的、含奖学金项目的独立硕士生收取学费。"不过,收费教育并不见效,因为法案中有太多限制。

结 论

欧盟和芬兰的经济都发生了巨变,芬兰政府面临多重经济挑战。芬兰经济持续稳定增长之后,最近生产率有所下滑,特别是在信息通信产业和公共部门。尽管财政赤字很小,目前的政府财政预算并不足以应对未来老龄化社会带来的挑战。提高退休年龄、刺激老龄人口就业、控制提早退休等方式都能够增加劳动力,从而解决老龄化问题。如果不进行退休制度改革,政府就必须采取进一步的财政整顿。

在经济全球化中,芬兰的经济结构发生了巨变,劳动力需求增大,特别是服务业和需要专业技术人员的高层岗位。在劳动力市场发展中,职业结构调整和技术人员需求增加的情况十分常见。教育是适应经济全球化的关键。竞争越激烈,越能够促进生产力的发展,这对于相对封闭的企业更为明显。另外,市政体制的改革有利于促进经济可持续发展、提升生产效率。因此,应进一步鼓励高校合并——高校是应对经济挑战、促进社会发展的关键。

芬兰部分地方经济体的医疗水平明显低于 OECD 标准。除了建立完整的医疗卫生体系、增加医疗可选择度外,还应该提高医疗服务竞争力,从而提高医疗效率、促进医疗公平。家庭医疗和疾病预防部门可持续发展的方法在于:发挥收费医疗的基础性作用,高校主导高收费医疗,建立长期的医疗服务系统。

芬兰的国民教育水平稳步提高。芬兰年轻人的教育水平处于世界领先地位,但全国的平均教育水平刚达到 OECD 的平均水平。对于芬兰来说,实现"世界一流教育"这个目标依然任重道远。芬兰有着综合性、高水平、宽领域的教育体系,儿童素质在世界名列榜首。芬兰仅投入中等教育的资金就创造了卓越的教育水平并保证了教育公平,这为芬兰高等教育的发展奠定了有利基础(芬兰研究创新委员会,2010)。

芬兰的高等教育也将不断进步,根据教育机构评定,芬兰教育将更好地应对未来劳动力市场的需求。未来的目标是,合理配置不同类型人才和技术人员,这就要求建设高质量、多样化、不同学位制的高校(芬兰研究创新委员会,2010)。

想成功评估教育水平并提高教育竞争力,需要同时考虑地方政策和整体规划路线,并做好未来的发展计划。政府不会削减公共教育支出,而采取少建新学校、缩减学时、提高考试通过率等方法节省教育开销,将省下的费用用来提高教育质量和效率。教育改革应该考虑劳动力市场的需求,长远目标是提升全民素质。由于学校规模缩减、资源利用率提升,预计未来新建高校的数量将会减少。芬兰计划在2020年前,有42%的30—34岁人群持有本科学历,而18—24岁的退学生比例在8%以下,该计划目前已经启动(芬兰研究创新委员会,2010)。

根据教育文化部评估,2020年前芬兰应缩减应用文学、通信科技、计算机、电气与自动化工程和旅游等专业的招生,而应扩大社会福利、医疗、制药、机械工程、金属能源技术和卫生服务等专业的招生。其他评估结果表明,应缩减文化艺术、经济学、管理、电气与自动化、计算机和医疗专业的博士生数量,增加医学、法律、化工和材料工程专业的高校招生指标。

通用技术包括解决问题的能力、分析性技术、批判性思维、知识管理和交互技巧。通用技术专业人才在未来竞争中格外重要。同时,企业经营管理技术也不容忽视。这两类技术在劳动力市场中的地位持续提升,技术分析的全球化发展有助于更好地理解专业技术和能力。为满足经济领域对技术的需求,企业应积极渗透到各级教育部门,包括成人教育领域。芬兰目前正采取多重手段,刺激技术利用率和技术流动性增长(芬兰研究创新委员会,2010)。

笔者认为,为保证"教育出口"、吸引留学生,政府应修订与高校相关的法律。除了国内外组织,非欧盟/欧洲经济区学生也应有机会在芬兰自费攻读学位。芬兰教育文化部应优先考虑"教育出口"的方式,以此来增加教育基金。

改革提高了高等技术学院的自治权,高等技术学院拥有独立法人的地位,同时也获得了更大的融资自由。政府、大学与高等技术学院的关系都将发生变化。从法律上看,新法案通过后最大的变化在于,高等技术学院将成为独立的注册公司。

高等技术学院改革的最大挑战和问题是政府的税收支持减少。芬兰政府决定对高等技术学院削减20%的财政预算,这意味着各大高等技术学院都会陷入困境,规模较小的高等技术学院受打击更大,因为小规模高等技术学院几乎没有任何资金周转能力。如果在国家整体经济状况较好的时候施行大学改革,那么政府税收支持缩减的幅度就会有所减少(劳哈拉,2013)。

通过持续参与国际研究交流,高等技术学院能够增加自己的调研、发展和创新收入。但是,与学院总收入相比,对外交流收入相对较少并仍在缩减中(劳哈拉,2013)。

芬兰高等教育的最大机遇和挑战在于提高教育、研究、发展、创新的质量和效率。另一个重要机遇是深化国际化进程,促进社会和技术创新发展,增加创新的门类并提高研究、发展、创新的支出。高校应该扩大经营,并通过合并增加市场竞争力、促进企业发展。

1992 年,大量职业学校合并后成立了一批高等技术学院试点工程。1992—1995 年,芬兰共建成 22 所高等技术学院,最初仅有 2 名女校长,占总数的 9%。1998 年,高等技术学院共有 32 所,2000 年为 29 所,高校合并直接导致学院数减少。改革后,高等技术学院减少为 24 所,目前有 5 位女校长,占总数的 21%,女校长在改革中一直发挥着重要作用。

高校改革是必须进行的,高校规模越大越容易适应未来的竞争,因此芬兰政府决定扩大高校规模。和企业相比,公共部门更难实施政府改革。政府的政策、财政拨款和国内教育发展联系紧密,改革是实现"2020 年前成为世界最有竞争力国家"这一目标的重要动力。

(翻译:臧雅睿)

网络环境下高校女性领导者的领导力提升研究

王德宠

（北京邮电大学原党委书记）

自互联网投入应用至今，网络技术的发展一直行驶在快车道上。英特尔创始人之一戈登·摩尔提出，当价格不变时，集成电路上可容纳的晶体管数目，约每隔18个月便会增加一倍，性能也将提升一倍。换言之，同样价格可以买到的电脑的性能，将每隔18个月翻一倍以上。这就是揭示信息技术进步惊人速度的摩尔定律。事实证明，集成电路的发展速度已超过了摩尔的预言。随着硬件设备的不断进步和普及，互联网已经渗透到人们工作、学习、生活的各个方面，人们时时刻刻都被网络环境包围着。这是当今时代最为显著的特征之一。

随着社会观念的转变和女性受教育水平及自身能力的不断提高，女性不仅参与各行各业的社会生产活动，而且还走上了领导岗位。21世纪以来，各国政府纷纷出台政策，采取措施干预提高女性管理者的地位和参与率。例如，墨西哥的联邦选举法在2002年作出变革，要求政党为女性候选人设定配额，最低不能低于30%。我国国务院颁布的《中国妇女发展计划（2011—2020）》也提出了相应的目标、任务与措施，旨在提升21世纪女性在各领域参与决策和管理的水平。纵观全球，越来越多的杰出女性脱颖而出，女总统、女总理、女总裁等头衔对于我们来说已不再陌生。她们在政治、经济、文化、教育等各个行业崭露头角。这样的现象在高校也并不鲜见。对我国的39所"985"高校进行调查发现，2013年，这些高校中共有42名女性校级领导（王饮寒、喻恺、岳启，2014）。女性作为高校的领导，在管理风格和管理方式上具备一定的特征和优势，也面临各方面的挑战。如前所述，就当今社会的显著特征来看，高校中的女性领导面临与以往时代不同的网络环境。而作为高等教育、科学研究的场所和青年学生的聚集地，高校更易于接受和率先运用网络时代的新技术，甚至推动新技术的不断进步。网络环境的发展给女性领导者领导力的提升提供了新的思路和途径。在网络环境下，高校女性领导者的工作已与信息技术紧密地结合在一起。新技术的发展不但给人们的工作和生活带来了便利,也带来了相应的变化和挑战,高校女性领导者如何尽快适应网络环境的新要求,提升自身的领导力,是本文意在探索的问题。

一、网络环境的特点

探讨网络环境下高校女性领导者领导力提升的问题,应以分析网络环境的特点为起点。当今我们所处的网络环境,较以往的任何时期都具有更加明显的特征。人们现在已经切身体会到信息技术的力量,网络环境也广泛地影响着我们的工作、学习和生活。纵观互联网发展的历程,当今网络时代具有以下特点。

(一) 网络无处不在

首先,"网络无处不在"是当今网络时代的最为显著的特征。人们的工作、学习、生活等各个方面已离不开互联网。软硬件和网络的普及程度也超过了以往的任何时代,并且这种普及日渐深入。据中国互联网络信息中心(CNNIC)统计,截至 2013 年 12 月底,中国网民规模达 6.18 亿人,互联网普及率为 45.8%。仅在半年的时间内,这些数据均有较大幅度提升。截至 2014 年 6 月底,中国的网民规模达 6.32 亿人,较 2013 年底新增网民 1442 万人。互联网普及率为 46.9%,较 2013 年底提升 1.1 个百分点。在互联网应用方面,互联网发展重心从"广泛"向"深入"转换,各项网络应用正深刻改变着网民的生活。移动金融、移动医疗等新兴领域的移动应用多方位满足了用户需求,推动网民生活迈向全面网络化。网民在手机电子商务类、休闲娱乐类、信息获取类等方面应用的使用率都在快速增长。

伴随着信息技术的不断发展,互联网普及率不断提高。高校的互联网普及率更是几乎达到 100%。如今在高校里,学生的学习和生活离不开网络,教师的科研和办公也离不开网络。网上信息查询、学生个人信息注册与管理、网上选课、网上评教、办公自动化等已普遍应用于高校管理的各个方面。高校更能够充分体现网络无处不在的特点。

(二) 发展变化日新月异

当前网络环境的特点之二是发展变化日新月异。如前所述,摩尔定律指出,集成电路的处理能力每 18 个月便翻一倍。而当今信息技术的发展速度甚至超过这一定律。信息技术发展变化日新月异,硬件设备快速更新换代,软件功能日臻完善提高,从 1946 年第一台计算机埃尼阿克诞生到现在,计算机的处理能力已发生了翻天覆地的变化。这种变化更加有利于网络的普及。

(三)新型媒体不断涌现

微博、微信、易信等新型信息传播媒体不断涌现,并迅速被人们接受和使用,成为网络时代的一大亮点。新型媒体给人们带来了新的信息传播方式和途径,使很多表达和沟通的需要得以满足。中国互联网络信息中心(CNNIC)的统计显示,2013年,微博用户规模达到2.82亿人。另据统计,至2013年底,微信用户已突破5亿人。新型媒体不断涌现,并快速渗透人们的工作和生活,这是当今网络社会的又一鲜明特点。

(四)移动网络广泛应用

新型媒体所具备的特点,让随时随地广泛传播信息成为可能。随之而来的则是以手机终端为代表的移动网络的广泛使用,这是当前网络社会的又一特点。据中国互联网络信息中心(CNNIC)的统计,截至2014年6月,中国手机网民规模达到5.27亿人,较2013年底增加2699万人,手机上网的网民比例为83.4%,首次超越80.9%的传统PC上网比例,手机作为第一大上网终端设备的地位更加巩固。近几年,我国手机网民的规模始终保持良好的增长态势,移动网络的应用更加广泛。

二、高校女性领导者的优势和选任女性领导者的意义

(一)高校管理中女性领导者的优势

著名管理学家明茨伯格说过:"组织需要培育,需要照顾关爱,需要持续稳定的关怀,关爱是一种更女性化的管理方式。"由此可见,女性在管理工作中具有独特的优势。结合高校管理工作的特点,女性领导者在高校管理中也具有一定的优势。

首先,在高校管理工作中,女性领导者因具备与男性管理者不同的特点,在思维模式、行为方式和个人魅力的表现形式等方面具有独特的优势。相对于男性领导者,在管理工作实践中,女性一般有更强的交际、合作和动员能力。在对待工作目标、对待具体事务及处理人际关系三个方面,女性优势尤为突出(胡滨,2009)。

其次,女性领导者具备细腻的性格特征。与男性相比,女性具有更为细腻的性格特征和处事风格。女性在生活和工作中更能够注重细节,具备敏锐的观察力和较强的责任心。这种性格特征使女性领导者在管理工作中更注重行为和领导方式,追求完美。有研究指出,相对于身先士卒、勇挑大梁的"领",女性领导者更善于感性、积极地疏导群众情绪、把握群众需求的"导"。在具有文化层次较高群体的高校,女性的这一特征容易受到青睐,也有利于自身领导力的提升。

最后,女性领导者具有独特的人格魅力。传统的性别观念认为,男性较女性更加具

有威严性的魅力。而现代的管理制度推行以人为本的管理思想，与这种思想相适应的是和谐、融洽的柔性管理。尤其对于以学生和教职工为主体的高校管理工作，女性领导者一般容易展现出更具亲和力的管理风格。与此同时，身处领导岗位的女性也因自身具备的能力而较容易被下属和学生认可，女性的柔韧特质也使女性领导者具有较强的毅力，这些都将赋予女性领导者独特的、柔性的权威。

(二) 高校选任女性领导者的意义

高校选任女性领导者具有十分重要的意义，这不仅体现社会从观念到实践的变迁，更体现了女性能力和社会认可度的提升。

高校选任女性领导者有益于形成刚性管理和柔性领导相结合的、完整的管理风格。选任女性领导者参与高校管理工作，是女性解放和社会平等均衡发展的需要。不仅如此，女性担任高校领导者也有助于发挥女性人力资源的作用，推动高校管理团队的多元化。多元化的管理方式有利于提高管理效率，实现预期的管理效果。女性的性格特征也使高校的管理工作在严谨布局、锐意创新中，更具备人文关怀，使刚性与柔性管理有机结合，共同推动高校的文化建设。此外，高校的女性领导者也将给高校的女性教育提供良好的示范。曾任普林斯顿大学副教务长、密尔斯学院校长的霍姆格伦认为，女性校长自身肩负着提升女性在高校平等地位的作用。她认为女校长是一个理想的职位，他们在自己校园内为争取真正的性别平等而进行的变革，将对整个高等教育领域内女性追求平等作出贡献。

三、网络环境对高校管理工作的影响

(一) 实现全面的办公自动化

网络的发展使各高校实现了全面的办公自动化。校内的教务系统、学生管理系统、财务管理系统、网上办公系统均已相当完备，基本能够实现办公和学生的全方位自动化管理。这是软硬件系统及网络的发展给高校管理工作带来的巨大变化。大部分管理工作完全摆脱了面对面的传统管理方式，采用了通过网络处理的手段。这种变化大大地提高了管理工作效率，节约了高校管理的时间成本。

(二) 形成以校园为单位的网络社区

网络建设形成以校园为单位的网络社区，这一网络社区中的成员具有天然的联系，校园社区给师生员工与学校职能部门和校领导的沟通交流提供了新的途径。学生和教职员工可通过校内网络社区反映自身的诉求，与学校管理者进行沟通交流。这种网络社区中的表达使学校能够便捷地获取来自师生员工的声音，根据师生员工的要求，进一步改进工作,不断提高学校的管理水平。

(三)促进师生沟通交流方式的转变

互联网的发展和新型媒体的应用改变了高校中师生沟通交流的传统方式。在学生管理工作中,博客、微博、微信等得到了广泛应用。学生可以通过这些媒介随时与教师联系沟通。即时沟通方式的使用和传统沟通方式的改变提高了师生间信息传递的效率,加强了师生间的交流,对学生的学业辅导和心理疏导起到了良好的推动作用。

(四)给高校管理工作带来了挑战

任何事物的发展变化都是双刃剑,网络的快速发展在给高校的管理提供便利的同时,也带来了相应的问题。如少数学生沉迷网络、不理智的诉求表达、网上谣言的散播等无疑成为网络带来的负面影响。这些不良影响给高校管理带来了诸多挑战,因而如何引导师生员工正确合理地利用网络,是新形势下高校管理者需要认真思考的问题。

四、网络环境下高校女性领导者领导力的提升

鉴于网络发展已经给社会生活和高校管理方式带来了根本性的变革,积极利用网络环境,提升自身的领导力,是高校女性领导者顺应时代潮流的不二选择。为此,高校女性领导者应从以下几方面努力。

(一)注重知识积累

高校女性领导者要善于利用网络环境的多方资源,提升知识和能力水平。彼德·德鲁克曾指出:"对过去100年生产力的迅速提高,技术专家把功劳归于机器,而经济学家却把功劳归于资本投资。只有极少数的人认识到,功劳应该归于把知识应用于工作,发达经济国家正是这样被创造出来的。"网络环境给人们提供了多方面的信息资源,而在互联网时代,信息资源就是知识的源泉。高校女性管理者应紧跟时代步伐,努力汲取各方面的知识,不断完善自我,提高自己的能力水平。这是高校女性领导者提升自身领导力的基础。

(二)拓宽信息渠道

作为女性领导者,一定要懂得拓宽信息渠道,运用新型媒体便捷沟通的重要特性。微博、微信等新型信息交流沟通媒介的广泛应用,仍然是未来网络即时信息传递的趋势。而高校女性领导者必须积极利用这些新型媒介,第一时间获取方方面面的信息,以便摸清师生的脉搏,了解他们的所思所想、所急所需,及时施加人文关怀。与此同时,对于来

自女性师生的诉求应给予足够的关注,确保作出科学正确的决策。因而,拓宽信息渠道是女性领导者提升自身领导力的前提。

(三)加强网络引导

在高校领导实践中,有较多的渠道,获取更多的信息,并不是最终目的,更重要的是对信息的识别、梳理和回馈。女性领导者要注重发挥自身细腻的性格优势,首先正确识别获取的信息,做好去粗取精、去伪存真的工作;其次将信息进行归类,分清是个性问题还是共性问题,是一般问题还是重要问题,是苗头问题还是现实问题等;最后在此基础上,根据自己的分工和轻重缓急做好回馈工作,这是体现以人为本的管理理念和调动广大师生积极性所必须做的。尤其要重视利用网络加以引导,除不宜在网络上公开的,都尽量利用网络发布相关信息予以回应,这样既能便捷沟通又能达到广泛宣传的效果。这是女性领导者提升领导力的必要手段。

(四)推动管理创新

创新是民族发展的不竭动力,创新也是网络环境发展的新形势对高校管理提出的新要求。网络时代提倡创新和个性自由发展,高校不仅应是技术创新基地,也应是管理理念和思路创新的排头兵。高校女性领导者应该在网络环境的大背景下,结合高校实际积极探索管理创新,勇于在管理实践中尝试用新理念、新思路、新方法改进工作,提高效率。与此同时,在工作中充分发挥女性独特的人格魅力,坚持以人为本的管理理念,展示更具亲和力的管理风格,营造民主参与管理学校的良好氛围,有效地利用网络通道凝聚广大师生,促进和谐校园建设。这是女性领导者提升领导力的重要途径。

网络环境带给我们的不仅是新事物的增多,还有新思路的提出。高校女性领导者一定要顺应时代潮流,注重知识积累,拓宽信息渠道,加强网络引导,推动管理创新;善于利用不断更新的技术提升自己的能力水平,在新技术的学习运用和推进学校的改革发展上彰显自身的领导力。

女性领导柬埔寨皇家学院

克罗特·希达

(柬埔寨皇家学院校长)

柬埔寨皇家学院是柬埔寨的一所公立大学,也是培养柬埔寨人才的摇篮。我为自己是柬埔寨皇家学院的女校长感到自豪,因为我向柬埔寨民众证明,女性有能力领导这一国家重点学府。

一、柬埔寨皇家学院的历史

柬埔寨皇家学院建于1999年,是一所公立科技人文研究机构。学院下设六个研究所(人文社科研究所、文化艺术研究所、民族语言研究所、科学技术研究所、生物医药及农业研究所、国际关系研究所)和三个中心(韩国主办的亚洲研究中心、印度主办的英语语言中心以及中国九江学院主办的孔子学院)。

柬埔寨皇家学院相信,我们可以通过吸收新知识达成办学初衷:努力培养出具有较高科研水平或工作能力的,可以活跃在各行各业的高棉人才。学院培养了诸多讲师、顾问、管理人员及研究员,他们有志参与建设学院体制,使学院能够跻身国际化的舞台,并为柬埔寨的繁荣昌盛和人民的幸福安康作出贡献。

柬埔寨皇家学院是一所中立的公立院校,学院致力于为柬埔寨政府和机关提供科学的理论指导。

二、柬埔寨皇家学院的发展前景

我们促进柬埔寨皇家学院繁荣发展的方法是,为学院配置保质保量的硬件和软件设施。如果学院体制建设有悖于发展理念,或者软硬件无法保质保量,那么学院就无法均衡发展。我作为校长必须强调:柬埔寨皇家学院将长期致力于发展硕士、博士合作项目,主要途径是对高学历群体进行学术和资质认证。

1999 年柬埔寨皇家学院的成立,是 20 世纪末柬埔寨教育界的一件大事。2000 年 1 月 9 日,柬埔寨首相洪森殿下主持了柬埔寨皇家学院的落成仪式。在此期间,柬埔寨国王诺罗敦·西哈莫尼发来贺信:"柬埔寨皇家学院汇集了我国的知识分子,他们要相互合作,共同致力于科学研究。学院应该科学安排各学科课程;要通过储备人才、自我宣传和积极实践等增强在国内外的学术竞争力。皇家学院将不断吸收自然和社科领域的真知灼见,并积累更多有益经验,从而提高柬埔寨人民的生活水平。"学院落成仪式期间,洪森殿下表示:"我们必须明白,人才是国家无价的资源。劳动者的体力、专家学者的智慧、教育工作者的思想……这些都对教育创新和实践意义重大,人才能够激发我国经济潜力,人才能够带动我国优势领域的发展,增强国家竞争力。如果没有高素质人才,一切工作都将停滞,国家运作就会停滞,综合实力也会大大缩水。目前,世界上不少国家都不约而同地更加注重人才培养,他们采取这样的行动绝非偶然。"

国家发展需要柬埔寨皇家学院提供高质量的人力资源,因此,学院许诺研究者将享有以下保障:医疗保障,专业及能力培养,工作经验,独立研究,整洁的校园环境,发展前景,学术包容性。

柬埔寨皇家学院将平等引进男女教职工,我们将改变以往"精英教育"的局面,鼓励农民、企业家前来学习现代科学知识,因为将制造业工作者拒之门外的"精英教育"是无法带来社会进步的。

三、我的成功经历

我能够担任柬埔寨皇家学院校长并非易事,因为目前柬埔寨公民还不太认同女性领导的价值。我将会重点实施以下措施。

(一)性别发展策略

各国都流行这样一句谚语:"女性乃国家之母。"此言不虚。女性的天职是生儿育女、繁衍后代。没有女人,人类就无法延续。因此,我会尽力让公众认识到女性应获得更多权利,如:女性拥有与男性同等的公民权利,因为女性和男性都对国家的发展肩负着相同的义务。女性拥有作为妻子的权利,因妻子在日常生活中需要打理烦琐家务。女性拥有作为母亲的权利,因为母亲抚养、教育子女。母亲在家庭教育中扮演着重要的角色,而家庭教育比学校和社会教育更为关键。

为达成这一愿景,我会努力让柬埔寨公众和研究者们了解柬埔寨高等研究机构中女性领导者的价值,让人们意识到,女性很难,想要提高女性的价值更难。

(二) 科学的管理制度

我们必须认识到,管理不会是完美无缺的。如果认识不到这一点,就会犯更大的错误。人们总会有意无意地在管理问题上失误。但无论老板还是员工,都应该分辨出这种失误是有意的还是无意的,这样才能更好地管理。有意失误会造成严重后果,而无意的失误则不然。管理者应该耐心地处理员工的这两种失误。

优秀的管理者懂得权力下放和民主管理的重要性,他们目标明确、敢想敢做、充满魄力。公共决策必须经公民讨论后一致同意通过,只有这样,社会才能在良性循环中发展壮大。管理者应该为人们指明道路,并带领人们不断前进、书写国家历史。管理者既是引路人又是实践者,他们是不可或缺的,他们能够带领团队一步步走向成功,因此,老板和员工必须互相信任。中国的哲学名著《易经》中说:"其匪正有眚,不利有攸往。无妄,刚自外来,而为主於内。动而健,刚中而应,大亨以正,天之命也。无妄之往,何之矣。天命不佑,行矣哉。"①这句话是说,诚实做人,不仅能赢得民心,也能取得事业的成功。孔子曾说:"性相近也,习相远也。""人能弘道,非道弘人。"我们认识到人类在理性和道德的指引下能够团结一心、宽以待人。

(三) 明确各自职责

"领导是组织的根基。"这是说,领导肩负着让组织团结一心、不断繁荣的重任。老子曾说:"治大国若烹小鲜。"因此,领导者须认识到以下几点。

1. 把下属看作孩子

领导者必须把下属看作自己的孩子,否则,就无法成为一个好领导,或者说就不会开心地工作。把下属看作自己的孩子后,领导就能够同情和包容下属工作中的失误。尊重是母子相互爱护的基础,因此,领导者往往是自信满满、受人尊重的。领导们会因为被下属们视为母亲(父亲)而感到开心和自豪吗?反之,领导们会因为被下属们视为敌人而感到羞愧吗?

2. 和下属成为朋友

在某些时候,比如学术交流期间,领导应该视下属为朋友。这么做并不会削减领导的威信,相反,会提升其公信力并受到下属的爱戴。

3. 做下属的导师和顾问

领导者对下属的指导十分重要。指导下属并不会使领导显得粗鲁无礼,反而会让人

---

① 译者注:这句话在《易经》原文中是:"《象》曰:无妄,刚自外来,而为主於内。动而健,刚中而应,大亨以正,天之命也。其匪正有眚,不利有攸往。无妄之往,何之矣?天命不佑,行矣哉?"(与该校长讲稿中的句序不同;本意大致是只有顺应自然,才能借助天意行事)

觉得很有魄力。领导应该多和下属交流,主动引导下属。透明、诚恳的管理方式是不错的选择。

领导者应端正思想,与时俱进,这样才能在下属中树立威信。高棉有句俗语:"屋漏才遭雨。如果领导不能保持品行端正、思想高尚,那么腐败和战争迟早会到来。"因此,领导者应洁身自好。

4.集研究、创新、前瞻于一体

领导者就像研究员。领导者总会反省读书过少,还应该涉猎更多科学著作。因此,领导者应该多为下属和其他研究者创作科学著作,并鼓励下属多研究,勤写书。厄尔·普利亚斯和詹姆斯·杨曾写道:"创造无处不在——植物生长、动物活动都是大自然的创造。同样,风吹雨打造就了岩石山丘等。而人类能够充分享有类似自然的创造成果。"

风雨只能进行无意识的机械运动,动物活动受到天性指引。但是,人类的活动则是截然不同的。尽管人比动物行为高级,但人类的行为还是会分为野蛮行为和高尚行为两种。高尚行为能让人成为灵魂的工程师。厄尔·普利亚斯及詹姆斯·杨认为:"楼房、工具、游戏、道路和发明等都是人类的实物创造,其种类和数量远超动物的发明。人类有着巨大的、令人叹为观止的创造潜力,文学、艺术、音乐、哲学、法律和科学等领域的发现仅仅是人类创造的一小方面。而语言,则是一切思想创造的基础。"

领导者总能用自身的远见卓识帮助下属知晓历史,体会当下,并预见未来。如果领导能让下属认识到当下会影响未来的话,他们就能尽力把握当下。校领导必须让教职工明白,他们是国家的栋梁。沙布尔·拉塞克曾说:"教育就是要培养出有团队精神和责任感的公民,他们包容多元文化,崇尚自由,尊重人权。他们坦诚相待,有独特见地,他们遇事能防患于未然,并用非暴力手段解决争端。"

5.领导是一门艺术

领导者要十分清楚"方法""手段""程序"这三个词的含义,并采用多种方式获得成功。若想成功,领导者必须根据实际情况采用灵活的工作方式,合理安排时间。因此,领导者应对哲学、心理学和教育学等知识都有所涉猎。

6.领导的评估工作

评估是一种极为复杂的管理方式,它涉及方方面面。在评估他人之前,领导者必须先对自己的工作和态度进行评估。尽管评估无法做到面面俱到、万无一失,但领导者依然要尽量全面地做好评估。

评估时,领导者既要清楚同级间的关系,也要考虑上下级的关系。下属们都很想知道领导是如何评价自己的。

评估只是手段不是目的,领导者的根本任务是认真工作、以身作则,带动下属的工作热情和信心。领导者需要经常对下属进行解释和引导,肯定其优点、指出其缺点。领导者应该对下属做出几点透明化评估:考察下属过去的表现,考察下属目前的表现,考察下属的人际关系,考察下属的家庭背景,考察下属的优缺点,其他。

总之,我作为柬埔寨皇家学院的女校长,将尽所能地建设学院,让学院越办越好。以上仅是我的点滴经历,想借本次论坛与各国的女同胞们分享。我的经历源于高棉思想,植根于我的祖国——柬埔寨,也欢迎大家分享你们的经历。

(翻译:臧雅睿)

发展与坚守:对创新提升大学女性教育领导力的新思考

刘川生

(北京师范大学党委书记)

前五届世界大学女校长论坛已讨论了许多重要的问题,但还有一些新问题需要重视,那就是在近年全球化的变化中,在中国经济社会快速崛起的过程中,中国的大学教育还面临以下四个严峻的挑战,它们都涉及女性问题。

第一,在全球国际化高等教育网络中,西方高校占有明显优势,给发展中国家的大学传统教育带来威胁,如何避免女性在这种强弱竞争中陷入不利局面?

第二,西方国家维护妇女权益的成功经验已传入中国,但西方经验与中国文化传统中的女性人才观缺乏历史联系,还不能直接套用来解决中国的妇女问题,这就提出了怎样创新维护的问题。

第三,在当代中国高速城镇化的进程中,社会分层增多,社会流动人口大量增加,对大学教育的需求结构产生了较大冲击,也使得对职业与生理要求相对稳定的女性能够选择的空间迅速缩小,女性健康和社会保障等问题也成为与男性混同的问题,或者夹缝中的问题,受到忽略。

第四,高校女生数量增加,成绩上升,但也存在着"学业优势"和"就业劣势"的明显反差,很多女生毕业即失业,造成部分教育资源的浪费。

这些问题既是社会现实问题,也有中国文化传统的问题。那么,正确处理全球化下的社会发展与坚持优秀传统文化教育的关系,并通过创新探索的途径,推动两者的协调发展,是我们必须解决的问题。联合国教科文组织驻华代表处毕斯塔指出:"每种文化都是独一无二的,蕴含着无可替代的价值观,文化认同推动了人类的解放。"我认为,以经济社会发展推动教育发展只是问题的一个方面,而文化传承是更为深刻的方面,因为大学毕竟是人类文化传承全过程的一个中转站,它的前期社会基础与它的后期社会成果转化,都要在文化多样性中实现,为此它与各国文化传统密切相关。

我从中国高校男性最多的清华大学研究生毕业,又到中国高校女性最多的北京师范大学当校长,还曾在全球化国际教育的大本营英美两国做外交官,这些经历帮助我理解中国大学的女性所面临的问题。作为大学女校长,我认为,应该从以上整体思考框架中确定行动方案,提升领导力。我简要讨论以下三点。

一、创新提升大学女性教育领导力的必要性

大学教育要转化为文化优势,促进人类优秀文明的整体繁荣,从而实现教育价值的最大化,而不是单纯成为追求经济利益的工具。我们知道,第二次世界大战后到21世纪初,人类社会一直在谋求和平发展。正是在这一时期,西方许多国家和部分亚太地区国家的女性成为推动社会发展的精英人才。北欧的瑞典女性,美国的大学女校长,印度各大银行的女董事,都是女性领导力提升的杰出代表。

中国高校的女性教育从20世纪初就开始了。我所在的北京师范大学,其前身是创立于清朝末年的京师大学堂师范馆。她的创建人之一、国学大师梁启超就提倡解放女性,认为女性开放则社会开放,女性独立则社会独立。新中国成立后,一直到改革开放以来,北师大的女性教育有了长足进步。现在,北师大女性师生的比超过了70%,这个比例是相当高的。与国内其他985高校的校长团队相比,北师大校长团队的结构也有一定的性别优势,男女校长团结合作,"保持学校在发展中坚守传统",同时也"具有变革和创新意识,抓住学校发展机遇,拓宽并加强与校外主体的合作"。这些都是社会发展带动大学发展的结果。

但是,从另一角度看,增强大学女性教育领导力,还必须符合中国优秀的文化传统。中国社会是有自身文化特点的,现代中国的妇女问题有古代文化根源。妇女问题与政治制度和生活模式相混合,存在于人们的意识深处,形成了某些心理定式,并渗透到社会网络的各个层面。推进男女平等工作还是相当有难度的,西方学者是想不到的。如有调查指出的"女性社交不被认可",只是这种难度的一种表现。现代社会的发展的确为增加妇女权益提供了新的机会,但社会机会也会被不同的文化传统放大或缩小,因此需要发掘优秀传统文化并创新弘扬,争取经济社会与优秀传统文化教育协同发展,这样才能真正使妇女获得现代权益。

二、创新提升大学女性教育领导力的内在理据

提升大学女性教育领导力不能不讨论女校长的身份属性。有些学者提出,大学校长的第一身份是教育家,第二身份是协调者和管理专家,对此我有不同的看法。我认为,大学校长的两种身份是综合的,女校长在综合发挥两种身份的作用上更有优势。因为女性

有多种人生、家庭和事业的身份,其身份属性是被自身文化传统规定的,并由文化功能来支撑的,因而女性更接近传统文化。但是,当代全球化下的大学综合化和国际化发展,又赋予女校长以新的社会功能,包括将学术、教育、管理、经济、社会和公众服务等各方面关系协调起来,将宏观管理和严密逻辑思维紧密结合起来,带领团队创新发展。这些新的社会功能,不能从传统文化功能中自动转化而来,因此需要创新探索,将两者有机结合,融汇发展,这样才能使女校长承载更多的文化义务和社会使命。当然,还要提升女性的健康质量,因为没有健康就没有领导力。

三、创新提升大学女性教育领导力的途径与愿景

需要思考的是,经过改革开放后多年的努力,我国政府在女性教育、女性就业、女性健康和女性社会保障的政策建设和行动实施上,已经提供了坚实的保障。在这种情况下,大学的女性教育还需要从哪些方面改进?需要生产什么样的女性知识?1995年第四次世界妇女大会以来,北师大在这方面做了一些探索,包括改革学科结构、课堂教材和人才培养方式等,做到从西方的女性教育文化那里取长补短。我本人也参加了校内"女教授论坛"的讲座,并积极推进她们的工作。我们的目标是使我们的大学成为提供现代先进科学文化知识的智库,同时成为坚持和传承本国优秀传统文化知识的基地。

最后,我想说明的是,在提高妇女地位,推进社会性别平等,促进人类社会和谐发展的终极目标上,中西是一致的,只是过程不同而已。满怀发展目标、符合各国优秀文化传统并促进人类社会可持续发展的大学教育的美好愿景,必将让我们殊途同归,共同繁荣。对此,我们应该热切期待。让我们携手奋斗!

高等教育中的女性领导力

——成就、挑战与机遇

吉赛尔·玛利亚·加班索·巴尔加斯

(泛美高等教育协会高校教育与领导力研究院学术协调员、
哥斯达黎加大学研究生院院长)

一、具体环境

21世纪以来,经济的飞速发展带来了深刻的社会变革。为了应对全球化,人们需要新经济秩序的指导。此时,教育具有重要的战略意义。当前,国际市场复杂多变、困难重重,不同行业都需要专业知识扎实、责任心强的新型人才来巩固和提升自身的市场竞争力。因此,教育必须及时满足这种人才需求。

也正因为此,高等教育面临前所未有的挑战。高校领导们必须高瞻远瞩、洞悉社会需求的变化,加强培养能够胜任第三产业工作的人才。因此,高等教育正面临前所未有的挑战,要求关于第三产业的教育能更多元化,更具有社会意识。教育在经济、社会和文化发展中的重要地位决定其唯一目标是建立一个更加公平、包容的社会,这个目标需要每个人用新知识和新技能武装自己。

高校有能力也有义务应对各种复杂的挑战,方法有增加高校收入、保证高质量的教学水平、提高各科竞争力和科研与社会工作水平等。同时,高校还应该重视课程设置,并采取横向措施保障学生享有平等的入学机会,对男女学生一视同仁。

当下,高校对现代知识传播发挥着不可替代的作用,并为知识开发和社会管理作出了重要贡献。高校成为一种现代知识工厂(布伦纳,1997)。因此,高校必须重视学术研究、保障其知识产出能够满足经济社会需要。

布伦纳的全球化理论认为,为了辅助社会适应全球化进程,高校会在不久的将来面临更加严峻的挑战。21世纪,人们重新审视高校的知识生产力和管理能力。转型期内,人们期望某种彻底的政策变革能让社会变得更加平等、包容，让歧视不复存在，让性别平等深入各个角落。

二、理论参考

(一) 从性别角度看高等教育

抛开公共和私人利益，高等教育本身的社会职能要求其必须和其他组织合作——这是公共教育的必然要求（洛佩拉，2013）。因此，除了生产知识外，高校另一个重要的社会职责是在各项工作中杜绝性别歧视。

对于高等教育，威利斯的观点是："新型高校管理系统应在力图更新高校社会职能的同时，提出创造性的方法，帮助社会应对全球化挑战，保障社会的可持续发展。"

高校在更新社会职能的过程中，必须考虑到高校管理工作的性别歧视问题；无论是针对高校学生还是高校管理层，重视性别问题的举措表明，高校和全社会都发生了前所未有的变化。

为促进性别平等，联合国教科文组织1998年在世界高等教育大会上作出重要指示——第十条表明其立场："必须采取措施，提高高等教育领域女性工作者的比例，特别是针对高校管理职位和女性较少的学科领域。我们需要继续努力消除高等教育中的、传统的性别歧视观念。当务之急是克服重重障碍、保障高校体系重建过程中能够提升女性领导力。"第二部分第六点提到，高校的首要任务是："在课程设置和科学研究中杜绝一切性别歧视，并采取可行性措施，确保学生、教师和领导层的男女比例均衡。"各国一级的任务有："制定并实施相关政策来消除在高等教育中的固有性别偏见，同时，增加女性较少学科中的女性工作者，特别是提升这些领域的女性领导力。"

联合国教科文组织1998年在世界高等教育大会作出的指示第四条"增加女性领导比例、提升女性领导力"指出：

（1）虽然有不少高校已经显著提高了女学生和女教师比例，但在世界许多地区，由于各种社会经济、文化、政治因素，女性仍然很难在真正意义上进入高校学习和工作。目前的当务之急是确保高校体系重建是一个公平、无歧视的过程，高校人员招收的原则是择优录取。

（2）继续采取措施消除高等教育中固有的性别偏见，将性别平等落实到各个学科、各个级别的具体建设中，特别要增加女性较少学科中的女性工作者，提高这些学科的女性领导力。

（3）性别研究（女性研究）应该发展为一个学科，这对于高校和社会转型都将起到战略性作用。

(4)女性参与政治社会工作仍面临各种阻碍,提升高校和社会的女性领导力更是困难重重,消除这些阻碍则需要进一步努力。

(二)以性别平等的眼光看高校领导力

全球化背景下,高等教育面临诸多挑战,例如,建立新型高校体系、以性别平等眼光看高校领导力——这符合时代潮流。落实高校改革、社会结构调整的前提是,高校出台性别平等政策,调整其领导层结构。

管理者必须了解下属的需求,并让下属有机会满足自己的需要(阿尔瓦拉多、普列托、贝当古,2009)。因此,高等教育机构亟须保证领导层的男女平等,并满足女性群体的需求——女性往往被排除在高校管理层之外。

领导是一个过程,它能够让个人达成目标。领导是一门复杂的学问,它能够影响实现目标的全过程。过程中涉及许多变量,比如历史、文化、任务、机构类型、经济和社会背景(桑切斯、罗德里格斯,2010)。当今的高等教育机构不仅面对现代社会新的变化和需求,还应该提高女性领导力。虽然女性领导比例仍然小于男性,但我们已经在提升高校女性领导力方面取得了重大进步。

高校领导候选人必须亲历曾经的高等教育建设历程,才能推动当前的变革。因为他们的知识和经验能够为实现变革的目标提供战略性资源(费雷尔、克莱门扎、罗梅罗,2000)。另外,卡多纳和雷伊认为,应通过绩效测评的方式推荐领导候选人,因为领导的职责是奉献、合作与变革。高校领导力发展将经历巨大变化,而女性领导力将获得前所未有的发展。女性领导将比男性领导更有竞争力,通过一系列的社会倡导,女性领导力终将在高校蓬勃发展。现在必须指出,领导能力和性别无关,女性和男性一样可以胜任领导工作。

(三)高等教育中的女性领导力定位

近年来,高等教育中女性领导力问题备受关注。尽管不少大学取得了一定的成就,但这是远远不够的。高校性别平等政策依旧面临持续升级、复杂多变的棘手问题,这反过来也会导致社会发生相应的改变。

在此情况下,近年来,有些针对少数高校女性领导的研究。研究结果为促进不同层次教育系统中的性别平等进程作出关键性贡献,研究为女性获得高校领导职务提供了可能。虽然现在大多数女性还很难进入高校领导层,但研究指出女性有权接受高等教育并争取高校的领导职务。

尔塔斯和梅伦德斯的研究是其中的代表之一。他们通过研究女性领导发现,领导能力在幼年时就开始形成,女性在童年时期就已经形成了领导者的基本价值观和技能。童年时期,女性通过接受教育形成了最为重要的主流价值观,那就是尊重他人。在家庭生活中,这种早期教育十分重要。研究也表明,女性在童年时期已经形成了团队合作和沟通技能,日后只是对这些技能加以巩固深化。尽管女性面临各种体制上的瓶颈,她们仍然能够突破性别歧视的障碍——无论在制度上还是在观念上。研究强调,高校女导师的专业指导是帮助她们突破"玻璃天花板"的有力武器。

"美洲高等教育组织"(IOHE)①建立的"美洲培训网络——女性、性别与领导力",也是 COLAM②学术网络的项目之一。IOHE 覆盖了整个美洲,共涵盖 300 多所高校。这个学术网络的建立旨在分析美洲高校女性领导力,并在高校和社会倡导性别平等。

(四)国际劳工组织发布的全球女性就业趋势

针对性别问题,国际劳工组织(ILO)等机构在《2012 年全球女性就业趋势报告》中指出,在劳动力市场存在性别歧视现象。就业、劳动力参与度、市场漏洞、部门和产业隔离表明,在全球经济危机之前,男女就业水平不平等现象就已经十分严重。在发展中国家的贸易领域,男女就业情况差异明显。而在发达国家,贸易领域的男性工作者比例下降,下降比例远比医疗、教育领域女性工作者上升的比例高。

尽管女性为经济和生产力发展作出巨大贡献,但她们在工作中仍面临重重阻碍,这些阻碍使她们只能在社会服务业就职。女性的工作领域受到严格限制,这也制约着经济发展。要发展经济,就必须让男女拥有平等的就业机会。

这份研究报告在性别平等方面强调了以下几点重要发现:

(1)从 2002 到 2007 年,女性失业率为 5.8%,男性为 5.3%。经济危机让失业率上升了 0.5 到 0.7% 个百分点,并让女性失去了 1300 万个就业岗位。

(2)金融危机爆发前,男女就业率间的差距略微缩小,但仍高达 24.5 个百分点。在拉丁美洲、加勒比、非洲、中东和发达国家中,男女就业率差距缩小的情况表现得更加明显。

(3)20 世纪 90 年代,男女劳动参与度的差别缩小。但在过去 10 年中,男女劳动参与度同时下降,两者差别也未缩小。造成这种局面的原因主要是教育、老龄化和所谓的"工作积极性减弱"等。

(4)2012 年,全球就业形势依旧低迷。女性的就业率为 50%,而男性为 48%。北非男女就业率差距更大,相差 24 个百分点。而中东和撒哈拉以南的非洲地区男女就业率差距为 15 个百分点。

(5)产业隔离措施表明,女性转行时将面临更多的限制。在发展中国家,随着女性从

---

① IOHE 建于 1980 年。
② "美洲高等教育组织"(IOHE)项目之一。

第一产业向第三产业转移,产业隔离现象越发严重。

(6)在发达国家,第二产业女性的就业率缩减一半,其中85%的人进入第三产业,集中在教育和卫生领域。

(7)产业隔离措施表明,女性将被继续限制在某些行业内。此外,有证据表明,20世纪90年代,男女就业率差距缩小,而在近10年,这种缩小的趋势有所停滞。

国际劳工组织发布的《2012年全球女性就业趋势报告》提出了缓解女性就业低迷的几种措施。国际劳工组织也提供了一系列的政策,以防止性别歧视,促进劳动力市场的性别平等:

(1)促进基础设施建设,减轻女性的家务负担。根据各国、各地区的发展水平,基础设施建设涉及供电、用水、卫生、道路、交通设施建设等各个领域。

(2)提供以托儿为主的护理服务。

(3)平衡有偿和无偿劳动的性别比例,主要方法是增加父亲的抚养义务。

(4)减少性别分工的成本并促进收益,不再增加双职工家庭的税收和过户负担。

(5)修正含有性别歧视的用人机制,通过带薪休假和假后复薪、复职等措施消除请假带来的不利因素。

(6)发起挑战性别偏见的倡议,并以立法的形式保证性别平等。

三、研究方法

(一)高校现任或前任女校长专访[①]

在这种形势下,"美洲高校女性领导协会"(EMULIES)成立了。协会是一个"学术交流暨高校女性领导力发展平台,同时也为'美洲高等教育组织'中的女性领导提供了交流机会。协会旨在提高高校的女性领导力"。

协会得以记录高校女性领导的成功经历,这对于发展女性领导力,提高文化、个人和社会层面对于女性领导的认知都十分重要。另外,协会强调了高校女性领导的主要贡献、战略措施和面临的各种挑战。莫拉女士对协会的这些记录做了系统的总结。

(二)制约高校女性领导力发展的因素

1.制约高校女性领导力发展的文化因素

(1)女性为个人职业发展放弃照顾家庭、养育子女后,将承受更大的情感负担和负罪感。

---

① 采访者:索尼亚·玛尔塔·莫拉·埃斯卡兰特(哥斯达黎加国立大学前校长)。

(2)男性往往只认可60岁以上的女性领导。

(3)目前,很多人——甚至很多女性——仍抱有传统的性别偏见,认为女性不适合当领导。

2.制约高校女性领导力发展的个人因素

(1)和男性不同,在社会给予的压力下,女性往往不得不在职业和家庭间作出选择。如果女性为事业放弃家庭,往往会为他人所质疑。

(2)良好家庭关系的形成需要父母双方都能不受限制地追求各自的职业发展。

(3)必须首先从观念上认同女性天生和男性平等,女性并非弱势群体。

(4)大学学历是获得领导职位的前提,由于国内的大学有限,因此部分人不得不去国外求学。

3.制约高校女性领导力发展的社会因素

(1)女权运动让人们认识到女性遭受的不平等待遇。

(2)社会观念往往只认同男大学毕业生。

(3)男权社会中,女求职者往往会遭受性别歧视。

(4)在同一职位上,女性很难获得高于男性的待遇。

(三)高校女性领导力持久发展的战略目标

(1)汇集人才,成立工作小组,并持续开展小组讨论。

(2)选举高校女性领导,特别是女校长。

(3)在制度上鼓励开设新部门来培养女性校领导和女学生干部。

(4)在大学开设论坛,讨论性别问题,并加入女性领导力议题。

(5)帮助弱势群体,提倡包容教育,并将包容教育渗透高校。

(6)支持教育部出台战略方针以促进科技培训,壮大科研领域女青年从业者的队伍。

(7)在大学设儿童中心,使有孩子的女性能够接受大学教育。

(8)利用现有的女性领导者,优化管理,鼓励其他女性获得领导职务。

(9)系统整理高校女性领导的经历,并用这些经历鼓励其他女教师和女学生争取领导职务。经历共享是提高高校女性领导力的好方法。

(10)促进领导能力建设,让女性在纯学术领域、学术外延领域和行政岗位上都有机会获得领导职务。

(11)提高公众性别意识——性别差异显而易见,但很多人认为性别差异影响到了个人能力。总体来说,消除这种成见对全社会是有益无害的。

(12)增加科技领域女性工作者数量。

(13)制定政策鼓励女性攻读硕士、博士。虽然现在有不少女本科生,但女研究生和博士生仍然很少。这往往和女性的社会角色有关,比如她们必须在一定的年龄生育子女。高学历是成为高层领导的前提,所以冲破女性社会角色的阻碍迫在眉睫。

(四)女性领导的管理成果

促进高校女性领导力的持续发展符合时代需要。除此之外,必须指出女性领导已经取得的以下管理成果:

(1)对社会事务保持高度敏感。

(2)成立性别中心。

(3)让女性认识到性别并不是阻碍她们职业发展的唯一因素,想获得领导职务,必须提升个人综合素质;为培养女性领导作出贡献。

(4)为其他管理者(不分性别)提供重要支持。

(5)满足女性校领导和女学生干部的需要。

(6)提高女性领导比例。

(7)在高校开设性别问题课程。

(8)开设以性别平等、男女和平共处、抵制性别暴力等为主题的倡导、会议和论坛活动。

(9)从性别角度科学分析女性对于社会发展的作用。

(10)支持女性教职工和女学生的学术发展。

(11)从性别角度阐述女性的性生活和生殖权利。

(12)鼓励国内国际的女性领导前来分享经历。

(13)在学术和行政工作中,推行透明化政策来消除各种性别歧视现象。

(14)出台高校管理条例,从而促进各种论坛、课程和政策的出台来倡导性别平等。

(15)促进和发展性别课题的研究工作。

(五)高校女性领导力的发展成果

(1)女性领导收获更多尊重。女性有能力领导他人——这是经得起时间考验的,目前的当务之急是消除阻碍女性领导力发展的因素。

(2)高校女性领导力并没有显著变化。虽然现任高校女性领导已经成为其他女性的榜样,但是实现男女平等依然任重道远——男女工资差距就是一个重大问题。一个人们依然广泛赞成的观点是:同一职位上,男性收入应该高于女性。

(3)总体来说,近年来,人们有从内心接受女性领导的趋势。

(4)在政治社会转型过程中,人们为了实现性别平等不懈努力,这也为提升女性领导力创造了机遇。

(5)通过立法提高全社会对性别平等的接受度。

(6)近几十年来,高校男女生的录取比例差距缩小,这也是一个重要的社会变革,它促进了性别平等观念的传播。

(7)大约50年前,女性开始活跃起来,她们开始取得和男性同等的高学历、同样的工作和工资收入。在科学知识普及过程中,越来越多的女性投身到社会和教育发展工作中。

(六)建议

(1)用发展的眼光看待女性领导力建设,在工作中不断解决新问题。

(2)高校必须继续致力于推行性别平等政策。

(3)巩固并开设更多的女性交流平台,促进未来平权运动的推行。

(4)在高校各部门增加女性领导数量。

(5)在各级教育机构发展女性领导力。

(6)出台教育政策,提高性别包容度。

(7)女学生和女教师都应该为个人发展做好准备,广大女性应对未来充满信心,大胆追求理想。

(七)挑战

(1)积极克服女性领导力发展进程中的困难,转守为攻,帮助女性获得发展。

(2)综合考虑女性的生育能力、抚养义务和职业发展等因素。

(3)越来越多的女性拥有本科及以上学历,但她们仍旧很难获得高校的领导职务。

(4)女性往往认为男性比女性更具有职业竞争优势。

(5)尽管社会兴起倡导女性领导力的热潮,但提升女性领导力依然任重道远。目前,女性依旧很难在高校获得领导职务。

(6)男权社会中,性别歧视占据文化主流。

(7)女性常常低估自己。

(8)女性很难平衡工作与家庭。

(9)女性为自己的职业发展设限,她们常感到恐惧、缺乏安全感。女性领导者容易陷入过度的自我批评,并常常担心失败。

(10)虽然女性曾在各个领域获得过和男性比肩的成就,但传统的性别歧视依旧难以避免。

(11)性别平等倡导成效甚微,各种社会因素,如暴力、产业隔离等都制约着女性的发展。

结 论

全球化对社会的冲击将持续一段时间,因此高校必须进行改革,改革包括学术研究和知识产出。此外,高校应该寻求一种新型的管理机制,变得更加平等包容,并出台性别平等政策,消除歧视。政策应该涵盖各个学科领域,惠及从学生到管理人员等方方面面。

高校的性别平等工作已经取得很大进步,已经有一批女性走上校领导岗位,但是提高高校女性领导力依旧任重道远。女性的职业发展面临着政治、社会、文化和个人等重重障碍。要排除这些障碍,必须引进新型管理模式并进行各级别的教育课程改革。我们必须指出,与以往不同的是,女性已经认识到了自己的管理能力,并开始尝试鼓舞下一代人。高校性别平等政策的发展需要社会教育体制的全面变革,同时,高校持续推行性别平等的新观念也十分重要。

最后,我们对高校有以下几点关键性建议:

(1)积极克服女性领导力发展进程中的困难,转守为攻。

(2)率先出台性别平等政策。

(3)通过促进女性间对话来推动性别平等议题的发展。

(4)在高校各个部门增加女性领导。

(5)从小学到大学,在各级教育中渗透女性领导力教学。

(6)向政府倡议在教育领域推行更加包容的性别政策。

(7)强调发展女性领导力的重要性,鼓励女学生和女教师追求发展目标,帮助她们获得领导职务。

(翻译:臧雅睿)

浅议大学女校长与女性领导力的提升

吕焕卿

(北京林业大学前党委副书记)

一、高等学校的使命和对校长的高标准要求,促使校长必须不断提升领导力

高等学校承担着培养高素质人才、传承和创新文化科技、服务社会、引领社会发展进步的崇高使命。

长期以来,不管国内还是国外,不管从国家层面还是从家长望子成龙的角度,社会都对高校和校长们寄予厚望,希望校长和学校主政者们是"洞察力强、学识渊博、气魄大、砥柱中流式的思想家、教育家、博学首脑的开拓者"。

克拉克·克尔在总结美国人对大学校长的希望时指出:"在美国,人们期望大学校长成为学生的朋友,教员的同事,校友的可靠伙伴,站在校友一边的明智稳健的管理者,能干的出众演说家,同基金会和联邦机构打交道的精明的谈判人,同州议会交往的政治家,工业、劳动及农业界的朋友,同捐款人进行交涉富有辩才的外交家,教育的优胜者,各专门行业(尤其是法律和医学)的支持者,新闻发言人,地道的学者,州和国家的公仆。"

日本学者认为,当代理想的校长应具备十方面的特征:一是要有研究精神,不断学习日益更新的知识;二是要有度量,胸怀宽广,不拘小节;三是要有领导能力,坚持原则,切忌八面玲珑;四是要有使命感,对事业一往无前,坚忍不拔,不气馁;五是要有积极性,对工作有热情,有干劲;六是对学生要有深厚的爱,一视同仁地爱护每一位学生;七是要有广阔的视野,目光长远,富有理想;八是身体健康,性格开朗,办事光明磊落;九是谦虚诚实,努力培养受人爱戴的品质;十是要善于培养优秀的接班人,不仅要善于培养学生,而且要善于培养教师。

应该讲,对校长要求标准高,就抓住了办学治校成功的龙头。办成事,办好事,人是最关键的因素。名师出高徒、名校长出名校。校长们只有不断提升自身素质和领导力,才能胜任校长这一神圣职务,不管是男校长还是女校长。

二、女校长更应认清自身优势与劣势，扬长补短，有针对性地提升领导力

当今社会有一个普遍现象，高校女校长，特别是著名高校的女校长，相对于男性校长仍属凤毛麟角。尽管随着社会的发展进步，女副校长的数量有所增加，但仍不成规模。这里有外在原因，也有内在因素。据调查，高校女性领导发展的主要障碍有三个方面：一是社会环境对女性的定位，将高校女性的有限资源进一步压缩；二是性别障碍依然存在，同等条件下优先启用男性的现象普遍存在；三是女性社会和家庭的双重身份，导致女性负担较重。这些障碍，使高校很多女教师不愿再承担更多的管理职责，认为教书育人、科学研究和养育子女等已经使她们的工作饱和了，她们无力承担更多的责任等。

针对高校女性领导力的培养与提高，政府、高校应为女性创造更多的条件，确保具有领导潜质的女性脱颖而出。如，构建先进的性别文化观念；提高女性群体的政治、管理参与意识；优化高层人才选拔培养机制；倡导男性理解女性过度承担的家庭和社会责任，并尽可能出手相助等。而女性自身，应充分认识女性的天然优势，了解与男性的天然差别，注意扬长避短，注重以他人之长补自己之短，以利全面提升领导力。

首先，要有女性天资并不比男性差的自信心。国内外不少学者对不同性别在智能领域的差别进行过对比研究，结果显示没有什么差别。美国加州管理咨询专家珍妮特调研发现，女性在智能领域的 28 项调研题目优于男性。相比男性，女性更具有耐性、韧性、柔性，性格更平稳，更注重细节。这是女性在工作中具有的天然优势。女性的民主精神更强，更善于合作；女性的直觉力更强，更肯于投入；女性更能随机应变；女性的感染力更强等。

女性在领导力方面的天然优势也不少，如沟通方面、语言表达方面、亲和力方面、情感方面和全面性方面。女性领导力较男性领导力而言有以下几个特点。

一是女性领导力的形成过程更多地体现了民主色彩。国际学者研究领导者的行为方式发现，在决策过程中，女性领导者更倾向于民主决策，而较少采用独断型行为方式。

二是非权力性影响力在女性领导力的开发与优化中具有突出优势。女性领导者更重视非权力影响力的运用，更善于通过激励、沟通、协调、引导、认同等柔性、隐形的手段，来创造良好的氛围和环境，这些都有利于工作的开展和完成。

三是敏锐的直觉力是女性领导者领导特质的主要内容之一。女性领导者运用直觉作用开展领导工作是男性所不及的。

四是在女性领导力的开发过程中，女性领导者所特有的形象魅力、品格魅力、情感魅力发挥着重要作用。

与男性领导者相比，女性领导更应在以下几个方面下功夫：

一是进一步提高政治敏感度和参与度,要注意了解国家大事,大政方针;提升对全局的把握能力。

二是要进一步解放思想,大胆实践,勇于创新。

三是要进一步提高决策能力,要善于调查研究,掌握第一手资料,善于科学分析,形成正确观点。

四是注意塑造个人品格魅力,使领导者在组织成员心目中始终是工作上的导师、生活中的益友,是永远值得信赖和依靠的人。

女校长一定要充分发挥好自身的优势特色,学会用他人之长补自己之短,扬长避短,不断提升自身的领导力水平。

三、提升女性领导力的关键是学习学习再学习

领导力包涵诸多内容,学习力、决策力、组织力、教导力、执行力、感召力等。其中,学习力是促进领导力总体提升的最关键的因素,是提升人的全面素质和能力的一把金钥匙。人的一生都在学习,向父母学,向榜样学,向同事学,向书本学,向历史学,在实践中学。总之,人的一生就是一个活到老学到老的学习历程。

人们常说,榜样的力量是无穷的,还说"书中自有黄金屋",这些都很有哲理。

程斯辉等几名学者以"文革"前的校长为主、以"盖棺定论"的校长为主,以"985工程"建设大学校长为主,选择了蒋南翔、吴玉章、郭沫若、苏步青、周培源、马寅初等32位著名大学校长作为研究对象,出版了《新中国著名大学校长(1949—1983)》一书,展现出了著名大学校长的完整形象,也在我们心目中树立起了光辉榜样。书中对32位著名校长是这样描述的:"他们是与时俱进的革命者""他们是学识渊博的学术大师""他们是师生敬佩的道德楷模""他们是擅长办学治校的管理专家""他们是坚定的爱国者"。

书中把32位著名校长办学治校的成功经验做了九条概括。

一是重视民主参与,注重发挥教职工和学生的积极性。

二是科学决策,面对多种情况能够保持头脑冷静。

三是重视思想领导,有自己的办学理念或对大学教育的独到理解。

四是重视目标引领,注意给教职工和学生树立近期和远期的目标愿景。

五是重视制度建设,做到按规章制度办事。

六是重视人格影响,注意以身作则。

七是过程跟踪,决策之后强调分工落实。

八是质量控制,把提高教育教学质量和科研质量放在核心位置。

九是重视开放沟通,强调学科与学科之间、专业与专业之间的沟通,重视国际交流,

具有国际视野。

新中国著名大学校长的成功经验,对提高当今校长的领导力和办学水平仍具有指导意义,他们是校长学习的榜样。

领导者要十分重视用科学理论武装头脑。只有这样,施政理念、管理理念才不会落伍。新中国第一位女省委书记万绍芬是1985年在革命老区江西当选的。上任伊始她就在干部大会上强调,要"以权谋公,用权为民"。她当时有句名言:"有人什么都怕得罪,唯独不怕得罪人民。该得罪的,我就要得罪,只希望不得罪人民。"她深知"政策决定之后,干部是决定性的因素"的道理,并按着任人唯贤、任人唯才、能为人民办事的标准,选拔了一批干部。她的施政理念很超前。"姓社姓资"在中国大地上争论不休的1987年,不少省市领导不能放开手脚,而她在九江考察时旗帜鲜明地提出,"改革不能迟疑动摇,开放不能等待观望","凡是有利于解放生产力,有利于促进社会主义现代化建设,有利于提高人民生活水平的,就要坚持,就要支持和保护"。有记者采访时问她,为什么当年改革开放何去何从还困扰着许多领导时,她会超前讲出那样的见解?万书记说:"关于改革开放,邓小平等中央领导发表了许多重要讲话,我经常反复学习研究他们的讲话背后所蕴含的深刻意义,不断学习、深入思考邓小平建设有中国特色的社会主义理论,又深入实际调查研究,边学边干,才有新的感悟和体会。"可以看出,这位新中国的第一位女省委书记不但爱学习,而且会学习,在学中干,干中学。她主政的3年间,江西财政收入每年递增20%—30%,工农业总产值增长速度超过全国平均水平。她深得江西人民的信任和赞许。一位女省委书记,通过不断学习实践,能感悟和体会出超前的执政理念,女校长当然也能做到。关键是,女校长们要坚持学习科学理论,坚持理论指导实践,并注意把真切的认识、感悟内化为自身的领导力,使女性的领导力得到不断提升。

文化政策、学术研究及实践中的女性领导力

米兰娜·德拉吉切维奇·舍希奇

（贝尔格莱德艺术大学前校长）

我1972年进入戏剧艺术学院的文化管理系。我的英语老师退休后，就没有任何女老师了。同年，表演系也只有一位叫奥格金卡·米莉斯维奇的教授当选学院的第一位女院长。那时我经常与图书馆馆长拉德米拉·奈德理考维克交谈，她也是唯一一个职业与专业相关的女性，并且精通法语和文学。我到大三的时候才遇到第一位女教授——米里亚娜·米奥希努维奇·科斯。她当时被选为南斯拉夫戏剧文学（南斯拉夫的戏剧文学是一门理论，旨在传授知识，而非专业技巧）的教授。

今天，戏剧系在学者、职工、学生方面的性别比例都很平衡。但各学术圈内仍存在由男性主宰的等级差异，并且女学者和女教授的重要贡献通常被人遗忘。比如，以女学者的名字命名院校、报告厅、会议、奖项等的情况很少见。贝尔格莱德的10座剧院中，只有Atelje 212剧院是以女性命名（米拉·德劳维奇）的。

变革学术界的规则与改写艺术史同样重要。这项变革已经开展起来了（查德威克，1990）。本文将成为这项事业的一分子，研究文化与媒体领域的性别平等，但基本不涉及学术领域。

一、作为学术规则的文化政策

自20世纪70年代起，文化政策在世界范围内逐渐成为跨学科研究和大学授课的主要课题。在欧洲，研究机构极少作为大学的部门存在，大多是由文化机构建立，用来加强行政管理和研究事业的。尽管这些研究中心大多由男性主管负责，却仍然让不计其数的女性研究者在人文和社会科学应用领域得到新的拓展。在计划阶段，研究需求和资源很重要，尤其是执行文化政策的方式。因此，这个空白领域能迅速让没有很多机会的女性

受聘于那些标准的研究机构,比如法国文化部的学术研究司①、波兰的国家文化融合策略研究中心(华沙)、贝尔格莱德文化发展机构、克罗地亚文化研究所、萨格勒市的国际关系研究所。欧洲有无数女性研究者在探究文化政策的不同方面。

在至少10年后,政治学系及有关文化管理的学院才开始将文化政策作为一门新的大学课程引入。在1974年的欧洲,第一个在这个领域攻读博士学位的布兰克·普拉纳在塞尔维亚参加答辩,随后在巴黎政治学院和贝尔格莱德教授文化政策课程。但直到1981年,薇拉·伊考诺莫娃才成为首位获得该学位的女性。从那个年代起,全世界有越来越多的女性获得该领域的博士学位,并教授文化政策及相关领域课程,比如澳大利亚的乔·考斯特、塞尔维亚的米兰娜·德拉吉切维奇·舍希奇和韦斯娜·久基奇、美国的露丝·伯里逊、斯洛文尼亚的维斯那·考匹克、法国的米蕾尔·彭吉。但在很多情况下,她们博士证书上面写的并不是文化政策博士学位,而是公共政策、政治学、法律等博士学位。这是因为很多大学还没能说服学术委员会,让专家承认文化政策是一个独立的学术领域,有自己的方法论和研究范畴。

大部分的研究主题和文化评论对该领域的公众讨论有重要的推动作用。它们表明公共文化管理不仅需要合适的政治联盟,还需要专业知识和能力。因此,很多女性逐渐以专注文化的国务卿或文化部部长的身份进入公共领域。比如,20世纪50年代法国的珍妮·劳伦特、克罗地亚现任文化部部长安德里亚·维奥里克·兹拉塔尔、马其顿现任文化部部长伊丽莎白·坎切斯卡·米莱夫斯卡。

总之,有了应用研究后的文化领域成了真正的"场域"(按照布迪厄的定义),因为该研究开始关注互动关系。

二、研究方法的历史

直到19世纪,女性才进入学术领域,刚开始她们都是在影响力不高的学术领域教授艺术或人文科学。在这之前的很长时间里,女性有自己地位的公共空间或能够讨论文化话题的地方一般都是沙龙。沙龙的概念一般用来描述17世纪后法国文学和哲学圈的聚会。但是今天不同的城市和文化中仍存在这样的聚会。

沙龙诞生之前,文艺复兴时期意大利的一些城市贵族女性效仿德伊莎贝拉·艾斯特,把艺术家们(拉斐尔、安德烈亚·曼特尼亚、门巴尔托洛梅奥·特隆波契诺、马尔凯托·卡拉、博纳科尔西等)聚集在自己身边。

在16到17世纪的拉古萨共和国,会用意大利语和克罗地亚语写诗的女诗人茨薇耶

---

① 建于1968年,在贾克朗任文化部部长时期得到进一步发展,预算也增加了7倍,该机构于2004年改名为数据策略研究院(DEPS)。

塔·祖佐里奇举办了最为著名的文化聚会。她的家成为著名的文学研究所。她的作品在今天并不为人所知，但因为丁科·兹拉塔瑞奇、米霍·布匿、巴布里诺、米霍·蒙娜迪、博卡宾、西蒙尼特、马林·巴蒂塔拉等人皆写过无数诗作赞扬她，所以她也被后人所熟知。

17 世纪 20 年代，巴黎有很多有名的文学沙龙（比如布耶夫人的布耶旅馆和在居黛里附近的沙龙）。它们是"蓝色长袜"（指有学问的女性）聚集的地方，也是讨论法语甚至建构其文学形式的地方。自那时起，蓝色长袜社就成了法国与英国运用社会网络求得个人发展和相互合作的女性运动。

这些例子都说明，沙龙为创造有影响力的艺术和文化场打造了平台。在这种场景下，文化解放了女性，甚至整个社会和国家。

然而，我们不能因为它们的力量局限在贵族层面和统治阶级，就认为这种努力并不代表公众或民众的文化政策。它们仍然在当时的政治势力和公共领域内帮助艺术和艺术家获得认可并受到更多的尊重。但在整个 19 世纪，它们仍被作为"政治工具"使用，因为各个国家都认为，艺术在很大层面上是国家文化和身份的代表（文化服务于民族主义）。

社会主义将文化政策变为解放与启蒙策略的一部分，并使其融入公共政策的核心。尽管文化是苏联教育部（首任部长是安娜托里·卢娜察尔斯基）的业务之一，但第一个文化事务的代表却是弗拉基米尔·伊里奇·列宁的妻子——娜杰日达·康斯坦丁诺夫娜·克鲁普斯卡娅。与此同时，在法国，文化事务由教育部管理，负责的部门叫作艺术秘书处。第一种情况是，文化政策与文化的发展相关联，在"所有人的文化"这一口号下加强文化普及；第二种情况是，秘书处大多负责博物馆对艺术作品的购买、遗产的保护、颁发荣誉和奖赏等事宜。

第二次世界大战后发生了很多变化：东欧的很多社会主义国家相继建立了文化部。尽管当时鼓吹性别平等，女性仍很少担任部长一职。其中的例外是米塔·米特洛维奇。她是塞尔维亚的一名语言文学教授，也是一名共产党员，后来成为塞尔维亚教育与文化部部长，并且一直是南斯拉夫最高层领导成员。但在 1953 年，当她那位众人皆知的前夫米洛万·迪亚拉成为异议人士后，她也匿迹政坛。这也是需要我们深入调查的一个方面：为什么女性能够在政界位居高位通常是因为她的丈夫或父亲是具有非凡魅力的政治家呢？（印地拉·甘地、贝娜齐尔·布托、班达拉奈克夫人、伊娃·贝隆等，还有今天的英拉·西那瓦、塞戈莱娜·罗亚尔）

但就文化政策而言，更重要的是，新的文化政策总是作为强制措施施行的，比如印地拉·甘地对印度电影产业的发展作出的贡献。

三、文化领域的性别平等

在欧洲国家,文化政策领域的女性领导力进程十分缓慢。20世纪50年代,珍妮·劳伦特为推动其发展扮演了重要角色。她派送(资助)独立的表演团队到法国各省市驻扎或创立剧院保留剧目,力图促进剧院的分散化发展。但直到1982年,梅琳娜·默克里才成为西欧首位女文化部部长。她提倡回归雅典人的"巴特农神庙"(亚历山大五世,2003),并且提出在欧盟创建文化首都的创新方案,这在当时的文化领域引起轩然大波。文化首都于1985年建成,至今仍在成功运行。

甚至在今天也很少有女性身居要职,大部分女性无法冲破"玻璃天花板":特莎·乔薇尔在2011—2007年担任英国文化、媒体和体育部的秘书长。在任职期间,她大多处理有关媒体和体育(奥林匹克赛事)事务,并没有在文化政策的发展历程上留下任何重要的印记。玛丽·艾伦于1994年接管英国秘书处的艺术委员会,当时艺术委员会负责监管国家彩票基金。她作为顾问帮助歌剧企业竞争彩票基金,基金高达7800万英镑。那时候,艾伦成为皇家歌剧院的总裁,尽管这一入职并没有参考艺术委员会的有关政策,但以"旋转门现象"的解释为艺术委员会的基金接受方谋得了职位。这件事很清楚地告诉我们,只有当某机构陷入重大危机或某职位没有实际利益时,女性才得以承担领导者角色。

加拿大遗产部部长希拉·科普斯(1996—2003年任职)对国家和国际层面的文化政策都作出了重要贡献。1998年6月,在首届文化部部长集会上,她用14种不同的语言重复着一句话:"文化多样性丰富了世界。"由于她的努力,联合国教科文组织最终在2003年宣布了文化多样性的重要性。在国内,博物馆救助计划(MAP)能够促进加拿大博物馆和相关机构的健康发展,也都要归功于科普斯。她的另一项重要的事业是帮助扶持法裔加拿大人的电影事业。

在西班牙何塞·玛丽亚·阿斯纳尔领导的右翼政府时期,埃斯佩朗莎·安奎尔接任了教育、文化和体育部部长一职(1996—1999年任职)。在这段时期,她以幽默感征服了很多人。

在社会主义时期的南斯拉夫,大部分文化部部长和自治区的秘书处处长都是男性,仅在塞尔维亚有两个例外:上文提到的米塔·米特洛维奇和纳达波·波维奇·佩里西奇(1992—1998年任职)。

文化被视为创造和代表一个国家的"平台",通常为男性"保留",却总是出现在有关国家文化机构的管理结构或主要节庆活动的分析中。德亚娜德·约维奇在研究Vukov sabor(为纪念塞尔维亚语言和字母表之父武科·拉季奇而举行的集会)这个重要的国家假日时发现,自1933年宣告仪式创立至今,只有两名女性受邀进行开幕式演讲,而且都是在她们担任部长职务期间。显然，在南斯拉夫王国和社会主义时期，该节庆在建设或重建民族关系的进程中发挥着巨大的作用。所以，在父系社会，女性并不被看成是构建民族价值观的领袖。从20世纪80年代到2000年，这宗仪式再次用来重建塞尔维亚的民族身份。因此，在那些为建立身份而打造的文化"工具化"政治平台上（就像这个宣告仪式），女性的空间总是有限的。

四、女性在国际组织中的角色

在像联合国教科文组织这样的国际组织里，女性很少担当领导职务。2009年，伊琳娜·博科娃当选联合国教科文组织总干事，成为第一位领导该组织的女性。联合国教科文组织下设的几个部门是有女性领导的，比如卡特里娜·斯泰诺、丹妮尔·克力士等。今天，性别平等已经成为联合国教科文组织的行为准则。因此，从第三世界国家选出的30名技术助理中，有15名是来自各个大洲的女性。但各个政府选择谁去执行技术任务时，只选了6名女性和11名男性，而且在这些男性中，有5名还受到其他几个政府的邀请，他们因此身兼数职。这个例子表明，即使出发点完美无缺，平等仍难以实现。在13个任务中，有7个全由男性完成，1个全由女性完成，另外5个由男女混合完成。

欧洲委员会最近才出现第一个主管文化事务的女性。不幸的是，当时正值欧洲委员会丧失其重要地位，文化理事会并入民主部门。这个部门现在由民主部门的主任斯内扎娜·萨马尔季奇·马尔科维奇主管。今天，主任一职并不具有太大的政治利益，既无威望也无政治重要性。20世纪80年代和90年代欧洲理事会开展了大量与文化民主和文化统治相关的研究及评估，也在那时候达到了发展的顶峰。20世纪90年代柏林墙倒塌后，欧洲理事会的地位尤其突出，当时整个前社会主义国家的文化系统都不得不重建。由于欧盟实力加强，2005年10个新民主国家又加入欧盟，欧盟的规模得以扩大，导致欧洲理事会失去了它在保障民权、法治方面的政治领导权。但就性别平等、少数人的权利和种族主义等问题而言，我们仍需要欧洲理事会积极参与。

自1992年《马斯特里赫特条约》颁布后，尤其是欧盟推行了像《文化2007—2013》和《2014创意欧洲》这样的文化金融企划后，其发挥的作用越来越大。由安德鲁拉·瓦西利乌领导的欧盟发展总司文化与教育部，除管辖教育和文化外，还负责研究多语现象和青年问题。

东欧过渡时期，有好几名女性被选为文化部部长并负责处理重大的改革问题。最为著名的是波兰的伊莎贝拉·齐温斯卡（1989—1992任职），她当时面临在过于庞大的文化系统内推行制度改革。其他前社会主义国家通常会指派前一任期的异议分子来做这些工作，但这些人无法满足新的管理和市场需求。过去20多年的南斯拉夫有很多部长在动荡的政治体制内调换职位,只有少数女性走上这些职位,比如,塞尔维亚的纳达·波波维奇·佩西里奇、黑山的韦斯娜基·利巴尔达、马其顿的伊丽莎白·坎切斯卡米·莱夫斯卡和克罗地亚的安德里亚兹·拉塔尔。

科里纳·苏托和奥迪尔·舍纳尔认为,许多市级政府已学会借助文化政策促进巴尔干地区整体的文化战略发展。

对比文化部女部长和其他政策制定者,女性推行了更系统的措施,增加了决策的透明度。伊丽莎白·坎切斯卡·米莱夫斯卡是很多主流节庆的赞助人,她还支持了几个政府项目,比如投资了2014Skopje这个极富争议的项目。而在她的任期内,马其顿《国家文化战略(2013—2017)》[①]成为2004年国家文化计划(2004—2008)的首个文件。她还鼓励创立了马其顿电影社。

五、文化政策研究与教育

法国文化部是西方世界的第一个文化部,该部意图按照研究走向制定文化政策。因此,首个专为文化部服务的司(学术研究司)以及西欧很多相关的司部也随之建立起来。奥古斯汀·吉拉德是学术研究司的第一位司长,他开展了大量的研究活动,内容涵盖文化参与、文化资助、文化恐怖主义、数据统计等。该司还对文化领域的培训调查给予支持,与文化部培训司紧密合作。正是从那时起,文化政策研究和文化专业人士的培训紧密联系在了一起。

与此同时,社会主义国家也建立了文化机构或文化发展机构。最重要的几个机构设在华沙、布达佩斯、索菲亚、萨格勒布、贝尔格莱德和莫斯科。在社会主义意识形态影响下,那些中心和学术机构一道在文化层面创造了许多重要的学术思想。最重要的是波兰学派,这一派开启了文化发展的新哲学。1969年后,斯蒂芬·迈斯托罗维奇与一群持异议的年轻学者聚在一起,研究文化、民主、文化分散化、人权、身份的政治性等问题,还翻译并出版了学术评论 *Kultura* 上的精华文章。

在萨格勒布市,文化政策研究建立在两个不同的研究单元上。其中一个与文化部有关,处理应用研究的事务,而另一个则与萨格勒布大学有关。这是一所研究国际关系的机构,大多深入调查非洲和亚洲的文化发展,因为这些与当时南斯拉夫的不结盟政策有关。萨格勒布大学创刊《国际连线》,还为联合国教科文组织建立了世界上首个文化政策数据库。遗憾的是,南斯拉夫在战争期间结束了这个项目,之后欧洲理事会建立了自己的数据库,称为 Compendium。

20世纪80年代,又有一个与文化领域相关的学科开始全面发展,即文化经济,该学

---

① 可在以下网址阅读原文:http://www.kultura.gov.mk/index.php/component/content/category/60。

科开展了大量的研讨会,拥有众多的学术期刊和专业协会。一个领域的研究可以惠及另一个领域,所以跨学科研究团队成为研究文化政策的标准。这个团队汇集了社会学家、经济学家、政治学者、文化分析家和心理学家等,他们都关注与文化和文化系统可持续发展相关的问题。

众多与文化部和应用政策研究有关的研究机构决定创建一个网络系统(欧洲最早的文化网络系统之一),即1984年开始运行的环形网络(2007年被取消)。环形网络跨35个国家,它的大部分工作得到了欧洲理事会文化委员会的支持。当时,欧洲理事会需要系统的方法来评估文化政策,而这种方法要建立在对比指标系统上。环形网络的成员一开始都是公共研究机构,后来慢慢演变为独立机构,开始纳入新成立的、为公民社会所有的研究机构,如布达佩斯天文台、国际文化智库(伦敦)等。许多研究组织由女性领导(比如,比塞尔卡·茨夫耶蒂察宁、纳达·斯沃博、多克奇、里特娃·米歇尔·多罗塔等),且聘请了许多女性研究者。因此,20世纪80年代女性在文化政策研究领域的领导者角色已经十分清晰。今天,在10位获得文化政策研究奖项的学者中,就有6位是女性——2004年是研究总监尼娜·奥布立安、2005年是研究总监加卡·普利莫拉茨、2007年是荷兰的阿曼达·布兰德勒罗、2008年是法国的索菲亚·拉巴迪、2010年是英国的克莱尔·布伦、2013年是苏里南的维斯尼亚·克西奇。Compendium项目也是一样的情况,起先是"纯男性"领域,现在局面得以改变且更加民主化了。

文化政策学术部门同研究部门一样,也逐渐将自身的发展与艺术/文化管理教育或公共政策高等教育结合起来。文化政策的不同模块第一次成为政治学学生的课程。由于大量教育机构属于公共机构,要依照公共规则运行,因此文化政策与这些机构的联系十分紧密。即使是在公民社会中为争取公共资金维持生存的文化组织,也不得不考虑政策需求和资助规则。文化政策是文化管理的"基石"。

虽然很少有为文化政策单独设系的情况,但华威大学的文化政策研究中心已经有20多年历史了。

城市大学首次在艺术管理系开设文化政策的课程,该校的约翰·皮克出版过一本名为《艺术与国家》的书,随后贝尔格莱德大学在1977年为本科生开设这门课程,并于1983年推行到戏剧艺术学院。同一时期,卢布尔雅那和萨格勒布市也开设了文化政策的课程,所以1988年在萨格勒布市召开了第一届南斯拉夫文化政策教授研讨会,主题为"艺术管理、大学和教育"。当时只有少数女性作为该领域的教授和研究者参会。

自那时起,文化政策与教育就进入了许多大学。名为《欧洲文化政策杂志》的研究刊物也创建了起来。当时编委会只有少数几位女性。不幸的是,这种情况直至现在也没有改变,编委会的20名成员中仅有3名女性。该杂志为出版有关文学政策书籍的特刊,邀请了41名文化政策领域的教授(其中仅11位是女性)撰写富有影响力的书籍。最后只选了6本女作家写的书：基株·米尼汗的《文化民族化》、劳丽·奥莱特的《相似的读者》、娜奥米·克莱恩的《无标记》、罗斯玛丽·库姆的《知识产权的文化人生》、艾丽卡·菲舍尔·里琦的《欧洲戏剧史》、丹尼斯·梅雷迪思的《国籍和文化政策》。这说明文化政策领域的无形限制仍然存在，因为一本杂志的编委会职位集许多功能于一体，在学术界有着重要意义。

1999年在挪威的卑尔根创立了两年一次的国际文化政策研究会议。第一届会议由来自17个国家的140名研究人员参加。第七届会议则在巴塞罗那举办，汇集了来自44个国家的300名研究人员。

1992年创立的欧洲文化管理培训中心也扩大了会议规模，并在2010年出版了名为《文化管理政策杂志》的学术刊物。欧洲文化管理培训中心在成立20年后，选出了第一位女性主席克里斯提娜·奥尔特加，现在有了第二位来自比利时安特卫普大学的女主席安妮克·斯拉姆。

结 论

如今，我们打开了女性领导这扇大门，而限制我们发展的"玻璃天花板"仍然悬在上空。为了推动研究、教学和政策制定等领域的性别平等，我们是否依旧需要更多的"蓝袜子""黄袜子""红袜子"运动？

我们应该采取怎样的行动？

运用博洛尼亚方法重塑学术教育为我们打开了很多扇大门，引领我们通往跨学科教育、职业教育、基础与应用研究。这个方法也是利弊兼具。成果的定量化意味着英美的学术杂志用它们的标准进行索引和认证，就有权成为衡量学术作品质量的唯一准则。当人们都按它们的研究人员设定的"影响标准"来考评和排列各大学时，以其他语言发表的作品就会变得无足轻重。

另一种建立职业学术生涯的方法，尤其在应用领域，是在人际关系网中纳入政策决策者，将学者当作资源型人才，为政府或政策制定提供服务。

强有力的职位对这两种方法的适用都很重要，这种职位将决定干事能否任教，能否成为导师，能否发表作品或以何种方式成为公共知识分子，能否受到认可并接受媒体的咨询，能否给出"专家建议"。因此，布迪厄开始谈论"cumulars"（布迪厄，1984），即一些身兼数职的学者。当时，没有女性担任过"cumulars"的职位。十分有趣的是，今天我们可以继续这项研究，观察这种形势的走向。

最近有一本探讨艺术领导力的书，介绍了一些国际研究案例（乔·考斯特，2013）。该书表明，虽然在艺术领域有越来越多的女性领导者，但该领域仍表现出很明显的不平等现象。书中展示的 14 个案例记述了 20 多位领导者,但只有 1 位是女性。另外 3 个有关联合领导和历时领导的案例研究中,确实提到了女性,但仅此而已。12 个探讨男性领导者的研究案例中,有 5 个讨论的是联合领导,且大多围绕男性领导者展开。女性联合领导人只出现在 2 个讨论领导人关系(舞蹈和戏剧导演)的案例中。即使一再宣称性别平等,即使越来越多的女性在艺术与文化机构工作,但高层领导职位仍为男性保留。我们作为学术领导者,应该打破"玻璃天花板",为女性的发展开创新天地。

(翻译:向湘萍)

时代呼唤女性成长,教育助推女性成才

陈 曦

(北京科技大学党委副书记)

随着社会的不断进步、经济的高速发展,我们进入"变革、发展、创新"的时代,不论是政治、经济、社会还是文化,均呈现出全球化、民主化、多元化的面貌,女性在和谐社会建设进程中扮演着日益重要的角色。在高等教育领域,随着高层次女性人才的不断增多,女性管理者比例也在逐渐加大。时代呼唤着以大学女校长为代表的女性管理者加快成长的步伐,高等教育对于推进女性管理者成才更是功不可没。

一、时代发展中女性地位、作用的变迁

21世纪以来,教育在世界各国都得到了普遍重视,女性接受教育的数量与质量都有了显著提高。我国女性的文盲率曾高达90%,时至今日女童入学率已达到99.7%。随着中国高等教育事业的发展和高教改革的深入,女性接受高等教育的人数持续上升,很多大学中女生的比例不断扩大,如我们北京科技大学,一个典型的工科院校,也从早期的多个"秃子班"(全班无女生)发展到女生比例达到接近40%。很多大学女生比例甚至高于男生。当代女性发展进入了一个全新的历史时期,女性社会意识不断增强,社会参与程度日渐提高。优秀女性脱颖而出,跃于政治、经济、教育、文化等各个领域,女总统、女总理、女总裁、女校长的身份和头衔已不再稀奇,充分展示了女性管理者的独特魅力。

伴随着高等教育规模的扩大和高校教师队伍建设的大力加强,更多的女性加入教师队伍中,她们是中国女性中高素质、高学历、高智商的一个群体,是高校教书育人工作中不可或缺的重要力量。在以沟通、合作、发展为主题的今天,女性有着很强的自身优势,她们的地位和作用越来越重要,越来越多的女性领导者在高校占据一席之地。大学女校长作为一支独特而重要的力量,用自己的智慧和力量影响着高等教育的发展进程。

二、高校女性在工作领域的现状

高校女教师人数众多，如我任职的北京科技大学，目前学校在编在岗教职工人数为2748人，其中女教职工1170人，达到42.6%，即将占据半壁江山。美国教育管理学教授皮格福特和汤纳森在《学校领导中的女性：生存与发展指南》一书中，用"女人教书，男人管校"形象地说出了高校女性"人数不少，领导较少"的现状。据调查，当前高校女性管理者呈现出"三多三少"的倾向，即"基层多，高层少；低职多，高职少；副职多，正职少"。再以北京科技大学为例，全校共有中层干部236人，其中女干部66人（部门正职13人，副职53人），仅占总干部数的28%。高级拔尖人才、局级领导人才中女性更是呈现出"单棵独株"的局面：校级领导11人，其中女性1人；国家千人计划入选者11人，其中女性1人；长江学者17人，其中女性1人；国家杰出青年科学基金资助获得者16人，其中女性1人。

探究其原因，主要有如下三个方面：

一是社会分工的不同。"男主外，女主内"是一种约定俗成的习俗，社会劳动分工后女性的职责似乎主要停留在"相夫教子"层面。繁重的家务劳动占据了学习与提高的时间，同时也消磨了很多女性的职业进取心。社会普遍认为，参与管理、成为领导是男性的职责，男性较女性更容易获得较高的职位。即便女性进入管理决策层，也由于社会分工及社会期待的限制，掌握边缘权力而非核心权力。

二是传统思维方式的影响。尽管在精神文明高度发达的当今社会，"男尊女卑"等封建思想已失去了存活的土壤，但由于存在时间过久，很多人还是被这种根深蒂固的传统观念所束缚，习惯性地认为男性比女性更具领导天赋。同时，女性管理者比普通女性更易感受到家庭责任与事业发展的双重角色冲突，在"贤妻良母"和"女强人"两种角色间不停转换。

三是女性自身素质存在短板。如在生理方面，女性在妊娠期、哺乳期需要暂缓工作一段时间，不得不中断职业培训或继续教育；在心理方面，女性或多或少存在参与意识弱、自我发展意识不强、自信心不强、心理承受能力较弱等弱点。

三、大学女校长的责任

大学是知识文化的重要传播场所，是高级专门人才的培养基地，其功能包含四个方面，即科学研究、人才培养、社会服务和文化传承创新。大学校长的责任就是把四个功能发挥好，推进高等教育事业的发展。引申开来，就是要依据高等教育发展规律，不断完善人才培养机制，提高教育教学质量，增强学生就业竞争力，培养适应时代发展要求的高层次人才；要大力加强学科建设,建立科学合理的评价体系,完善科研奖励机制,积极引进高端人才;要积极与社会互动,组织师生参与产学研结合的项目,加强社会实践,促进社会经济和谐发展;要开展大学文化建设,凝聚学校文化精神、增进文化认同,推动文化传承创新,做好顶层设计,促进物质文化、精神文化、制度文化、行为文化和谐发展等。大学女校长更要在此发展过程中充分发挥柔性管理的优势,把大学功能实现到最优化。

柔性管理是以人为本的管理,注重理念的传递和人性的完善。女性管理者普遍具有三个特点:一是互动性较强,她们细致、温柔,其领导行为更有人情味,更易产生共鸣;二是包容性较强,她们自身面临多重角色的转换,大多具有平和、包容的心态;三是思考方式较为全面,能综合地、多角度地看待问题,更能够设身处地地为他人着想。可以这样形容:"女性领导者的柔性管理如同水一般,多了一点弹性,亦多了一点延展性。"大学女校长应该充分运用自身的优势,在高校管理层发挥好沟通、协调、平衡作用,推动高等教育事业和谐发展;在人才培养领域,不仅对学生传授知识,更为其解读智慧人生,教导学生"学会做人",促进学生的全面发展。

四、女性领导力培育和提升的重点

在高等教育大众化进程中,女性已经从简单地接受高等教育,逐渐发展到从事高等教育行政管理工作,其中个别优秀的已成为高等教育中的管理者。思考如何在高校管理中充分发挥女性的作用,培育和提升女性领导力,具有重要的现实意义。

一是体制、机制的不断完善。在推荐选拔领导干部时,采用配额制,规定各级班子中必须有女性,用性别单列的方式保证女性人才脱颖而出,为女性参政议政提供制度保证。在职称评审、职务聘任方面,考虑人选时,摒弃男女区别对待的做法和潜在思维,充分考虑女性的特长和优势。坚持公开、平等、竞争、择优原则,注重选拔优秀的女性管理者进入学校的领导层,为女性提供充分施展才华、展示自我的舞台。

二是教育培训的不断加强。领导力的形成是以接受良好教育为前提的。没有文化、没有知识、没有视野是不可能成为优秀管理者的。高校应专门为女性管理者举办提高领导力的培训班,为她们提高战略思维能力、开阔战略眼光提供条件;开设教育管理专题,帮助女教师增强性别意识,鼓励她们钻研教育管理学问,提升她们"参政、议政、主政"的愿望,培养其领导自信心;邀请知名女性进入课堂和校园,开展女性领导力提升专场研讨会、主题报告会等。

三是创新思维的不断培养。创新是生机和活力的源泉,开拓创新是领导力不可或缺的组成部分,是衡量女性领导力的重要内容。创新力不是与生俱来的,它可以通过培养创新思维来获得。创新思维是一种求新、求异、求先的思维方式,要求高校女性管理者勇于突破躲避风险的思维定式,具有敏锐快速的应变能力,善于把握、分析信息,预测动向,能够提出新颖、独到的见解和解决问题的新思路、新方法,作出民主科学的决策。

四是实践平台的不断搭建。高校要广泛搭建平台,与社区共建、与乡镇共建、与企业共建,组织女教师开展学习考察、挂职锻炼、调查研究等多种形式的社会实践活动。鼓励女教师走出课堂、走向社会,积极选派女性管理者参加挂职锻炼,积极参与产学研结合项目,在实践中进一步了解国情、社情、民情,并形成有力推动教育事业发展的长效机制等。

总之,大学女校长们任重而道远!最后,用知名女作家亦舒的一段话与大家共勉:"不炫耀,不争吵,做一个博学的女子;不空洞,不浮躁,做一个丰盈的女子;即便生命枯竭,亦在优雅中变老!"

提升女性领导力的思维路径分析

吴建华

（南京工程学院党委书记）

近30年来，越来越多的女性领导走进政治、经济、科技、教育等领域，女性领导在数量递增的速度、地位上升的幅度和影响的广度上已经在全球范围内构成了一道亮丽风景线。但不可否认的是，无论在政界、商界还是学界，能够拥有高层领导职位或者身处决策层的女性比例依然偏低，个中原因，除了有来自传统文化、社会环境等外在因素的制约之外，也与女性领导的思维方式等内在因素有一定的关系。对女性领导的思维方式进行哲学思考，研究其特点，挖掘其潜质，扬其长避其短，是提升女性领导力的有效路径。

一、思维方式及其在领导过程中的作用

包括领导活动在内的人的一切活动都是在一定思想的支配下，遵循一定的思维方式进行的。思维方式是指思维展开的路径、思维的方向、思维的习惯和定式等，是由语言符号、知识信息、价值取向等要素相互融合而成的定型化的思维活动范式。从哲学层面上看，它是高度概括的哲学范畴，是内化于人脑中的理性认识方式。"大脑对于外界事物而言，只是个加工厂，思维才是常青树"，思维方式深刻地影响着人们对客观规律的认识和把握，进而深刻地影响着人们的社会实践。从领导者的角度来说，思维方式作用于领导行为的全过程，其实践作用主要体现在三个方面：其一，在提出、确定组织目标，制定实现目标的政策过程中起着分析、引导的作用；其二，在实现目标的过程中，当组织活动由于各种因素的影响而出现偏差时，起到纠偏调节的作用；其三，促使整个组织的各个要素、各个部门以及组织活动的各个环节成为一个永葆活力的有机整体。由此可见，改善领导的思维方式，提升领导的思维能力是组织的生机与活力的源泉，也是发挥领导者智力优势、开发领导力的一项核心内容。女性要实现从一个解决具体事务的管理者到负责指挥、协调、组织的领导者的转变，要实现从中层领导到高层领导职位的晋升，培养科学的思维方式、提高科学思维能力是必由之路。

二、女性领导思维方式的特点

生理构造、心理特点、文化背景、职业分布和社会历史等多重因素的共同影响,使得女性领导和男性领导在思维方式上表现出很大的差异。女性领导在思维方式上主要体现出以下特点。

(一)长于感性思维

感性思维是一种以认知活动和情感活动相结合为特点的思维方式;理性思维则是能够把零散的感性材料上升为具有严密性、科学性和普遍性的理性认识,能够揭示事物本质、把握事物发展规律的思维活动。在众多对女性思维方式的评价中,存在女性思维强于感性而弱于理性的共识,因为相较男性而言,女性天性敏感,思维方式更偏重于情感性的、表面的、眼前的、具体的事物。强于感性思维,使得女性领导一方面在情感的表达和感知能力方面具有男性无法比拟的优势,比男性领导更善于沟通,具有更强的亲和力和凝聚力;但另一方面,也常常使她们在领导活动中过分执着于社会的情感评价、事业的情感追求和人际的情感投注,过度关注表面现象和短期行为,较男性领导也更容易受到个人情感、固有观念等主观因素的驱使和支配,从而对问题失去由表及里、由此及彼的理性思考和科学判断,影响了领导效力。

(二)长于细节型思维

很多女性更加胜任执行环节的任务,但在制订全局的战略规划方面就相对缺乏全面把握的能力,这与女性天性细腻谨慎,观察力强,容易拘泥于工作的细枝末节,整体和发展方向的系统性思维、战略性思维不足有一定关系。这也是很多女性在中层职位可以做得游刃有余,但在更高的领导职位上却难以适应的内因之一。有一种说法叫作"细节决定成败",关注细节,的确有助于更好地执行任务和维持集体的凝聚力,但是作为决策者,如果过度关注细节,就有可能在行动上迟疑不决和忽视宏观性、前瞻性、政策性等重大战略问题,一旦在决策方向上出现差错,所有努力都会付之东流。

(三)长于经验思维

一般而言,经验思维也是女性思维活动的"强项"。相较于男性,女性更加注重对以往经验的学习、积累、总结和运用。在遇到问题时,女性领导善于首先以自己过去工作和生活中的亲身感受为基础进行思考,从经验中寻求解决问题的答案。这使她们在分析处理问题尤其是与过去经验相符的问题时,表现得从容自若,如鱼得水。但是,经验思维方式一旦形成,也就有了稳定的、保守的倾向,它对于知识更新或管理创新往往会产生一种阻碍作用,容易导致墨守成规,故步自封,不利于通过除旧布新来提高整个组织的活力和效率。特别是当时间、环境、条件等发生变化后,如果仍凭借过去的经验来指导行动,就会造成不应有的工作失误。

(四) 长于直觉思维

直觉是一种未经逻辑加工而直接把握对象的下意识(或潜意识)能力。一方面,女性所富有的极为敏锐的直觉思维能力,已为女性自身和整个社会所认同。达尔文就曾指出:"女性的直觉较男性敏锐,已为一般公认之事实。"历史上也确实有一些杰出的女性领导展现出神奇而准确的直觉。女性的直觉敏锐恰恰是对其逻辑性思维不足的一种补偿。另一方面,作为一种思维活动,直觉尽管带有极强的主观性,但绝不是神秘莫测的,而是建立在平时的知识积累和经验提炼基础之上的。女性在领导行为中,不能盲从直觉的"灵光一现",更需要对其进行进一步的逻辑思考和理性分析,才能作出科学的判断和决策。

三、提升女性领导思维方式的路径

人类思维活动中存在着的各种各样的思维方式,它们不是简单对立的,而是相互依存、相互补充的。美国科学哲学家库恩曾指出,"在各种思维方式之间保持必要的'张力',是现代科学思维方式的重要特征,是科学研究取得成就的重要条件"。因此,女性领导要提升思维能力,既不应排斥任何一种有价值的思维方式,也不应片面地夸大某种特别有效的思维方式,而应客观认识自身思维方式的特点,并在具体的思维活动中充分发挥各种思维方式的补偿与协同作用,追求其综合价值。具体来说,女性领导可在发挥"以情动人""关注细节""重视经验""敏于直觉"等优势的基础上,从以下这几个方面入手,有意识地对自己进行哲学思维训练,培养良好的思维习惯。

(一) 系统思维

世间万物,都存在着千丝万缕的联系。恩格斯在《反杜林论》中就曾经指出:"当我们深思熟虑地考察自然界或人类历史或我们自己的精神活动时,首先呈现在我们眼前的,是一幅由种种联系和相互作用无穷无尽地交织起来的画面。"联系无穷无尽,怎么才能把握联系呢?系统论的观点认为,系统是事物联系的基本形式,不研究系统,就无法把握联系。系统思维就是我们研究系统、把握构成系统各要素之间内在联系规律的科学思维方式。系统思维首先强调整体性,落脚点是系统整体功能的优化和整体效益的最大化,要求女性领导在分析和处理问题的过程中,始终从宏观上把握整体的功能和效益,把整体放在第一位,而不是让任何部分凌驾于整体之上;系统思维其次强调的是内部结构的合理性,在确定总的目标的基础上统筹兼顾,实现分层、分级的有效控制,通过各个环节、各个要素之间配合的优化达到系统功能的优化;系统思维最后强调动态性,面对领导活动中每时每刻都会出现的新情况、新问题,女性领导应当从大局出发,通过调整或改变各部分的功能来引导、控制、促进整个系统的良性发展。

(二) 战略思维

凡事都会有个发展问题。战略思维就是指思维主体对发展问题,即关系事物全局的、长远的、根本性的重大问题进行谋划(分析、综合、判断、预见和决策)的思维方式。女性领导经常运用战略思维,才能作出正确的战略决策,才能提升把握方向的能力。战略思维的过程是主体对战略问题进行思考谋划,形成战略目标、战略计划、战略方针,在实施中不断反馈和战略修正的过程。战略思维主要是针对未来发展问题进行的思考,强调的是可持续发展。因为事物的发展趋势是由内在必然性所支配的,为了从各种偶然性里面找出必然性,准确地把握发展趋势,战略思维特别强调的就是"重点性"。它要求女性领导能够在由众多局部或要素组成的系统整体中抓住主要局部或主要要素,抓住关系体系中的主要关系,抓住矛盾体系中的主要矛盾和矛盾的主要方面,抓住工作发展进程中的关键性阶段。除此之外,还要有抓住机会的意识。人的能动性和改造世界的实践只有与特定的机会结合在一起才能发挥最大的作用。

(三) 辩证思维

联系和发展中间还有一个环节,即转化。女性领导需要具备灵活机动、促进转化的能力,尤其是在解决矛盾的时候,不应当是简单机械地处理,而应通过寻求"共同点"来消除分歧,通过接纳"不同点"来搁置争议,灵活地促使事件发生有利转化。这时候就需要运用辩证思维方式,即以对立统一、发展变化的视角认识事物的思维方式。在革命时期,中国共产党之所以能够由弱到强、由小到大,就是因为善于化不利为有利。中国哲学中也有类似的辩证思想。比如,老子在《道德经》中说:"反者道之动。"又说:"祸兮,福之所倚,福兮,祸之所伏……大音希声,大象无形……大直若屈,大巧若拙,大辩若讷,大赢若绌。"这都说明事物是能够向相反的方向转化的。辩证思维方式要求女性领导干部运用矛盾分析法揭示事物的本质,既要看到有利因素,又要看到不利因素;既要看到同一,又要看到相异;既要研究共性,又要分析个性。辩证思维方式还要求女性领导无论面临顺境或逆境,都要保持清醒的头脑,不为表面现象和枝节性问题所迷惑,善于对丰富的感性素材进行深度逻辑加工,在各种纷繁复杂的现象中积极探索事物发展、转化的规律。

(四) 创新思维

创新是组织生机和活力的源泉,开拓创新是领导力不可或缺的组成部分,是衡量女性领导力水平的重要内容。创新力强的领导,往往在组织发展停滞不前或组织面临不可测的未来和充满不确定性的情况下,能够通过制定新颖的决策、赋予组织新的目标、运用独特的策略,来影响和带领组织其他成员实现目标。创新力不是与生俱来的,它可以通过培养创新思维来获得。创新思维是一种求新、求异、求先、敢于冒险的思维方式。它要求女性领导在观察、分析和处理问题时,不服从于固有经验,不迷信于既有结论,不局限于固定的程序和模式;它要求女性领导更多地关注问题的特殊性与差异性,并以此为依据,敢于提出新颖、独到的见解和解决问题的新思路、新方法;它要求女性领导勇于突破躲避风险的思维定式,大胆探索新的领域,大胆尝试新的措施,大胆追求新的目标。

上述文字是从思维方式的角度对如何提高女性领导力的粗浅分析。美国未来学家奈斯比特曾提出:"女性领导是未来组织发展最需要的力量。"在女性领导历史性地走向更多的领导领域和上升到较高领导层面的时代潮流中,我们期待更多的女性领导在提升领导力的实践中获得杰出成果,更多学者在女性领导力研究的园地里播撒新的种子、绽放新的花朵。

提升大学的女性领导力

——以墨西哥国立理工学院为例

布斯塔曼特·迪亚斯

(墨西哥国立理工学院前校长)

我向今天在座的各位表示诚挚的问候,也对受邀参加第六届世界大学女校长论坛表示由衷的感谢。

在准备演讲时,我想到了那些女性模范,那些在科学、政治和家庭等方面有所作为的杰出人物。这些高瞻远瞩的女性都经历过重重阻挠和变相的歧视。

有多少著名的女科学家经历了几番挣扎却仍难以在科学界有一席之地?她们之中有多少人被边缘化?又有多少这样的女性,在经历一系列波折后,就职于我们的教育机构?我们的女学生们又该何去何从?

为了找到这些问题的答案,我会讲述我个人在教育领域,尤其是在我管理国立理工学院期间的一些经历。

一、国立理工学院的初况和教育理念

在国立理工学院,女性的生活并不容易,在1936年建校之初和创立教育理念时更是如此。当时,由于墨西哥正逐步实现工业化并开采石油,所以国家前总统拉萨罗·卡德纳斯和一些优秀的工程师希望建立一所能满足国家需要的院校。

在"用技术满足国家需要"的校训下,学校成为工业领域打造专业技术培训的引擎,为各社会阶层,尤其为是贫困阶层提供教育。然而,学校的女学生少得可怜,校园内甚至连女厕所都没有。

二、深入观察国立理工学院

学校致力于成为本科和研究生教育的公立教育机构。在过去的78年,学校的科学与技术教育系统建立在如下三个领域：

(1)工程学与自然—数理科学；

(2)医学和生物学；

(3)社会学和管理学。

学校不仅拥有科研创新成果，更因为作出了国际认可的贡献而日益成为墨西哥国家发展的推动力量。

国立理工学院面向墨西哥 22 个州的 98 所学校开设了 332 个课程项目，拥有职员 28,075 名(表1)，学生 171,581 名(表2)。

表1 国立理工学院职员分布

职工	男性	%	女性	%	总计
助教	4787	48	5267	52	10,054
教授	10,114	62	6238	38	16,352
中高级管理人员	1014	61	655	39	1669
总计	15,915	57	12,160	43	28,075

(来源：国立理工学院信息部和数据统计评估部，2013)

表2 各教育层次的学生统计

教育层次	男性	%	女性	%	总计
高职教育	40,826	64	23,065	36	63,891
本科	61,595	61	39,259	39	100,854
硕士	4047	59	2789	41	6836
总计	106,468	62	65,113	38	171,581

(来源：国立理工学院信息部和数据统计评估部，2013)

我们教育学生的一个基本特点是，在开始培训时就保证他们入学的平等性和接受教育的持久性。基于此，我们颁发给三个教育层次的学生的奖学金和经济补贴在不断增多。

官方数据显示，墨西哥的女性超过了一半。15 到 29 岁的女性占人口总数的 27%，她们占据了大学在校生的 49%。女学生选择的专业普遍与社会科学、行政管理、法律、教育和健康有关。

国立理工学院的女学生占 38%，并且在某些专业中女性要多于男性，比如医学和生物学(59%)、社会学和管理学(54%)，但工程学与自然科学专业的女性仍较少(27%)。

三、国立理工学院的研究情况

大约 30 年前，墨西哥参与了国家研究系统。也就是说，在研究与技术开发方面产出成果的教职工都会得到相应的奖金和授职,这意味着他们的努力得到了科学界的认可。

20,000 名研究人员只是这个系统的一部分,这其中有 5.1%,即 1020 名研究人员就职于国立理工学院。遗憾的是,我们的女研究员却很少,只占其中的 30%,而且只有一位女性达到三级,即国家研究系统最高的级别。

四、女学生的培训情况

在所有需要分析女性参与的领域中,有一个领域是学校。学校这种机构在维护社会建立起来的秩序方面起到重要作用。

虽然大学里的女性在增多,但我们注意到她们中大部分身处人文、社会科学、行政管理和教育领域。2010 年墨西哥女性所学的前 5 大专业都与会计、税务管理、行政管理、法律、护理和心理学有关。

另一个影响女性的领域是家庭。照顾家庭被看作女性的主要责任,而由于男性对家庭付出有限,在很多情况下,女性不可能平衡家庭与工作,至少在我们的文化中是这种情况。

这样,女性便被教育成为"谁的某人",比如"谁的母亲""谁的女儿""谁的岳母""谁的儿媳妇"。

此外,我们还被教育要侍奉我们的父母、公婆、孩子、病人甚至宠物。女性在社会上被认为是照顾他人的最佳、最稳定的选择。因此,我们忽视我们自己的健康,不做定期体检,比如乳房放射、巴氏染色甚至验血。

人才市场是人们获得资源和经济保障的主要途径。越来越多的女性的确参与到了经济活动中,但是男性和女性花费在家庭上的精力相距甚远。女性花费在家人与家务上的时间限制了她们在职业领域的参与度,使她们得不到理想的收入。

仅在 2010 年,墨西哥所有 14 岁以上人口中,男性平均一周做 42 小时的有偿工作,而女性有 47 小时;在无偿工作上所花费的时长,比如家务、社区服务、照顾他人等方面,男性平均有 18 个小时,而女性是 38 个小时。结论就是,女性的工作量过多。

这些数据警示我们:女性和男性分别在有偿和无偿工作上付出的时间存在着巨大的差异。显然,造成极大不平等的不仅有经济因素,还有社会和文化因素。

然而,即使我们女性有很多机会进入人才市场和公共场所工作,却没有明确的理由让我们不去做家务活。

那么,女性工作后会发生什么呢?让我来告诉你们,在一些情况下,一个女人要年轻、苗条,有充分的时间出差、加班到很晚,而且除了工作没有其他责任才能得到青睐。

因此,我们不得不承认,虽然有越来越多的女性参与学术研究,但她们中很少部分的人有机会在全国学术圈有所成就,也只有很少的女性能在研究领域有所突破。

我很确定我们大部分的女性领导人为了帮助女性打开职业的大门,都曾经陷入充满歧视的境遇。另外,作为决心冲破阻拦的女性,我们要经历令人疲倦的辩解和双重的考验。

尽管我们顽强地铺设通往成功的道路,可这却不意味着每位女性都因此能受到赞赏、认可或进入领导领域。我们的社会仍存在性别歧视,我们仍然需要优秀的女性并以此为榜样。

如果年轻女性不知道怎样用各种资源、技巧和能力来助长勇气,那么她们就会继续面临个人希望和职业梦想遭到挫败的危险。所以,她们应该选择正确的人生道路。在这条道路上,我们将去除根深蒂固的观念,并直面偏见、厌恶、恐吓、压力和怀疑。

接受教育可以改善我们的生活条件。比如,我们可以谋求一份体面的工作,赚取一份可观的收入,有机会得到决策职位和健康服务。

五、高等教育机构和教育领导力

我们代表了一部分高校,有很多功绩要归功于女学生的权利扩充和她们自身的努力,这些都为她们获得充实人生的工作和令人尊敬的地位提供了保障。

如今,教育机构不仅是传播信息和知识的"责任体",更是塑造独立自主的个人、公正团结的民众的主体。在这个大环境下,我们必须高度重视高等教育机构的作用,让学生不仅获得理论知识和思考方法,还要掌握各种能力,让他们得到发展,取得进步,从而获得更好的工作机会,适应不断变化的环境,尤其能面对男女不平等的状况。

当我们意识到我们需要为女学生提供其未来职业所需的技能时,我们就该考虑变革的重要性。我们应该从能力、态度、价值观等方面培养学生,这有利于他们个人和事业的进步。要想达到这一点,我们要承认女学生在人才市场和公共领域遭遇的性别歧视。

让教育机构与政府合作,有利于制定于校方有利的公共政策,保证稳定的女生入学率,推进性别研究,并获得资金支持。

谈论女性在教育方面的领导力,我们还要考虑教育机构面临的挑战:

(1)建立工作保障网络;

(2)组织活动、会议、研讨会和讲座;

(3)设计生动的授课材料;

(4)将研究项目作为分析概念、需求、兴趣的平台。

我们要培养自我意识和观念,创建男女平等的环境。

国立理工学院有这样一个为女性调节家庭与职业生活的目标。2013年7月,学院修改了一项条款,明确规定在职的女性研究者产假延长至一年。

此外,2013年,国立理工学院通过创立新公司,鼓励女学生就业、创业。由此,女学生可以获得咨询服务、商务和管理培训。她们可以在国立理工学院研发项目,可以参加各种论坛、宣讲会、国家或国际活动,还可以参加女企业家之间的合作与交流。

六、挑战和建议

分析我们现有的资源是十分重要的。这将有利于我们处理意外情况,并更好地规划未来。

策划、监控、评估公共政策对改善性别差异的效用,结合工作、健康、经济等特点,继续为学生提供良好的生活条件也很必要。

既然我们是高等教育院校,就要加强民主管理,即增加女性的参与度和代表率。我们应该努力消除性别歧视,增强女性领导力,让女性为国家的发展贡献更大的力量。

高校的责任就是保证女性能够作出正确的选择,能够掌握一定的生活能力,能够形成正确的价值观和判断力,最终能够独立自主。

如果带着性别意识从事教育,就能够更好地实现教育变革。

(翻译:向湘萍)

培养高等教育领域中女性的能力

秦 和

（吉林华桥外国语学院校长）

尊敬的同事们、朋友们：

自2001年，世界大学女校长论坛为我们提供了前所未有的机会。今天，我们共同来探寻女性领导力的重要性和女性领导人在教育领域作出的贡献。论坛将我们联系在一起，向大家证明了女性领导力的重要作用，更为女性领导力增添了新的光彩。2014年，我很自信地说："我们的女性意识已得到进一步提高，女性的社会地位在更大限度上得到认可。我坚信，女性可以为社会作出巨大贡献。"此外，社会通过帮助更多女性获得领导职位，确保全体人得到发展，从而获取更大利益。在我今天的演讲中，我希望通过讲述自己当吉林华桥外国语学院校长这20多年的经历，来告诉大家我所认为的青年女性领导力培养重点。

我在特定的社会和经济形势下当上了高校校长。在这里，我要向各位女同胞强调机遇的重要性。我们要善于从周围寻找机会，并为此付出艰辛、长期的努力。有三股力量推动我向前发展：自我价值的实现；为未能考入重点大学的学生提供高质量的教育资源；解决与高校教育相关的社会问题。

激励我的第一股力量是自我价值的实现。20世纪90年代，我生活在中国的东北地区。当时，东北地区没有一所专门的外语高等院校，并且中国的经济没有现在繁荣，但开辟新市场和融入全球化的势头使我意识到，中国，尤其在俄语、朝鲜语和日语等几大语言使用的交叉点——东北地区，急需高水平的外语人才。仅仅在十几年后，我的关于培养口笔译人才的梦想就变成了现实。吉林华桥外国语学院创办于1995年，2003年经教育部审核批准，获得本科学位授予权，2012年获得硕士学位授予权。现在，我校是东北地区唯一一所专门培养外语人才的民办大学，本科阶段设有11个语种，包括阿拉伯语、汉语、英语、法语、德语、意大利语、日语、朝鲜语、葡萄牙语、俄语和西班牙语，部分语种设有硕士点。吉林华桥外国语学院也是全国唯一一所具有口笔译硕士授予权的民办高校。2011年，我校在口笔译专业下设立6个硕士点，包括英汉笔译、英汉口译、俄汉口译、日汉口译、朝汉口译和朝日口译。此外,我校共和全球6所姊妹学校建立了合作关系。作为唯一一所由女校长领导的非营利省级民办大学,吉林华桥外国语学院已成为吉林省培养高级外语外事人才的重要基地之一。

激励我的第二股力量是我看到许多有才华的学生因高考达不到分数线而被重点大学拒之门外。在中国现有的教育体制下,高考在很大限度上决定了学生的命运。高考分数是绝大多数大学录取学生的唯一标准。按照现有的高校录取政策,学生只能被一所学校录取,而能进入重点大学学习的学生只占总数的8.5%。因此,许多学生都对录取自己的学校和专业不甚满意。这就驱使我为学生创造一个良好的学习环境。吉林华桥外国语学院以学习外语为基础,着重培养学生的专业技能,开设了经济、商务、管理、旅游等专业方向课程,为学生以后的就业创造一个良好开端。我校被列为中国民办高校二十强之一,旨在培养专业突出、具有社会责任感和国际视野,能在国际上胜任外事工作的高素质、复合型人才。我校是一座帮助学生通往成功之路、走向国际的桥梁,同时也是连接中国与外国文化的桥梁,这正是"华"和"桥"的寓意所在。同时,我校还向社会培养并输送应用型的高素质人才。

众所周知,拥有一个好想法并付诸实践是远远不够的。我们还要与社会的发展相契合。这也是我要强调的第三股力量。吉林华桥外国语学院之所以取得成功,原因之一就是准确地把握了国家需求。2011年,我校由国家政府授权,开始实行"人才培养"项目。此项目旨在加强学校与企业的联系,输送国家需要的专业型人才。这在中国民办高等教育领域是前所未有的。这也为终身教育体系开辟了道路,响应从业后继续学习的社会需求,从而为社会各个年龄阶段的居民提供知识与技能培训。通过创造职业发展机遇,女性可以在职业生涯中学习一些有助于工作的课程。

妇女是社会的重要组成部分。在吉林华桥外国语学院,90%的学生为女性;2/3的教师是女性,60%的职工也是女性。因此,为女性提供优质的教育资源和设施能够为女性成长为领导营造良好的环境。作为大学领导,我们有责任指导年轻女性获得成功。根据我的个人经历,我认为成功需要以下三个要素。

第一,我们要提高个人能力。女性应学会独立思考,并克服自身的恐惧感和自馁感。女性在提高自我认识的过程中,要注意以下两方面:

(1)无论是在高等教育领域还是其他领域,女性只有在付出艰辛、长期的努力后才能获得出色的成绩。这意味着我们要与国内外的同行看齐,并且顺应社会发展趋势,灵活作出调整。

(2)女性要不遗余力地抓住能展现自己、提高自己的机会,同时尽力为他人提供机遇。

第二,女性需要增强自己的专业技能和才干,这有助于她们在职业初期获得成功。

（1）女性需要增强的技能包括写作能力、人际交往能力、表达能力、沟通能力等。为她们提供此类技能的课程是我们高等教育领域女性领导义不容辞的责任。

（2）年轻女性要具有国际化视野：学习外语和出国旅游都是接触异国文化、了解外国思维的重要途径。学习外语并在国外生活可以锻炼女性的适应能力和灵活度。学习如何打破思维定式，懂得创新是获得成功的关键。我们都知道，学习外语需要多加练习，从而巩固并更新已学的知识。语言大学在我们终身学习语言和获得其他专业知识与技能的过程中扮演着重要的角色。

第三，指导、辅导和交流在女性职业发展中发挥着重要作用。

（1）在大学中，通常都是高年级学生辅导低年级学生。在吉林华桥外国语学院，我们施行二元监督制。例如，每个翻译和口译学生都有一位校内导师和一位校外导师。校内导师负责教授理论课程和校内实习项目。校外导师通常是资深笔译/口译员。他们向学生传授专业领域的自身经验并负责学生的校外实习项目。

（2）无论是在毕业前还是在毕业后，学生都可以从教授、领导那里和有启发性的讲演中获得专业性指导意见。吉林华桥外国语学院给学生们提供寻找榜样的机会。

（3）在职业生涯中，女性可以咨询校友或老师，从而克服恐惧感并得到鼓励。

（4）即使女性获得了高层领导职位，她们还是会从同龄人的指导中获益。

鼓励女性获得成功能对社会产生重要影响。当然，我们也要重视对男学生的培养。同样，我们要认识到女性在当今社会和经济中发挥的重要作用。通过强调女性取得的成就，社会和国家必须认识到女性当领导的情况不足为奇，我们要努力实现领导层面的性别平等。

总之，我认为大学的女领导应在高等教育领域进一步培养女领导。这与我们的未来息息相关。高等教育领域的女领导在未来女性领导发展中发挥重要作用。我相信，我们完全有能力迎接这场挑战。

谢谢大家！

（翻译：刘颖）

大学女校长与女性领导力提升思考

朱伯兰

(重庆工商大学前党委副书记)

提升女性领导力,是国际社会极为关注的课题。大学女校长与女性领导力提升的关联性及重要作用日益凸显。认识大学女校长与女性领导力提升的时代性,探讨大学女校长对女性领导力提升发挥作用的关键环节,有重要意义和实践价值。

一、认识大学女校长与女性领导力提升的时代性

大力开发和提升女性领导力,是时代潮流和人类文明进步的必然趋势,近年来世界各国对此进行了不懈的努力。大力开发和提升女性领导力,是系统工程且任务极为艰巨,大学女校长在这一系统工程中的地位尤为特殊。大学女校长群体形象呈现及作用发挥,既是女性领导力提升的重要体现,也是女性领导力提升的前提和基础。发挥大学女校长对女性领导力提升的引领作用,是学者深入研究和社会实践发展的深刻启示。目前,我国大学女性领导的发展呈现出良好的态势,笔者在对教育部直属高校女性领导的情况做初步统计和分析时了解到:教育部直属高校的女领导已占总数的 10.28%,其中有 13 所高校由女性担任党委书记和校长正职,较 21 世纪初有较大幅度的提升;在职的大学女性领导普遍具有学历层次高、学术视野宽、富有团队和合作精神、决策管理能力强等优势,已成为高等教育改革发展的重要力量;很多女书记、女校长运用自己的学术背景和从事管理的优势,在推进妇女发展研究和实践中发挥了重要作用。我国各类高等教育在学总规模达到 3460 万人,每年有 300 多万女大学生进入社会,成为女性人力资源的生力军。在新的形势下,认识大学女校长与女性领导力提升的深刻内涵,要有战略思考和使命意识。

(一)推进国家治理体系和治理能力现代化提出的时代要求

党的十八届三中全会提出,当前我国发展进入新阶段,改革进入攻坚期和深水区,明

确全面深化改革的总目标是完善和发展中国特色社会主义制度、推进国家治理体系和治理能力现代化。妇女发展状况是衡量社会文明进步的重要尺度,妇女事业是中国特色社会主义事业的重要组成部分,国家治理与妇女事业发展紧密相连。全面深化改革,推进国家治理体系和治理能力现代化,既为妇女发展创造了重大机遇,也使妇女发展的深层次矛盾凸显,解决矛盾和问题的要求更为紧迫。在推进国家治理体系和治理能力现代化的历史进程中,大学女校长与女性领导力提升的关联性及其重要作用将深刻体现在:推进国家治理体系和治理能力现代化,国家治理主体的自主性培育是基础,大学女校长是引导主体培育的重要力量;女性领导力是国家治理能力的重要体现,提升女性领导力是推进国家治理体系和治理能力现代化的内在要求,培育和提升女性领导力,大学女校长应承担历史使命;推进国家治理体系和治理能力现代化,对大学女校长群体的发展及对女性领导力作用的发挥提出了更高的要求,在国家治理现代化的大框架下研究并深刻认识大学女校长与女性领导力提升的关联性,是实践创新的基础和前提。

(二)坚持走中国特色社会主义妇女发展道路提出的时代使命

2013年,习近平总书记在同全国妇联新一届领导班子成员集体谈话时强调:要坚定不移走中国特色社会主义妇女发展道路,这是实现妇女平等依法行使民主权利、平等参与经济社会发展、平等享有改革发展成果的正确道路。在我国进入全面深化改革的新形势下,习近平总书记强调"三个平等"战略思想,牢牢抓住了制约妇女发展的根本问题;明确中国特色社会主义妇女发展道路是实现"三个平等"的正确道路,将"三个平等"上升为中国特色社会主义妇女发展道路的核心内容,既丰富了男女平等基本国策的科学内涵,也为我国在全面建成小康社会,实现中华民族伟大复兴的进程中进一步促进男女平等发展明确了方向和目标。实现"三个平等"的国家发展战略和目标,对推动妇女发展和提升女性领导力具有全局性。实现"三个平等"的历史进程,既惠及包括大学女校长在内的全体妇女,也对妇女能力素质的提升提出了更高的要求;实现"三个平等",特别是由以往关注权利和机会平等,延展到享有改革发展成果的平等,使妇女在政治、经济、教育、文化、健康、劳动等方面真正享有与男子平等的权利,必将为女性领导力的提升和充分发挥奠定坚实的基础。

(三)全面深化高等教育综合改革提出的时代重任

党的十八大提出了"两个百年"的奋斗目标、"五位一体"的总体布局和"四化同步"的发展路径,从国家发展的战略定位思考,我国高等教育承担的历史重任极为艰巨。全面深化高等教育综合改革,是国家的战略部署,也是破解高等教育深层次矛盾的必然要求。中国高等教育在全新的历史起点上的综合改革,对女性领导力的开发和提升,影响是极为深刻的。从国家发展对高等教育的战略定位看,走中国特色社会主义高等教育发展之路,为经济社会发展、民生福祉改善提供人才、智力支撑是根本任务,把立德树人、提高质量贯穿综合改革全过程是根本要求,提高人才培养质量,对妇女发展和女性领导力的开发具有基础性和战略性;创新高校人才培养机制,促进高校办出特色争创一流,是党的十八届三中全会对高等教育改革发展提出的明确要求,是高校改革的关键,创新人才培养机制为破解高等教育人才培养中仍然存在的明显的性别差异困局提供了契机,高校特色发展必将有力促进高素质女性人才的培养。从深化高等教育综合改革的全局看,深化考试招生制度改革,科学选拔人才,确保公平公正;深化高校人事制度改革,加强教师队伍建设,调动广大教师的积极性、创造性;完善高校内部治理结构,构建现代大学制度;发挥高校在国际合作、人文交流方面的独特作用等方面的推进,无不内含通过改革进一步落实性别平等基本国策的要求。在高校全面深化改革的进程中,大学女校长发挥作用的特殊性及与女性领导力提升的关联性,将在多个层面和更加宽广的社会领域得到深刻体现。

(四)实现全球可持续发展转型的趋势提供的历史机遇

联合国经社事务部在2014年7月发布《全球可持续发展报告》,强调有增无减的物质消费规模给全球环境、社会和经济带来了巨大压力,不断有证据表明人类正在使地球的多个基本生命支持系统处于危险之中,报告提出在2050年前实现可持续转型是全球挑战,只要能够显著地调整当前的生产和消费模式,就能够形成一个更加可持续的世界,这是从现在到2050年的两代人可能面临的选择。在全球推进可持续发展的历史进程中,国际社会越来越认识到,妇女深受不可持续发展模式的不利影响,她们应该也一定能够成为可持续发展的主体并发挥重要作用。促进性别平等,实现共同发展已经成为不可逆转的国际潮流。实现全球可持续发展转型的时代趋势给我们的深刻启示是:妇女占世界人口总数的一半,从事高等教育的女性领导承担着培养高素质人才的重任,其领导力的提升对于整个社会的可持续发展具有先决性;女性是社会的可持续发展转型的主体,应对全球可持续发展转型带来的机遇和挑战,提升女性领导力应是国家的战略选择;妇女参政议政是贯穿百年国际妇女运动的重要主题,也是推进性别平等和破解妇女发展困局的难点和关键,提升女性领导力是战略举措。实现全球可持续发展转型的时代趋势,既对大学女校长领导力提升提出了更高的要求,也为发挥大学女校长群体在提升女性领导力中的重要作用,赋予了更为深刻的内涵,提供了难得的历史机遇。

二、把握大学女校长与女性领导力提升的关键环节

发挥大学女校长在女性领导力提升中的重要作用,需要从多方面着力,特别要把握

好以下关键环节。

(一)提升大学女校长领导力

大学女校长领导力提升既有社会环境和时代的要求,也有大学女校长群体追求卓越的内心驱动和自觉。大学女校长提升自身领导力,一是要有强烈的使命意识。应站在国家发展的战略高度,对提升大学女校长领导力的重要性和紧迫性有清醒的认识和高度的自觉。按照社会主义政治家、教育家的要求和信念坚定、为民服务、勤政务实、敢于担当、清正廉洁的好干部标准选拔任用干部,是党中央对高校领导干部的要求。政治家、教育家的要求深刻体现了社会主义大学的本质要求,20字的好干部要求体现了新时期好干部的科学内涵和党对干部队伍建设的本质要求。作为干部队伍重要组成部分的大学女校长,坚持和践行政治家、教育家标准和20字好干部要求,是提升领导力的根本和关键。二是要着力提升能力素质。领导力的实质是权力、能力和影响力的统一。应对我国大学发展面临的新任务和前所未有的挑战,大学女校长应自觉提升战略思维能力,具有国际视野;提升战略规划能力,引领大学可持续发展;提升传承和发展大学文化的能力,具有先进的办学理念;提升管理能力,推动大学的变革和整体办学水平提升。三是要重视并善于发展女性领导力的潜质和优势。依据现有研究成果,相较于男性领导,女性领导者特有的潜质主要有更倾向于民主决策,体现人性化色彩;更擅长人际沟通,实现组织互动;更善于激励与鼓舞人心,着眼长远效果等。大学女校长提升自身领导力,要取长补短、刚柔相济,既重视进取执着的精神、坚韧的勇气和毅力、果断的决策指挥能力、开阔豁达的眼界和心境等可转化为刚性领导力的良好品质的培育,又要特别重视发展可转化为柔性领导力的良好潜质。

(二)发挥大学女校长对高素质女性人才培养的引领作用

教育是增强妇女发展内在动力,让女性获得掌握自己命运的钥匙和改变世界的力量的前提和基础。培养高素质女性人才,是大学的使命,是大学承担女性人才开发和女性领导力提升任务的重要体现。在我国全面深化高等教育综合改革的大背景下,发挥大学女校长对高素质女性人才培养的引领作用,在两个方面尤为重要和紧迫。一是在大学发展的顶层设计和改革决策中,要积极推动男女平等基本国策的贯彻落实。高等教育中的性别平衡问题是妇女和性别研究领域一直关注的问题,涉及政策及高校师生发展的多个方面。2013年,受北京市妇联委托,北京大学中外妇女问题研究中心等组织对北京大学、清华大学、中国人民大学等13所高校学生进行了"首都高校性别平等意识"调查,调查显示,在当下中国复杂多元的性别语境下,如何研究和制定提升高校学生性别平等价值取向的政策措施,让先进性别观念在高校学生中生根发芽、开花结果,是一个需要特别关注的时代命题。大学女校长要强化意识,加强相关研究,推动高校教育、价值引导、政策制定等以更好地贯彻落实基本国策。二是在推动人才培养模式的改革创新中发挥作用。高校人才培养模式改革创新是提高高等教育质量的核心问题,推进高等教育领域中的性别平等,是人才培养模式改革创新题中应有之义。全国妇联妇女研究所刘伯红研究员对中国高等教育中的社会性别现实进行专项研究后提出:从社会性别视角分析,中国高等教育领域仍然存在明显的性别差异和熟视无睹的性别歧视,具体表现在:女性特别是农村女性获得高等教育的机会仍然偏少;在学科和专业上存在着性别隔离和性别分流现象;在教学资源分配和享有上存在性别差异;在教材和教学活动中存在性别歧视;在学生组织和活动中不断复制着传统角色的定型;校园文化中隐含着对女性的规诫和限制;存在着女生就业机会不公平和就业歧视现象。在人才培养模式改革创新中体现性别平等,涉及政策调整和管理的多个领域,大学女校长要发挥优势,积极推进调研和实践的发展。

(三)发挥大学女校长对女性领导力提升的思想引领作用

培育和践行社会主义核心价值观,对女性领导力提升具有灵魂作用。人类社会发展的历史表明,对于一个民族、一个国家来说,最深厚、最持久的力量是全社会一致认同的核心价值体系和核心价值观。在新形势下,大学女校长对女性领导力提升的思想引领,在两个方面尤为重要。一是对社会主义核心价值观的宣传教育。富强、民主、文明、和谐、自由、平等、公正、法治、爱国、敬业、诚信、友善,是社会主义核心价值观的基本内容,它把涉及国家、社会、公民的价值要求融为一体,体现了社会主义本质要求。习近平总书记强调,要把培育和弘扬社会主义核心价值观作为凝魂聚气、强基固本的基础工程。培育和践行社会主义核心价值观,是推进中国特色社会主义伟大事业、实现中华民族伟大复兴中国梦的战略任务,把社会主义核心价值观纳入国民教育总体规划,融入国民教育全过程,是中央的部署和要求。高校紧紧围绕立德树人根本任务,结合实际,系统谋划,创新途径,扎实推进,切实把培育和践行社会主义核心价值观融入人才培养全过程,充分发挥课堂教学的主渠道作用、社会实践的养成作用、校园文化的熏陶作用、教师队伍的示范作用、校园网络的引导作用,使社会主义核心价值观成为高校全体师生的基本遵循,并身体力行大力将其推广到全社会去,在引领社会思潮、凝聚社会共识中发挥作用,是大学的使命。对此,大学女校长应强化使命感。二是深入研讨、积极探索培育和践行男女平等价值观的有效途径。男女平等价值观是社会主义核心价值观的题中应有之义,是社会主义核心价值观在性别领域的具体体现,是我国在制定涉及性别问题的法律政策和规划措施时应体现的价值取向。大学女校长应积极组织和整合力量,深入研讨男女平等价值观的理论内涵,科学分析男女平等价值观与社会主义核心价值观的内在联系,积极探索宣传倡导男女平等价值观的途径方法,从性别角度为培育和践行社会主义核心价值观贡献力量。

(四)发挥大学女校长对突破女性发展困境的智库作用

在大变革的新时代,智库已成为国家治理体系和治理能力的重要组成部分,智库的发展水平体现国家软实力。十八届三中全会强调,要加强中国特色新型智库建设,建立健全决策咨询制度。我国高校聚集了80%以上的社科力量、近半数的两院院士、60%的"千人计划"入选者,以及规模庞大的研究生本科生队伍,研究实力雄厚、信息资料丰富、对外交流广泛,是新型智库建设的重要力量。在推进女性领导力提升的历史进程中,大学女校长一是要发挥好自身的特殊优势,重视高校智库建设对突破女性发展困境的作用,积极整合和聚集研究力量,为女性发展尤其是女性领导力的提升"咨政启民"。近年来,我国部分高校建立专门的从事妇女发展研究的机构,积极组织相关研究,为妇女发展和实际工作的推进作出了努力和贡献,也积累了经验,进一步扩大和发挥作用是必然趋势。二是要突出问题导向,以研究回答妇女发展及领导力提升中的重大问题为主攻方向,形成研究团队集成优势,产出具有社会影响和学术价值的成果,为党和政府决策提供支撑。全国妇联党组书记、副主席宋秀岩在回答记者问时,对全面深化改革妇女发展和妇联工作将遇到一系列深层次矛盾及问题作了深刻分析,提出在宏观层面上的重大课题有:在完善和发展中国特色社会主义制度、推进国家治理体系和治理能力现代化进程中,如何使促进性别平等与妇女发展的国家机制更加完善、更加科学;在深化经济体制改革中,如何进一步激发城乡妇女创业创新创造活力;在深化政治体制改革中,如何不断扩大基层妇女的有序政治参与;在深化文化体制改革中,如何大力推进先进性别文化建设,进一步营造有利于妇女发展的社会文化环境;在深化社会体制改革中,如何促使改革发展成果更多更公平惠及广大妇女儿童;在深化生态文明体制改革中,如何充分发挥妇女的独特优势;在党的建设制度改革中,如何发挥好妇联组织的桥梁纽带作用和最可靠最有力助手作用。无疑,对这些重大问题的研究意义重大,高校的智库也应该作出努力。

(五)创新体制机制形成推动女性领导力提升的合力

创新体制机制,是提升女性领导力的根本。我国女性领导力的开发和提升,面临社会环境、工作环境、女性心理特征等多方面的困境,进一步提升女性领导力并充分发挥其重要作用任务艰巨,破解困境要在改革创新体制机制上下功夫。一是推进社会性别意识纳入决策主流,要大力推动国家制定相关的配套政策,解决男女在理论上、法律上平等但实际上存在的不平等问题,要广泛采用配额制,为女性参政议政、走上领导岗位提供制度保证,消除对妇女的就业歧视和用工制度及劳动待遇上的不平等现象;要推动建立法规政策性别平等评估机制,在法律政策顶层设计和实施的全过程充分体现性别平等。二是国家有关部委和妇联组织,要进一步完善女性人才的培养、选拔和激励机制,加强女性人才库建设,为女性党政人才、专业技术人才、企业经营管理人才等各类女性人才成长发展、发挥作用搭建平台、提供服务,使她们在投身全面深化改革中最大限度地释放创造活力;进一步加大对妇女教育的投入和女性人才的培训力度,使女性领导人的产生和女性领导力的培养及提升,有更加坚实的基础和更加深厚的土壤。三是各级教育主管部门,要针对高校承担使命的特殊性,重视和加强对女性人才成长发展的规律性研究,在高校领导职位的配备和领导人才选拔上,进一步建立完善既符合高校发展要求又有利于女性人才发展的机制。

大学女校长与其领导能力的培养过程

金淑子

（韩国培花女子大学校长）

我是韩国一所大学的女校长。首先,我将借此机会向大家介绍韩国大学女校长的现状;其次,介绍21世纪韩国社会对大学校长领导能力的要求;最后,再介绍一下我自己领导能力的提高过程。

一、韩国大学女校长的现状

分析结果显示,截至2014年6月5日,在韩国设有研究生院的202所四年制大学中,男校长有180名(89.1%),女校长有14名(6.9%)(8所大学校长职位空缺)。而14名大学女校长中10名(71.4%)是创办者本人,或者是创办者的妻子、女儿等关系人。梨花女子大学、首尔女子大学、诚信女子大学和淑明女子大学的4位女校长是该校毕业生。

在未设置研究生院的139所大专院校中,有115名(82.73%)男校长和2名(1.44%)代理校长,有22名(15.83%)女校长。其中,16位(72.7%)是创办者的妻子、女儿或儿媳。5所护理大学和保健大学的校长由该校护理专业教授担任。首尔地区9所大专院校及全国女子大专院校中只有1名女校长。

总之,在韩国341所[①]大学中,男校长有295名(86.5%),女校长有36名(10.6%),代理校长或者校长职位空缺的学校有10所(2.9%)。如果不包括护理大学本校女教授校长的话,36名女校长中有26名(72.2%)是创办者的妻子、女儿或儿媳。韩国46所国立大学中,没有一名女校长。如果把私立大学分为女子大学和男女综合大学,女子大学中有6名(16.7%)女校长,男女综合大学中有30名(83.3%)女校长。其中,男女综合大学的25名(83.3%)女校长任职于其家族创办的私立大学。

另外,首尔女子大学和梨花女子大学原来规定只有女性才能担任该校校长。但是,最近梨花女子大学修改原有的性别限制规定,可以聘任男性校长。因此,梨花女子大学

---

① 此数据不包括职业技术院校、网络大学。

何时有第一位男性校长,备受关注。同德女子大学虽是女子大学,却是唯一没有女校长的女子大学。在淑明女子大学的历任校长中,则有8名男校长和6名女校长。

二、大学校长的领导能力

(一)性别和领导能力

我们正在探讨大学女校长及其领导能力。大学校长的领导能力不应因性别不同而差别对待[①]。但是,为什么大学的女校长稀少?除了家族创办的大学、护理大学,还有一些女子大学以外,其他大学几乎都是男校长的原因是什么?是不是因为女性不具备校长应有的领导能力?诸多问题有必要进一步探讨。

相关专家认为大学女校长稀少的原因如下:

第一,在大学里,尤其是男女共学的大学里,女教授少是女校长稀少的直接原因(图1)。

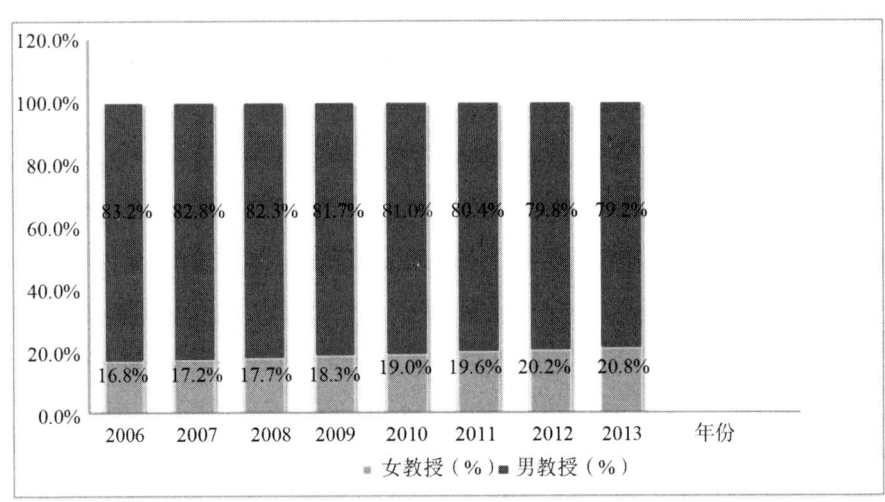

图1 大学女性教授的比例

第二,要当大学校长,必须有大学不同行政管理职务的经历。而对于女教授来讲,她们首要的责任是家务和养育子女,因此很难再担任行政管理职务。我们应采取措施扩大女教授聘用,改善大学内部环境,改善女性从事社会活动的制度环境,从而在根本上提高女校长人数增多的可能性。

现今,韩国虽然选出了第一位女总统,但是,包括大学在内的政治界、企业界、公务员领域,女性高层次领导人尚少。这主要是因为身处传统的社会、家庭结构,女性缺少发展机会。过去韩国女性法官、律师、检察官非常少。但是,最近的司法考试中,女性合格率

---

① 也有人主张,领导能力上存在性别差异(gender difference)(任昌熙、洪勇奇,2001)。

占40.2%,而且成绩优秀。如果根据资格考试的方式选聘校长,那我确信女校长会增多。

虽然没有实证研究结果证明女子大学更有利于培养女性的领导能力,但是,我认为女子大学的女生比男女综合大学的女生更自信,更能积极、能动地实现自我。韦尔斯利大学毕业的美国前国务卿希拉里·克林顿曾说:"目前在美国很多领域的高层次的女性领导人都是女子大学毕业的。女子大学的经历有助于我品格的形成和能力的提高,女子大学为女性的将来提供有利条件。"女校长更了解女性之本性。因此,我认为,女性做女子大学的校长,会更出色地完成任务。我们可以推断,具备条件的女子大学毕业的女性领导人作为女子大学的校长,比男性校长有更强的执行力[①]。

(二)大学校长的领导能力

首先,校长应当履行大学的领导者、管理者的职责(权启旭,1998)。詹姆斯·杜德斯塔德认为大学校长的领导力应当包括:第一,制定能够保持和提高大学整体水平的远景目标,并在调整中实施。第二,善于挖掘专业人才资源,坚持重用和激励专业人才。第三,在校内外建立起相互信任的、良好的人际关系。第四,热忱并富有感情地对待教职员工,引领大学正确发展。其次,校长的角色定位应该是大学基本价值的捍卫者、大学共同体的协商指导者、大学纷争的调解者、促进变革的人、大学的最高管理责任人和地区社会的知性指导者(卢宗希,2009)。最后,为了更好地履行校长职责,校长应该是善于管理和经营复杂的大学机构的、最优秀的行政管理者。校长应具有优秀品格,具有高水平的沟通、协调能力和道德修养(赵光济,2004)。

过去大学校长是代表学术权威的"学者型"校长,但现在逐渐转变为成功有效地经营和管理大学的"CEO型"校长。大学校长必须有远景目标与理想,同时应根据时代的变化,以创新性思维促进变革、谋求大学发展。还有,在全球化时代,为了提高国际竞争力,大学校长应当具有国际视野。知性与声望依旧是校长的重要的素质要求,但是,如今唯校长的经营能力最能体现其领导能力。

在韩国,2016年以后由于人口的减少,大学的新生也会减少(安日焕,2010),因此,政府强烈要求各大学减少7%以上的招生规模。为了应对2016年以后的变化,各大学校长正全力以赴提高大学的竞争力。这要求校长具备相应的领导能力,采取积极有效的措施解决时代变化所带来的各种各样的问题。例如,招考新生、调整学校治理结构、毕业生就业问题、申报各种政府财政资助项目、学校财政扩充等。

同时,非权威性、平行性的、新的领导力模式也适合大学校长。校长要有服务性领导能力(servant leadership)。为了及时地了解和把握并满足学生及教职员工的需求,校长应当善于沟通、激励、付出爱心、奉献,以博得信赖。

[①] 在女性居多的组织中,女性领导的执行力更强(任昌熙,洪勇奇,2001)。

这个时代要求校长具有复合型领导能力,即不仅具有作为最高经营者的超凡能力,还能够引导师生和谐协作共享和分担其领导力①。

三、大学女校长的领导能力的培养过程

我曾经是韩国明知大学法学院的民法教授,其间也担任过法学院院长和研究生院院长等职务。2009年,满65周岁退休后,我受另一所大学的聘任,担任了1年半的副校长之职。2011年3月,我受聘成为培花女子大学校长至今。据我所知,目前在韩国,期满退休之后受聘为非本家族创办大学校长的女性就属我一人。

那么,我是否具有特殊的才能抑或卓越的领导能力?我认为不是。归根结底是因为我受到了特殊的家庭教育,而且作为大学教授有丰富的社会工作经历。我是基督教信徒。因此,我相信是上帝召唤我来到以基督教精神为创办理念的培花女子大学。

(一)父母的家庭教育

我是我们家四姐妹中最小的一个。虽然生在重男轻女观念非常严重的年代,但我的父母非常爱惜我们几个女儿,从小培养我们的自信心和竞争意识。父母以让我们和男孩儿一起踢球等方式教我们认识男女共处的社会生活方式,并培养了我们男女平等的观念。父母在我们的书桌前并排粘贴韩国地图和世界地图,教育我们成长为一个韩国人、世界人。从小父母教导我,要成为一个领导人,必须具备各方面的知识和智慧,具备与人和睦相处并为他人牺牲和奉献的人生观,严以律己、宽以待人的道德观,正直并富有正义感。受父母家庭教育的影响,从小学到大学及研究生学习期间,我自然而然地在不同的团体里成为带头人,也逐步提高了我的领导者素质。

这样的家庭教育造就了今天的我,也把我大姐培养成为有8年国会议员、2年长官(部长)经历的政治界人物。

(二)我的领导能力的提高过程

1.为提高女性权益与地位,参与法律NGO活动(1985—2009)

作为法学院民法教授,任职的30年间,我除了认真授课、撰写优秀的专业学术论文等全心投入法学教育工作之外,还以"女性的法律地位""女性和人权"为主题发表了多篇以女性家庭为内容的论文,为提高女性权益和地位,探寻并提供了法学理论依据,带领了妇女界的NGO运动。

---

① 领导能力基本理论部分,参考了许甲寿、边向秀《权威性领导能力》(2013),边翔宇《国际化领导能力》(2014)。

2.作为实践法学教授进行 NGO 活动(1978—1999)

在法学教授任职期间,我作为韩国家庭法律咨询所志愿者研究委员及副所长积极进行志愿活动,主导了男女不平等法律的修订运动。另外,除了定期参加电视节目、撰写报刊专题等途径之外,我还运营韩国家庭法律咨询所,向一般民众开设法律课程,进行生活法律普及教育,引导法治主义国家的普通国民,尤其是女性的法律生活化与法律意识的提高。

3.设立大学附属女性与家庭生活研究所(1995—2008)

我曾在我任职的大学设立女性与家庭生活研究所,组织进行了与女性和家庭问题相关的研究及其他活动。例如,为追求法律生活化,我制作并分发了生活家庭法律录像带。另外,1996 年,我拟定的家庭暴力防治法草案成为当时执政党的相关法案的基础文本,促进诞生了现行韩国家庭暴力特别法。

4.与中国的国际交流活动(1994 至今)

韩中建交以后,我曾在北京大学、中央民族大学、武汉大学、云南民族大学和延边大学等中国各地高校进行了韩中法律比较研究、韩国家庭暴力特别法等内容的讲座。1996 年,我在中国延边大学法学院设立家庭法律咨询所,并且持续资助运营了 10 年。其间,我为延吉及周边地区提供了女性家庭问题的免费咨询,在当地播下了法律援助的种子。

5.落实女性与家庭福利及社会福利,促进女性参与政治(1978—2013)

作为一个女性法学学者,我担任全国法学院院长协会会长、韩国民法学会副会长等职,增强了韩国法学界和法学院晚辈女性法学学者的自信心。我担任韩国家庭法律咨询所志愿者研究委员及副所长、首尔家庭法院家事调解协会副会长等职,通过女性家庭纠纷的调解和仲裁,为维护女性权益作出了贡献。另外,我通过韩国女性政治联盟副总裁、(社团法人)韩国家庭福利政策研究所所长等职务活动,为女性政治参与度的提高和落实家庭福利与社会福利起到了引导作用。

6.全球化时代女性领导能力培养及国际文化交流活动(2002—2009)

2002 年,我在我曾任职的大学研究生院开办了女性国际文化交流课程。在经营该课程的 8 年期间,我通过讲授中国、日本、俄罗斯、意大利、法国、英国、西班牙、土耳其、德国、瑞士、荷兰、比利时、冰岛、埃及和希腊等国的政治、经济、文化、女性家庭问题等相关内容,独创性地提出了培养符合国际化需求的、具有国际视野和知识的女性领导人的建议。并且,通过与各国驻韩大使馆进行文化交流与探访,充分起到了民间外交的作用。

7.通过其他方法从事社会公益活动(2000—2012)

我通过参加民主·和平·统一咨询委员会、行政自治部中央纠纷调解委员会、首尔市公益事业评选委员会、首尔市教育厅公职人员伦理委员会、京畿道劳资政(劳动者、企业、政府)委员会、江原道女性发展委员会、法务部律师惩戒委员会等国家及地方自治团体的各项委员会活动,开展了政策制定、纠纷解决及其他法律公益活动。

8.接任培花女子大学校长(2011至今)

我65岁时从法学教职上退休。退职前后,我曾担任过大学法学院院长、研究生院院长和副校长等大学领导职务。我于2011年受聘成为培花女子大学校长。大家都说我是一个具有卓越的行政管理能力和领导能力的大学行政管理的行家、熟练工。我则认为,大学不同领导职务的经历和上述各种社会活动经历造就了现在的我。目前,我正带领全校教职员工全身心地投入培花女子大学实现"培养全球性服务领域的创新型女性人才"目标的工作中。2014年3月,我被授予了"为韩国争光的创新经营大奖(全球化经营)"。此外,2013年5月,培花女子大学作为女性心目中的一流名牌大学,获得了韩国女性家庭部长官奖。

继2011年后,我第二次受邀参加世界大学女校长论坛。

四、全球化时代大学女校长的使命和领导能力

韩国的女校长几乎都是在其家族创办的大学,或者是在其毕业的母校任职。而现在,我退休后所任职的培花女子大学,既不是我们家族创办的大学,也不是我的母校。能受聘成为培花女子大学的校长,应该是我的上述经历和领导能力的提高起到了重要的作用。即,我的家庭教育环境和作为教授期间我的各种经历弥补了一般女性因缺乏社会经验而无法提升自身领导能力的不足。同时,我在社会各阶层形成了广泛的人脉。

校长领导能力的评价,不仅要考虑到大学内部的评价,还要考虑到对国家和社会的责任感,以及在全球化时代大学国际化发展方面的评价。现在,世界各国的大学均面临激烈的竞争。而在剧变的国内外环境中,女子大学更应该深思如何"生存"和"发展"。所以,我作为女子大学的校长,在解决眼前问题的同时,也在积极地设定新的时代、下一代女子大学的远景和目标,设计能够预测未来、应对未来的总体规划。

世界已经摆脱了男性领导力为主导的社会,期待着崭新的、富有创意的女性领导力的出现。世界各国已经涌现出了很多女性领导人。政治界有了女总统、女总理和女长官(部长),社会各界的女性领导人也层出不穷。但是,与男性领导人相比,女性领导人还是较少。女校长肩负着重大的使命。女校长应该更加努力地研究大学经营之道,提升领导能力。我认为,通过世界大学女校长论坛,我们应该构筑国际女校长联络网,互相学习,共同提升女校长的领导能力。

对领导力的反思
——挑战、成就与疑问

朱迪斯·甘丽雅

（梅西大学前校长）

大学和研究机构的领导人正面临来自内外部的各种挑战。外部挑战可能来自财政、战略、政治或社会方面，内部挑战则可能由领导人自身的性格特点导致，这些性格特点会限制领导力的有效发挥。

本文将探讨领导力的各个方面，包括它的不同定义、领导力理论的变迁、高效领导者的特点和技能、领导力的组成要素及下一代学术领导人的准备工作，同时也会涉及教育和商务领域的领导者的观点。

一、领导力的定义

领导力是一个多面的概念，人们可以从不同角度看待它。领导力的定义可能会集中在领导者的特点和技能、领导者和其他群体或领导者与听命者之间的互动等方面。所以，许多现有的、对领导力的解释都反映了其不同的方面。我们可能会发现在一个已出版的列表中，包含20多个对领导力的不同解释。

领导力定义的多样性并非仅仅源于领导力复杂的特质，还来自领导力理论多年来的变迁。从以下时间跨度长达90年的定义差异可以看出这一点：

1927：领导力是使领导者的意愿给听命者留下深刻印象的能力和获得服从、尊重、忠诚与合作的能力。

1995：领导力是门动员他人为共同理想而奋斗的艺术。

2011：拥有领导力就是要带领一个组织开拓未来，为组织找到越来越多的机会并成功利用那些机会。是否有领导力取决于其发展眼光、任用的人、赋予的权利，更重要的在于是否能成功变革。

由于领导力特性复杂，简短的定义似乎无法囊括其所有要点，因为"领导"一词的综合定义(包括领导力的方方面面)就长达 700 字。也许能证明定义领导力困难的一句话是"这个主题很广泛,难以捉摸,却又极其重要"。

(一)领导力受文化限制

领导力的定义也许容易令人混淆,因为它是一个受文化限制的概念。某种文化理解下的领导力在另一种文化里可能不起作用。

很多澳大利亚土著民族的语言中根本不存在"领导力""领导"这些词。例如,雍古族领导人是其他人听从的对象,是促成一致意见的人。因此,领导力只能给予有条件的人,并且他们总要去争取。它是一个过程,而不是一种等级地位。在这种社会中,领导者不叫"头儿",而叫"鼻子",因为在英语中,"头"把领导人隐喻为一种垂直等级制度的顶峰,而雍古族则认为一个领导人与那些以一致意见赋予他权威的人处在同一阶层。

第一位被选入新南威尔士议会的政治家这样写道:在澳大利亚土著居民的文化环境中,领导力并不在于你得到多少媒体的关注或是否资金雄厚,真正的领导力并不来自高层的指派或具有委员会成员的身份。它不会听命于白人的指派。领导力是通过努力争取得来的。当你证明自己能胜任并理解这份责任时,你就获得了这份领导力。

(二)领导力要具体情况具体分析

我们针对具体情况对领导力做具体的分析,这是不可避免的。在不同情境下,领导方式要进行相应的变化。这种情形由领导者和团队成员的个人情况决定,由当下任务的客观情况决定,还由其他情形变量决定。领导风格有各种定义。比如,勒温定义的最经典的领导风格包括:

(1)独裁专制的领导;
(2)民主参与的领导;
(3)委任的/自由放任的领导。①

在非常紧急的情况下,比如安全或者健康受到威胁,或不熟练地执行重复性任务时,领导者应当采取独裁专制的领导方式。在这种情境下,领导的指示是单方面直接向团队成员传达的,团队成员不参与目标的制定,仅仅对指令作出回应。

但是这种方法并不是领导的常态。领导者的身边往往会围绕具有高技能且积极进取的团队成员。他们和领导者一起制定战略,实现目标,共创未来。在一个学术环境中,比如,当目标是为了提高学生的学习成绩或增加研究产出时,领导者和他的团队成员就应该相互交流合作,形成共同的观点,再确定并执行相关战略。在这种情境下,虽然还是要由领导者做最终的决定,但他并不是发出指令的人,而是利用引导大家广泛参与的领

---

① 请注意,还有其他领导风格,勒温 1939 年的经典研究中列举了相当多的风格种类。

导方式,让团队成员能够活跃地参与到目标制定和策略构想的过程中来。

二、领导力理论:随着时间演变

领导力理论随着时间的推移逐步发展。许多研究人员论述过这些改变,比如斯通和帕特森。

在19世纪中叶出现的早期有关领导力的理论是所谓的"伟人"理论。这些理论都建立在一种假定的前提之上,即领导能力是一种内在品质,是与生俱来而不是后天创造的。

20世纪20年代出现了一种特质理论。它基于对这些理论的研究,力图去定义领导者有哪些独特的人格特质。这些研究建立在一种他们是潜在领导者的假设之上,对拥有这些特质的人加以定义。

接下来的是在20世纪40年代出现的行为理论,它不再关注领导者的特质,而是把目光转向特有的领导行为,包括以任务为中心和以追随者为中心两种。这些行为可能与领导的有效性(或其他方面)相关联。行为理论建立在这一前提观点之上:领导力不是与生俱来的能力,而是一种可以学习的可识别能力。以下这种对领导力的定义在某种程度上代表了这种理论:领导力是一种引导集体活动向一个共同目标前进的个人行为。

行为理论不断得到发展并认为领导者只有与他的追随者共同合作才能实现目标。

20世纪60年代末出现的情境理论带来了一次转折。这种理论以下观点为前提:领导方式不是固定的,领导者采取的领导方式或应对方式是由具体情况决定的。这些情境变量包括任务的性质、工作环境、外部环境、团队成员和团队领导的性格特质。情境性领导是指领导者对其指导程度的调整和对被分配了特殊任务的团队成员提供的支持,这其实都是对任务团队成员能力和意愿的一种回应。

接下来的是事务性领导理论。在这种领导模式下,领导者为他们的追随者制定特定目标,并且用激励和惩戒的方式来激励他们完成目标。尽管事务性领导在维持机构日复一日周转的过程中占有一席之地,但其既不基于战略安排又不着眼于未来。这种理论与以下对领导力的解释一致:领导力是在期望和互动中开创并维持体系。

1978年出现了由伯恩斯首先提出的转变型领导理论。这种理论将领导行为视为领导者和他的团队之间合作性的交互过程。在这种过程中,领导者运用个人技巧,与他的团队建立一种基于信任的联系,并且为了激励团队成员在实现共同目标的过程中保持高昂斗志,共同展望未来。这种过程,反过来,也同样激励着领导者。共同目标不仅与机构的现状相关联,而且长期着眼于未来。以下是与之相符的领导力定义:

领导力是一种改善环境的过程。在这里,人们建立联系,形成一种互相信任的环境。在这种环境中,人们通过分享看法,转变价值观,从而为公司的前景与目标服务。

领导力是引导追随者为特定的目标努力的过程。这些目标代表了领导和追随者共同的价值观和动机——需求和愿望。

随着对领导力各方面的不断探索，领导力理论得以演变发展。新的领导力理论将会日益受到涵盖多个领域的跨学科研究的影响，例如认知科学、社会学、人类学、心理学等。

三、观察领导力

（一）特质/品质

"特质"是指一个人与众不同的特点或品质，"技能"是指专业知识、资格或者执行能力等。

在 Google 搜索引擎输入"特质"和"领导者"两个关键词后，结果显示了大量的条目，比如伟大领导者的 10 个特质，区分伟大领导者的 9 个特质，伟大领导者的 5 个关键特质，优秀领导者的 4 个关键特质，好领导的 7 个品质，杰出领导者的 23 个特质……列表还在继续，令人眼花缭乱。

有一项超过 75,000 人参与的全球调查，旨在统计激励他们跟从领导者的品质。调查结果显示，前四名的特质分别是：诚实、前瞻性（有长远的眼光）、积极性、有能力。除此之外，还有聪明、公正、宽容和乐于助人。

另一个清单则显示，以下特质是好的领导者的象征：坚持、果敢、自信、适应性强、抗压能力强、有责任感。

（二）能力

很多人认为要形成有效的领导力必备这些特质和能力：创造力、交际能力、说服力、情境知识、交流技巧、谈判技巧、以身作则的能力、关心他人、有自信、忠于组织、策略性思考、激励他人、给予和获得反馈等。

然而，拥有上述特质和能力的人是否能成为领导者，还受到选择和环境的影响。结果显示，这些特质和能力既不是领导者独有的，也不是他们所掌握的领导力本质——它们至多只能作为前提。

相反，拥有高效或低效的领导力取决于他们在不同环境中，如何运用他们的特质、技巧和能力与队员互动。

（三）领导力的组成因素

将领导力仅仅视为领导者特质和技巧的研究忽视了领导的本质，也就是说，它不是一种个别现象或一项孤立进行的活动。领导力包括的不仅仅是领导者本身，它还建立在人际关系的基础上。本尼斯指出关键的一点,"领导力仅存在于追随者的共识中"。同样,佐科尔也指出,"没有追随者,就没有领导者"。

因此,没有追随者,不管想要领导的意愿多么强烈,也不会存在领导者。本尼斯将领导比作一个三脚架,由三个元素组成:领导者、追随者和共同的目标。这些元素不是静止的,而是相互作用、相互影响的。

近期的研究聚焦于实践中的领导力以及领导者与团队成员间有效的互动方式。本尼斯根据多个领导者的特质、技能、知识和与他们团队成员建设性接触的行为等总结了高效领导者的6项能力。这些能力如下:

(1)创造一种使命感;

(2)动员其他人加入他们的队伍;

(3)为追随者创造一个便于适应的社会结构;

(4)建立信任感并保持乐观的态度;

(5)培养其他领导者;

(6)获得成果。

领导者和追随者之间的相互作用也包括库泽斯和波斯纳定义的5项杰出的领导模型,即:

(1)模型法:树立一个榜样;

(2)激发共同目标:展望有吸引力的未来,在共同目标的引领下互相帮助;

(3)挑战过程:寻找创新、成长和提高的机会;

(4)鼓励他人的行动:培养合作意识,使其他人有更好的表现;

(5)鼓舞士气:认可团队成员的贡献,祝贺他们的成功。

达夫特认为领导力是领导者和追随者之间的关系。这些追随者寻求实实在在改变和反映他们共同目的的结果。他认为以下领导力因素是实现有效领导的必需条件:影响力、目的性、个人责任感和正义感、变革的愿望、共同目标、追随者。

在这种阐述中,影响力不具有强制性,对领导者和追随者都起作用。

虽然用不同的术语表达,这些典型的领导的能力/实践/因素都强调了领导者和追随者之间互动和合作的本质,领导者的行为强化了这种关系。反过来说,这些行为建立在上述特质和技能的基础上。

(四)领导不同于管理

管理是一个组织或公司内部有效的常规运作,它包括的事项有人员配置、IT技术、预算、服务交付等,而团队成员的责任感在管理中可有可无。

相反,对于一个团队来说,领导力包括彼此的互动和责任感,它关注的是目标的实现,如何灵活地应对变化的环境和挑战。"领导力决定着未来的奋斗方向,使员工建立(共同的)目标,激励他们克服障碍,努力实现目标。"这个定义符合上述观点。

对于维持组织短期的良好运行和长期的活力而言,有效的管理和领导都必不可少。因此,当学术领袖们处理机构中和日常活动相关的行政事务时,他们将多次进行管理。不管怎样,他们将担任领导角色,特别是在出现动荡、挑战或危机时。

四、领导者眼中的优秀领导者特质

我通过电子邮件得到了高等、中等教育界和商界女性领导人①对以下问题的看法:

在工作中,你将以各种身份和其他领导者一起工作。你认为一个好的、高效的领导者应具备哪些特质?你会把哪些特质或行为作为评判优秀领导者的标准?

领导者们多样、直接的回答都强调了领导力的关键因素,包括组织的价值观和文化、信任、正直、沟通、共同目标等因素。她们的回答如下:

"对于所有伟大的领导者来说,唯一的共同特征就是他们能够成功地创建一个统一的目标或愿望。这不仅要求组织为寻求达到目标有着清楚一致的沟通,还要说明为什么它是重要的:杰出的领导者会非常有效地设置这个愿景和目标,解释是什么和为什么,因此来创造每个个体的价值。"(Anon)

"这些特质有很多,我认为重要的有以下几个:
召集人才,并且信任、支持他们。
拥有能力和智力是不够的,领导者必须长期保持自己的价值观和正义感。
投资未来的人力和资本。
获得恰当的职位——你的专业领域是什么。"(MC)

---

① 我很感激领导者的支持。不管是商界、高等教育界还是中等教育界人士,她们都抽空回复我的邮件,谈论她们的观点。
Anon:一位不愿透露全名的商界领导。
MC:梅根·克拉克博士,首席执行官,任职于澳大利亚国家科学委员会、英联邦科学工业研究组织。
KF:澳大利亚拉筹伯大学健康科学学院副教授(学术方面)、副院长,视力矫正学院前校长。
LF:林戴尔·弗雷泽,首席执行官,负责纳维教育集团的英语项目。
NH:诺林恩·霍顿,艾生顿圣公会劳瑟厅中学前校长。
SM:萨利·摩根教授,梅西大学创意艺术学院,前副校长。
ER:伊丽莎白·罗兹夫人,艾生顿圣公会劳瑟厅中学校长。
HS:希瑟·施奈格博士,墨尔本艾芬豪女子中学校长。
JR:朱迪·雷皮尔教授,澳大利亚伍伦贡大学常务副校长。

"我钦佩的领导者特质包括:善于分析和创造性解决问题(打破思维定式);能够理想化地实施他们的发展方案,或者能够认识到个人的局限性;选择有能力的同事去实施并且相信他们能够做到;他们的智慧、判断力(道德的)和个性得到尊重。领导者有做决定的能力,并且他们时常能够提供一些积极或消极的反馈,性情稳定。"(KF)

"我欣赏的领导者特质包括:以创新或不同的角度思考问题——能够花时间从不同的立场考虑我们的工作方法、解决办法,用审视的眼光帮助我们找到更好的答案。除此之外,领导人还要通过失望和失败来激励团队,当然是以积极的方式。这意味着我们学到了更多有关业务的事情,能够把学到的东西运用到接下来的工作中。失败是一种学习方式,而不是惩罚理由。"(LF)

"道德领导是必要的,绝不能有损正直的决策和良好的社会原则。在任何情况下,坚信建立在共同利益基础上的目标。认清自我,不断学习,明白人们的潜台词并有效应对。"(NH)

"伟大领导者的特质:目标;道德勇气;挖掘他人潜力的能力;掌控局势;培养人才;具有灵活的思维;充当给人启发的沟通者,而非'驱使者';不断提高自己和周围的每一项事物;有原则;精力充沛;有正义感;充满斗志。"(SM)

"毋庸置疑,正直、诚实的性格能克服艰难的工作,与人进行良好的沟通。如果和具有这些特征的人一起,你会做得非常好。"(ER)

"那些良好的行为模范和伟大的导师都有出色的技能和同情心。此外,(优秀的领导者)具有良好的沟通技巧和视觉传达的能力,敢于承认错误,善于请教他人,懂得何时做决定。"(HS)

"一个优秀的领导者最重要的特征就是能够肯定其他人的成功,并且对他人的成功感到高兴。"(JR)

五、领导力的发展

如今,学术领军者的关键作用和他们主要的挑战是培育下一代领导者。领导者的发展可能通过各种渠道实现,比如:

(一)领导力培训项目

各种组织都提供领导力培训项目。在澳大利亚,一些大学会给员工提供领导力培训项目,比如西澳大学提供的女性领导力拓展项目。该项目面向大学各个层次、各个领域(学术、技术或行政)的女职工。这个项目提供两条路径,一条面向渴望成为领导的女性,一条面向想要进一步提高领导能力的现任领导。

除了大学以外,也有一些组织提供领导力培训项目,比如女性与澳大利亚领导力,这是一个国家计划,力图在整个澳大利亚劳动群体和更广泛的社会中培养更多的女性领导。这个计划根据女性对领导力的不同需求,在价值观、沟通、影响力和适应力等方面开设不同的项目。

(二)有奖励的学习项目

除了培训项目外,高等教育机构还提供有奖励的学习项目。这样的项目专门针对各领域有抱负的现任领导。例如,悉尼大学就提供了高等教育和初中教育领域的教育硕士项目(教育管理与领导力)。其他还有斯文伯恩技术大学提供的商务领域的商务管理硕士项目(组织领导力),专门面向包括团队领队在内的各种客户。

(三)开发性活动

促进领导力开发的活动多种多样。这样的活动尤其能帮助员工获得新技能和新知识,学习优秀的领导行为以及建立并拓宽人际网络。

开发性活动包括:

(1)教授与辅导;

(2)与现任领导开展一对一培训;

(3)内部和外部的工作安排;

(4)责任增加后的角色拓展;

(5)工作交替或横向转换;

(6)特别任务;

(7)提供正式展示的机会;

(8)拜访其他机构。

还有很多在斯特拉斯克莱德大学和杜克大学进行的领导力开发项目。

(四)从经验中学习

一些学者认为,领导力培训中最有效的方式是一个人自身的体验和观察。高效的领导方式将成为积极的榜样,从各个方面强化领导力,而与领导者的互动可以帮助我们进行体验式学习。我们也可以与糟糕的领导交流来学习如何当领导。他们与团队的互动会导致士气低落,希望破灭。也许观察学习者会说:"如果我是领导,我绝对不会那样做。"

六、领导人如何看待领导面临的挑战

领导角色意味着很多挑战,无论是个人的还是公共的。我通过电子邮件,向从事教育与商务的女性领导寻求她们对这些挑战的看法。

你认为领导角色会面临怎样的挑战?

这些领导人在以下几个方面存在差异:工作的环境、获得任命的方式、担任领导人的时间。邮件回复如下:

"最大的挑战是你要在最短的时间内把合适的人安排到合适的职位上。伟大的领导人会把杰出的人才聚集在自己身边,所以领导人的第一项任务应该是组建最优秀的团队,然后去完成领导人的目标。"(Anon)

"最困难的事情是深刻地理解一个组织的价值和文化需要。我总会听取保罗·安德森的实用建议,他在经历数次投资失败后才被招进必和必拓公司。他建议组织的价值必须保证两件事,第一是要强调这个组织在某个特定时期面临的真实而具体的问题,第二是要强调根植在组织文化中的积极因素,而这种文化必须是与组织紧密融合的。随后,(领导人)再去引领和实施改变。"(MC)

"挑战就是如何保证客观决策,适当地与前期同事保持距离,同时维持协作、沟通与信任的文化环境。我们要培养独立自主的精神,当决定不受广泛认同时,仍要保持自信;还要适当地分析反馈,吸取建议,并妥善地巩固领导地位。"(KF)

"最大的挑战就是让你领导的团队变成一个团结有力的整体,使他们相信并一致认为他们可以共同或独自获得比想象中还要大的成就。"(LF)

"女性在担任领导人期间仍会有较男性而言的差别待遇,这也是新女性领导者需要注意的地方。另一个关键的挑战是沟通,这也是评估领导人优秀与否的标准。当今的社交媒体评论力量强大,有感染力,甚至超乎理性,瞬间就能改变舆论方向。来自领导力的挑战会变得更加复杂和困难,除非领导人与其团队成员保持直接紧密的沟通。"(NH)

"最大的挑战来自内部:自我支持,自我信任,认识到只有自己才能解决这些麻烦。我必须先相信自己,别人才会相信我,我必须始终保持自信,那么别人才会和我一起实现那个最初是我的、后来变成'我们'的理想。我还必须充分理解不惧不偏的意义,努力去做正确的事情,无论其他人的期望是什么。还有重要的一点是我必须习惯孤独,习惯人们对我的所作所为持有异议,但如果我认为那是对的,我就会为此义无反顾。"(SM)

"最大的挑战包括来自家庭成员的质疑,他们会说你资历不高又缺乏经验,不适合做领导;还包括缺乏自信——患有所谓的'冒充者综合征',所以要建立自信。"(HS)

"最大的挑战在于挑选人才和听取建议,即能够区分良好的和糟糕的建议。"(JR)

结 论

本文试图全面分析领导力的各个方面,突显领导力的本质是一种领导与团队成员的互动过程。

我们作为学术领导人肩负着重要职责。我们有责任为青年职工,尤其为年轻女员工树立榜样,激励她们成为未来的领导人。一位高等教育界的领导人就职期间曾这样定义领导人的挑战:"如果缺乏与你讨论方法和方向的榜样或导师,作为新领导人的你只能从反复的错误中学习,然后质疑自己作出的决定。"这就强调了榜样和导师的重要性。

我们必须积极地与我们的学术团体互动,放权给我们的团队成员,在信任与自信的氛围中建立基于道德与学术价值的共同理想。这样,我们的机构就能面对全球化、私有化和激烈竞争的挑战。这样,我们就可以积极应对人口趋势,应对不断发展的科技创新(它影响着沟通方式、网络学习和在线课程学习),应对在大学核心组成部分(教学、研究培训和研究领域)内更大规模的跨校合作潮流。

我想借用老子(中国哲学家)的话来结束领导力这个话题,他曾写道:"最好的领导人让人几乎感受不到他的存在……他不靠赘言做事,而事既已成。"

(翻译:向湘萍)

文化领域的女性在哪里？

阿妮塔·贝塞里尼

（巴黎第十一大学前校长）

人事任免、工作职责与性别平等以及女性在文化领域的地位，都是备受关注的话题。女指挥家、女剧院经理或女导演，无论激进与否，都参与到这个话题的辩论中。

大巴黎地区男女两性组织是一个关注男女平等的地区组织，艾琳·恺撒担任该组织的主席，她一直在努力争取艺术和文化领域的性别平等。她说："人们可能认为文化领域更加公平、更加开放、更加先进，但事实上文化领域更加落后。文化领域的女性领导甚至少于军队的女性领导。"

一、"男权"国家

劳伦斯·伊奎贝是一名法国的指挥家，在这一问题上她最具发言权。

她于2011年发起了一项调查，重点研究"女性在艺术、管理领域的地位"。女性在管理岗位所占的比例为12%，等同于全国的平均水平。但令人吃惊的是艺术领域女性所占的比例。这些数据本身就说明了问题，并已成为文化领域"女战士"手持的利器。对于一个喜欢吹嘘自己是人权起源地的国家，这些数据的确不能为法国增光添彩。这一调查结果由作家和作曲家协会公布，一经公布立即引起轰动。

调查对象包括活跃在各个音乐节、戏剧节和舞蹈节的女性。结果显示：96%的歌剧由男性指导，97%的音乐作品由男性谱写，98%的电影剧本由男性创作，78%的戏剧由男性导演。根据2013—2014年的最新调查结果，仅有3%的音乐会由女性指挥。

这些数据强调了女性在职业选择上的不平等地位。以舞蹈演员为例，她们要拼命奋斗才能成为舞蹈艺术中心的编导。由于法国文化部主要关注媒体、科学和电影产业中的女性，该调查无法提供从事街头艺术、当代音乐和马戏团表演行业的女性的相关数据。而歌剧业的大门迄今仍未对女性开放。

发现了这样的问题后，对问题的追根溯源则是一个令人痛苦的过程。

凯瑟琳·玛纳斯最近刚刚成为波尔多国家剧院的负责人,她给出了如下分析:"文化领域是个相当矛盾的领域。没人敢承认与女性分享权利是多么困难的事情。文化领域有厌恶女性的现象……但大家都相信男女应该平等。然而男女待遇差别仍然十分明显。即使起点一样,男性总是升职更快,更容易得到信任且可以管理更大的组织机构。女性则不得不在得到较少支持的情况下,投入更多的精力来证明自己。"女剧作家很少,而根据女性作家的作品改编的演出则更不多见。

但是,读者和剧院观众大多是女性,有很多女性也致力于写作。

二、女艺术家消失的问题

为什么在学生性别比例绝对平等的巴黎国家音乐舞蹈学院里,鲜有女生最后成为指挥家、剧作家或芭蕾舞导演呢?在解释这一女性人才消失的现象时,很多人提出了令人尴尬的观点。有人指出,女性的生育"问题"阻碍了她们的事业发展,她们随时都有可能因为怀孕生产突然休假数月。而生产之后养育孩子的种种限制,使她们还要面临更多的困难。

成为母亲和拥有权利,二者可否兼得?指挥家艾曼纽·安由于受到音乐导演邀请,成为著名的柏林爱乐管弦乐团首批女性指挥之一。她驳斥了这样的论调。和刚才提到的劳伦斯·伊奎贝相似,她从不认为做母亲会影响事业。她说:"当我怀孕的时候,大家告诉我不要那么紧张。我回答他们说别担心,整个歌剧从头到尾都会很精彩。"她觉得,如果歌剧演员在怀孕时仍坚持演出,没有人会因此大惊小怪。

女性比男性更关注事业的合理性。如果不是在大学时代就表现得极其优秀的话,她们不可能享有如此成功的事业。

这是个关键问题:当技术和表现水平相当时,男性认为他们更有理由成功。一些女性只有在她们认为百分之百符合招聘标准的情况下才敢去应聘。这也是2014年1月28日发布的性别平等法案中最具分量的观点之一。此外,该法案还希望提高从事艺术类高等教育行业人员的性别平等意识。

然而,人们的观念正在发生改变。2014年的戛纳电影节由一位女性负责主持评审团的工作,她就是导演简·坎皮恩,这是非常罕见的。给予女性重要的工作职责和岗位对于扭转性别歧视至关重要。这样的工作分配有些令人担心,但可以促进平等。不过,平等并不是天赐的礼物,工作职责只是实现平等的一种手段。

只有美好的愿望是不够的。"我喜欢和我同时代的人一起工作,因为他们不介意性别差异。当我工作的时候,我不把自己看作女性。我就是一位专业人士。"

主权主义者认为,给女性更多的升职空间比简单地反抗性别歧视更加困难。当女性受到排挤时,观众将无法看到多元视角的作品。

法国文化部部长奥雷利·菲莉佩蒂成立了性别平等委员会,管理她负责的人事任免工作。

她已经承诺在国家剧院或芭蕾舞剧院任命更多的女性领导。虽然女权主义者不再要求增加女性的工作职责,但仍列出了14点需要改进的措施。她们提出的内容包括:样本示范,数据公开,校园行动,为媒体女性专家或女性舞台剧作家、电影剧作家创建共享平台等。她们还呼吁,在所有与艺术和文化相关的评审团、理事会或委员会中,坚决捍卫性别平等。总之,一切都任重道远。

(翻译:丁硕瑞)

提升马其顿共和国高等教育领域的女性领导力

里贾纳·马科娃斯卡

(国际巴尔干大学前副校长)

女性领导力的议题包括不同的领导风格,晋升阻力,工资、福利和资源分配不平等及道德伦理决策,公信力,权利,领导力和组织工作中的冲突问题等,这些都是人们热议的话题。

哈佛大学吉尔·安德森认为,女性在教育领域的领导力问题可大致从以下三个角度理解:其一,教育领域要为女性成为领导开辟更宽的道路;其二,许多人仍认为让女性担任高层领导是具有风险的决定,并且认为女性对与领导相关的工作都不感兴趣。而男性比女性更适合做领导的偏见仍在人们的潜意识中根深蒂固。其三,让女性在领导位置上展示女性的力量和女性的观点,这对很多女性提出了挑战。

2014年5月在温哥华举行的"女性价值大会"表彰了过去10年女性领导力的有效提升。C·阿夫拉姆创办此会议,目的在于为女性提供领导机会。她认为女性通过建立合作,加强沟通,完全能够胜任领导工作,并可以在平衡个人生活和职业发展的过程中获益。有报道指出,尽管女性在当今大型企业中所占比例高达二分之一,但在担任CEO(首席执行官)的性别比例中,女性只占3%—4%。在此次会议中,C·阿夫拉姆说道:"为了缩小这一差距,我认为我们应呼吁女性同胞尽力争取自己的权利,并与志同道合的女同胞建立联系。尽管女性都在认真地工作,但仅仅鼓励女性努力工作是远远不够的。实际上,女性的心态和想法阻碍女性成为优秀的领导和商人。我们应当鼓励女同胞更进一步,从个人和职业两个角度提高自己的领导力,并为自己在更广阔领域发挥作用而喝彩。"

2014年6月在圣地亚哥举行的"高等教育女性领导力峰会"有两个目的:一是为高等教育的领导提供学习机会和硬件支持,使她们更好地应对工作中的挑战。二是要明确女性及领导力问题,提高女性的个人领导能力。高等教育领域的女性领导者面临不同的挑战,包括在持续缩减预算的同时保持高水平研究项目的运行、与新入学的学生建立联系、平衡工作与家庭生活,以及寻找机会提升个人素质和职业水平。这一峰会讨论的议题包括提高个人能力以应对高等教育中的挑战。峰会促进女领导与他人的联系,帮助她们树立自身的价值观。峰会由个人评测、道德难题、绘画活动、讲习班和励志演讲等各式各样的活动组成。通过这些活动,峰会帮助领导者培养了随机应变的能力和独到的远见。

J·伟勒讨论了未来教育领导者的特点,调查了女性在领导岗位比例过低的情况,并研究了女性的领导风格。除基本的管理技巧外,新型领导者需要开阔视野、提高预判能力、增强济世情怀、完善树立权威策略并形成既合作又严厉的领导风格。女性并不需要模仿男性的管理风格,而应该发挥女性的性格特点,形成独树一帜的风格。

长期形成的性别偏见已深入人心,使得女性面临诸多阻碍,这一点在职场上尤为明显。人们一般用可塑性强、单纯善良、多愁善感、善于言辞、服从安排、优柔寡断、主观臆断和协助工作等词语来描述女性;而对于男性的描述则是聪慧过人、位高权重、恪尽职守、行事客观、特立独行、足智多谋、坚定果断等。这些描述都可用来证明社会上普遍存在的、男优女劣的成见。但时过境迁,女性现已开始在商业领域和政府工作中担任重要的领导职务,她们也正在用行动驳斥着长久以来对于女性的偏见。尽管反抗有所成效,但这些强加在女性身上的标签仍是女性成为高层领导的绊脚石(斯塔夫茨、柯尼,2009)。

女性在世界各地的高等教育机构领导层中都必须占有一席之地,只有这样才能为教育变革提供多元视角,并通过性别平等确保社会公平。

高等教育机构在整个社会和经济发展中发挥着中流砥柱的作用。过去,男性领导者占大多数,但现在人们意识到教育机构若要真实反映学生、科研、后勤人员和社会投资者及其所在地区的多样性,那么男性必须和女性分享权利。不同高等教育管理机构在克服领导人性别单一化方面的进程各有不同。但毋庸置疑,加大女性在管理层的比例,让她们能够担任院(校)长、副院(校)长等职务是件困难的事情(嘉宝,2013)。

我们已经摸索出了研究教育领域女性领导力的新方法:研究教育界成功女领导的范例,并想方设法将这些成功案例宣传开来。对于女领导者领导方法的评定与仅区分领导人性别的传统评价方法不同。女领导人天生更具有合作精神,也更遵守社会公平。她们总是对领导工作全心投入,包括工作精神状态、个人生活与工作平衡等许多方面。这一新型管理模式的出现促进了管理观念从传统的英雄个人主义向集体合作主义的转变,同时也表明领导力是支持员工、同事的工作方法(格罗根、谢克莎夫特,2010)。

总体来说,在教育等要求合作的领域,女领导者一般采用较为民主、鼓励发挥集体智慧的领导方式。从这一点可以看出,女性有能力胜任教育领域的领导工作。这一当今女性倾向的、民主参与的管理方式也可以被归为"转变型"领导。与女性价值相关的"转变型"领导的特点是:通过一系列社交活动发展而来,包括建立人脉关系、人际沟通、磋商会谈、树立权威、协同合作等。具体来说,很多学者将"转变型"领导描述为女性领导风格。然而,在教育领域,特别是在领导岗位上,女性仍面临许多巨大的困难和挑战。这些困难和挑战成为女性在高层领导岗位中所占比重较小的原因之一,而女性谋求高层领导职务时遇到的最大困难莫过于社会偏见和陈腐思想。当然,女性本身缺乏自信与竞争力、害怕失败等因素也可能成为她们职业道路上的绊脚石(尚穆根、阿玛拉顿加、黑格,2006年)。

一、高校女性领导力项目

尽管公众一致认为,提高大学的女性领导力十分重要,但女性在高层领导职位所占的比例仍然较小。市面上也几乎没有针对高级女性领导者、提高女性领导力的出版物。有研究采用现象型研究方法来研究女校长如何成长为优秀的领导。该方法研究了成功的教育界女性领导的成长历程(马德森、特恩布尔,2006)。了解女领导的学习方式和成长经验对提升女性领导力大有裨益。这有利于其他女性规划事业,从而成长为有影响力的领导。

当今,全球的教育机构都迫切需要培养未来的高等教育领导者。许多高校正试图设计出提高教职员工和管理人员领导能力的课程。由于女性在领导岗位中的缺失,女性的发展需要特别关注。女性仍然需要卓有成效的指导和帮助(马德森、卡伦阿朗文、丹尼尔斯,2012)。

有一些大学有关于"女性的教育领导力"的优秀实践项目。哈佛大学就提供这种让女性担任高层领导的项目。该项目使女性了解如何推进组织活动,提高自身领导能力,从而更好地定位个人和团队的成功。"教育界女领导"善于团结资深的领导团队,致力于加强她们的领导能力来提高教学积极性。该项目为女性的个人成长和结交志同道合的女性朋友提供了难能可贵的机会。该项目特别关注资深领导者们如何肩负多种责任并明确不同的职责范围。通过研讨会、讲座和案例讨论,女性对先进的领导技巧进行了分析和实践。她们也对谈判和沟通等主题进行了探讨。这使她们学会更多地进行战略性思考,增强自身领导能力。

另一个"女性的教育领导力"项目在新加坡国立大学。研究表明,管理层性别多样化的组织机构往往表现得更好,但迫于体制上的障碍以及性别差异上的压力,女性很难达到领导职位的顶层。"女性的教育领导力"项目帮助具有潜力的女性培养信心,提高其领导能力并使她们的职业生涯更加一帆风顺。该项目赋予女性领导者解决复杂领导问题的能力,同时也使她们提高平衡事业与个人发展的能力。

二、马其顿共和国的女性教育领导力

2012年,马其顿共和国议会通过了男女机会均等法,赋予男性和女性权利及人格尊严上的平等地位。但许多分析显示,这一法律的实施并不尽如人意。政府方面也通过了《2013—2020年性别平等战略》和《国家男女机会均等计划实施纲要(2013—2016年)》。

《国家男女机会均等计划实施纲要(2013—2016年)》特别指出:

要为公共生活的某些特定领域提供指导方针和实施措施,如就业、社会安全、医护、教育、家庭关系和男女代表权等。

为达到目标,要认真负责地贯彻落实计划。

要确定实施短期计划,进而逐步落实实施纲要中规定的公共生活政策。

国家统计局收集和处理的相关数据必须根据性别结构分别进行汇总、储存、分析和发布。

必须对实施纲要的落实开展行之有效的监督和报道。

收集实施纲要落实过程中所需的信息资源,并要保管好这些资源。

多年来,在教育领域,女学生的录取率已有所上升。另外,更多的女生已进入二、三阶段的学习,并且从这三个阶段毕业的女学生也越来越多。在这三个学习阶段中,社会科学、人文科学和医学等专业的女生要比男生多,但是工艺学和技术科学等专业的女生要比男生少。

接下来,本文将根据马其顿国家统计局提供的官方数据,对所有马其顿大学中女性所占比例分别进行分析(图1—图4)。

2012年,女硕士在所有理科硕士中所占比例为55.7%。2013年,拥有博士学位的女性总计119位,占当年博士总量的54.3%。2012—2013年,在大学和科研中心进行科研或研究工作的女性有1633位,所占比重为47.6%。

西巴尔干地区的研究项目仔细评估了马其顿各大学的女性参与度。研究的主要任务不仅是探究大学是否依法推进性别平等,而且还调查了女性参与实践的情况,并找到促进或阻碍学术领域女性参与决策的社会文化因素。

主要的研究结果与三个副主题相关:

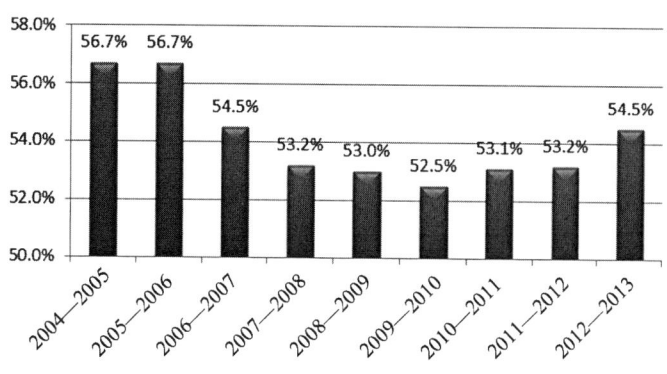

图1 马其顿共和国女学生的录取比例

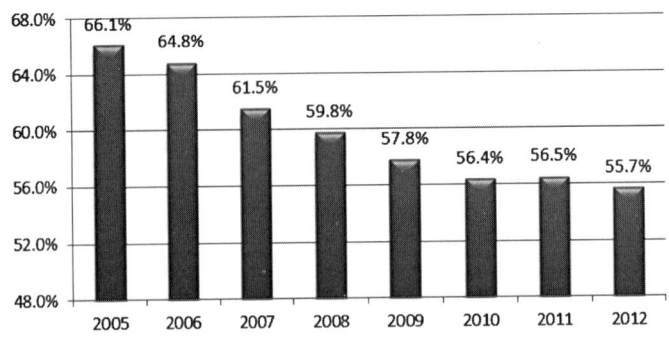

图 2 马其顿共和国理学女硕士生所占比例

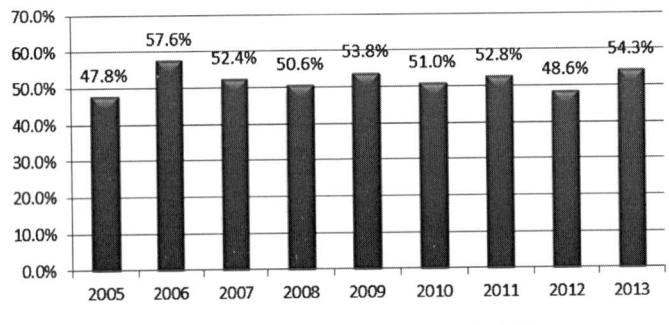

图 3 马其顿共和国女博士生所占比例

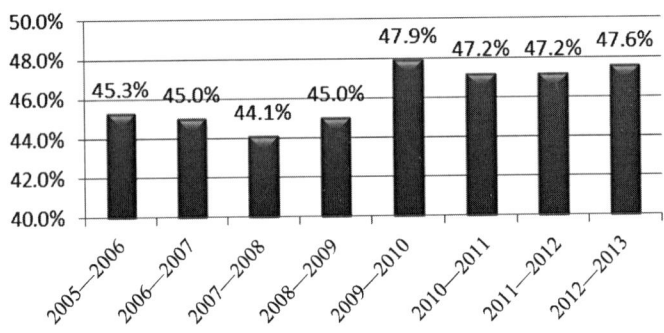

图 4 马其顿共和国各大学和研究中心女性员工所占比例

(1)在大学中落实男女机会均等法的法律规定。国家公立大学规章中应禁止任何形式的性别歧视。对此,大学应进一步严格规定,使规章与男女机会均等法中的思想达成一致,同时私立大学的规章应含有保证学生和工作人员性别平等的条款。

(2)大学女员工的比例。对大学劳动力性别结构数据的横向分析表明,男女机会均等法对在高校就业的男女人数影响不大。而女性在国立大学所占劳动力的比例大于女性在私立大学所占的比例。纵向数据分析则显示,女性在大学的决策领域(如院长办公室和校长办公室)所占比例极小。

(3)阻碍女性在大学领导层参与决策的隐性排斥机制。较少女性从事领导工作,即"玻璃天花板"现象存在的根本原因在于:缺少专为女性设立的领导岗位,女性缺乏竞争高层岗位的动力,女性参与决策背负着心理负担。长期的社会和文化规范约束,造成了大学内对女性地位提高的排斥机制。有些观念关系到男性和女性共同的职业理念。家庭和职业角色、对家庭的态度、事业中断带来的压力、社会文化偏见等也阻碍了女性在工作和个人生活中把握平衡。总而言之,这些负面影响阻碍了女性加入决策层。

本文使用了马其顿官方统计数据,结合在上海发布的《2012—2013 学年马其顿共和国排名前 10 的大学》信息分析了马其顿大学女性在管理事务中的参与度。在 2013—2014 年,只有十分之一的大学由女性担任校长,而女副校长仅占 23 %(图 5 和图 6)。更不容乐观的是,这样的分析样本还是择优选择的,不具有充分的代表性。在这 10 所大学中(它们的雇员超过 100),女性担任院长和副院长的比例分别为 25 % 和 44 %(图 7 和图 8)。

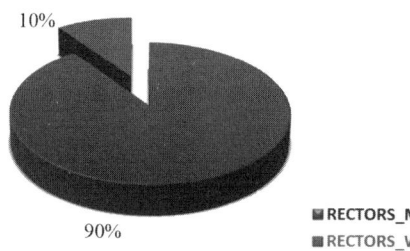

图 5　2013-2014 年马其顿共和国大学中女校长所占比例

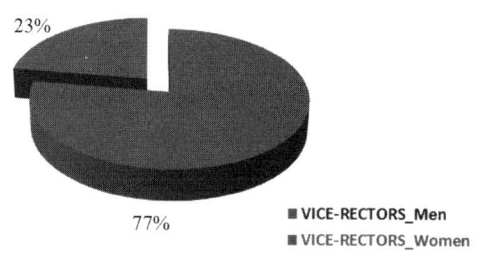

图 6　2013-2014 年马其顿共和国大学中女副校长所占比例

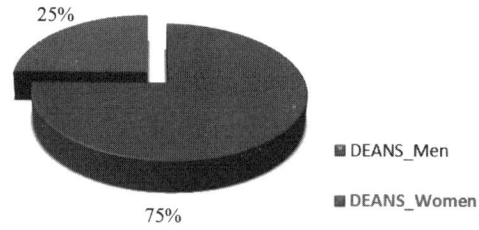

图 7　2013-2014 年马其顿共和国大学中女院长所占比例

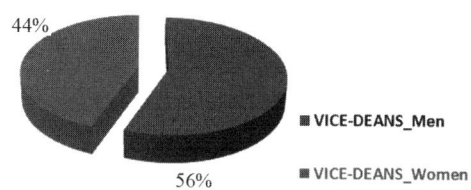

图 8　2013-2014 年马其顿共和国大学中女副院长所占比例

三、如何提升马其顿共和国高等教育界的女性领导力

为提升马其顿共和国高等教育界的女性领导力,本文提出如下建议:

将男女机会均等法的相关内容编入学校规章制度,规定大学各部门、单位和组织中女员工比例不能少于 40%。

将法律与大学的章程结合,促进男女平等。

除了保证女员工的比例外,女性在大学决策机构中的参与比例也需符合相关性别比例的规定。

学校整理与性别歧视相关的敏感词汇。

学校采用积极的性别政策。

学校鼓励开展有利于提高女性决策权的相关活动。

学校开展相关活动,提高公众对性别歧视问题的认识,争取消除学术界的性别偏见,同时组织有关性别偏见问题的圆桌会议、培训、研讨会、演讲等活动。

学校开展并支持性别平等领域的研究项目。

学校为性别平等事业设立专项资金。

学校组织有关性别平等的培训,着眼性别敏感话题,力争消除性别偏见。

学校明确女性在教育领导岗位上面临的挑战和机遇。

学校明确性别平等在组织和个人发展中的重要作用。

学习成功女性通过协商成为杰出领导的方法。

学校设计新的战略,组建新的高层领导团队。

提升高等教育中女性领导参选的透明度。

在教育界有影响力的女领导之间建立持久的关系网。

在高等教育中引入性别相关的课程。

结 语

在马其顿共和国,男女在高等教育界的领导地位并无悬殊差距。对于女性而言,学术界仍然充满机遇和挑战。

(翻译:丁硕瑞)

高校教职工的压力来源和解决策略

格洛丽亚·惠灵顿

（北加勒比大学前校长）

教师承受着较大的压力,这已成为普遍现象,现在的高校员工也未能幸免。尽管人们认为学术界工作者对工作满意度较高(斯盖尔斯、豪斯,1971),而且和其他行业相比工作也相对轻松,但大量来自英国、美国和澳大利亚的研究表明教师是个高压职业。学者们还试图分离职业特点和工作环境,这两点被认作压力最大或最有可能带来负面影响的方面,比如工作不满或健康损害。

许多研究者已经找出了引起压力的主要原因,他们中很多人的研究样本取自大城市市郊和大学城的高等学府。压力的主因包括工作满意度低、工资低、工作环境差、工作频繁中断、人力和技术支持不足、员工沟通缺失、在校和在家的总工作时间过长等。

在一项1994年布利克斯等人进行的调查中,60%的受访者认为他们巨大的压力多半来自超负荷的任务量和与研究相关的活动。这项研究的笔者称高压和职业理想破灭暗示美国的高等教育存在潜在的严重后果。被访者认为自己的压力跟他们意识到生产力的下降有关,15%的被访讲师称他们曾严肃地考虑过换工作的问题。这是因为工作环境给他们带来了巨大压力,比如工作时间过长、工作频繁中断、没有足够的时间学习专业领域的最新知识、过多的论文工作、教工间缺少沟通。

其他关于学术压力源对学术产生的影响或后果的研究表明,工作压力和包括创作力、问题解决能力、决策力、专注力在内的认知能力成反比。研究表明,自述式压力与个人对教学研究活动中的不佳表现和自我认知程度有关。同样值得关注的是,更具压力的学术活动很少涉及学生,也更少出现在院系的决策中。

根据布利克斯等人调查,大部分现有关于大学教职工压力大的认识来源于美国的几项研究。这些研究显示,在研究对象为大学讲师的一个大样本中,66%的人认为他们的高压多半来自工作。研究者得出结论:大多数被访者的压力与有限的资源和不足的时间相关联。但是他们也提出了其他造成压力的原因,包括升职缓慢、员工缺乏沟通、职业理想破灭和较低的薪水。其他学术压力来源还有超载的工作量、角色模糊、矛盾的工作要求、工作的频繁中断和发表作品。关于压力来源的文献显示理论上有两种压力模型,分别为管理导向的压力模型和生理压力模型。

管理导向的压力模型(麦特森、伊万切维奇,1982)和阿德耶莫使用的生理压力模型与压力的不同方面相关联。笔者总结了压力模型的多样性和极大的相似性。管理导向的压力模型强调外部或环境对人的影响。生理压力模型则与个人对生活情境的生理反应有关(谢耶,1956)。下面,我们将对这两种模型分别进行阐述。

一、压力模型

(一)管理导向的压力模型

麦特森和伊万切维奇提出的压力结构解释了引起组织压力的动力学因素。"组织压力结构"是管理导向的压力模型的一种。它成立的前提条件是承认个人能承受的压力程度与其对生命活动的认知有关。他们指出,这个结构强调了压力性刺激因素以及压力、个体差异、结果和影响之间是如何联系的。

麦特森和伊万切维奇进一步提出,个体差异在人们感知和处理变化时也起到了重要作用。人们应对变化的策略由性格类型和他们所能获得的支持系统决定。

(二)生理压力模型

生理压力模型是指个人对生活情境作出的生理反应(谢耶,1956)。根据此模型架构者的阐述,这个模型始于潜在的压力源并涉及三个导致教师压力的主要因素:社会、职业、家庭。现实存在的压力源会作为潜在因素,对教师的自尊心和表现力构成威胁。

鉴于上述问题的重要性,研究压力来源和解决策略也尤为重要。因为人们能以上述信息为基础,调整工作政策和规章制度,以减少教师的压力来源。这也是本研究的调查基础。

二、文献回顾

(一)压力来源

历史上,人们认为从事学术工作是令人满意的,而且比起其他工作也相对自由。人们普遍认为,无竞争的大学环境给教师提供了一个具有保护和支持性的框架,是他们应对潜在环境压力的缓冲地带。

但在过去的20年中,学术工作环境发生了巨大变化。托尔森在1996年指出,大学讲师和研究人员正像任何一所大机构职员一样经历着相似的压力。有趣的是,威利和斯特克林 1982 年的研究结果与一项后来在英国进行的全国研究相反（金曼，1998）。后者显示，在 782 位教师样本中，52% 的人表示如果有机会重新开始职业生涯，他们不会选择从事高等教育。

大学学院院长也并非不受压力困扰。这个职位被描述成"寻求平衡的濒危物种"（葛麦池、沃尔弗顿，1996）。作者认为，随着时间的推移，院长们开始从首席学术长官转变为首席执行官，工作中心向校外筹资、人事任免和校友关系转移。他们强调，院长们过去安静的学术领袖的形象已经不复存在，取而代之的是一个有着敏锐的政治嗅觉和经济头脑的执行者形象。

根据鲍克 1982 年的观点，院长们谨慎寻求平衡的行为在教职工、教务长、学生和其他学院院长的眼中有着不同的解读。他强调，行政管理工作和学术研究工作也同样存在冲突。因为院长本身的学术兴趣使他们坚定地偏向自己的学院，但他们作为学院领导者又很依赖教务长和学校的指示。

这个职务集合了多种角色定位，也给院长们带来了多样的冲突和巨大的压力。随之而来的矛盾情形也使得院长们一方面要竭力缓解成为一名高效管理者的紧张感，另一方面还要保护学院的学术自主和教师的独立性。于是，许多像大学院长这样的学术领导者在结束行政生涯的时候都精疲力竭并饱受超额压力的折磨（葛麦池、彭斯，1994）。

显然，压力已经侵入了学术阵地并大有攻城略地之势。那问题果真如此吗？研究显示的这种转变的起因和研究者强调的压力源又是什么呢？

（二）在美国的研究

在美国进行的研究也为分析压力源主体信息作出了贡献。葛麦池等人在 1984 年调查了美国 80 所大学 1200 多位讲师，发现 60% 受访者称他们的压力来自工作而不是生活的其他方面。这项调查也是同类调查中的第一次和最大规模的一次。研究确定的主要压力源包括过高的自我预期、为盈利而进行的研究、学习专业最新知识的时间不足、工资过低、频繁的工作中断、角色冲突和缓慢的晋升发展等。

尽管后续对美国大学领域压力的研究大多由单一机构进行，样本总量也很小，但葛麦池等人在 1984 年的研究结果却成为反复出现的主题。时间的约束是教职工们的头号压力大敌。其他压力来源包括教职工沟通不足、人际冲突、人力和技术支持不足、角色模糊、角色超载、研究时间不足、角色要求发生变化等。

也许，针对教师工作压力源的广泛研究是在英国完成的。

（三）在英国的研究

英国进行了几项关于教师工作压力来源的研究。研究集中于工作时长、工作量的范围和实质内容、工作环境、工作特性。研究还对以上因素的潜在影响做了探索。

(四) 工作时长

几项研究表明,教师的平均工作时间比合同规定的长很多。1996年由法院代表大学教师协会进行了对教师工作时长的研究。该研究调查了2500位来自"旧派"大学的讲师和研究者,这些工作者仍保持着在学期周和假期周记工作日记的习惯。研究结果显示,他们在学期周一周的平均工作时长约为55小时。令人惊讶的是,教师们花在行政职责上的时间超过了本被视为学术核心活动的教学和研究。据被访者反馈,将近一半的个人研究和学术作业都不是在规定的工作时间(周一至周五的9:00—17:00)完成的。1998年金曼进行的一项同领域的后续研究显示,几乎3/4(72%)的受访者表示现在的工作时长在最近几年大大增加,晚上和周末加班已经是家常便饭。

1994年厄利受全国高校教师协会委派进行的一项研究显示:"新派"大学的教职工(尤其是主讲师和院系领导)的实际工作时长超过合约时长。38%的被访者估算他们过去5年内工作量增长了约1/4,更有25%称增加了1/3。参与者把招生人数的增加视为工作时间变长的驱动因素,但行政工作仍然是重要因素。

尽管研究结果还不具有结论性,对职业压力的研究已经验证了过长工作时间与人的心理和身体健康的关系(斯蒂文斯、法拉格、斯巴克斯,1998)。这种关系在平均工作时长超过48小时/周以及个人对工作缺乏掌控意识(斯巴克斯、库伯、弗里德,1997)时表现得更为明显。与以上结果一致的是金曼在1998年的研究,该结果显示那些每周工作超过50小时或频繁回家加班的教师表现出较差的心理健康状态。与预期相反,被人熟知且明文规定的工作自主权也没能使这种关系得到缓和。

(五) 学术工作最具压力的方面

在1996年布朗进行的一项关于工作态度的全国调查中,大学讲师和研究者显示出了较低的工作满意度和安全感。超过50%的教师称他们的工作"无时无刻不"或"大多数时候都"在给他们施加压力。不令人满意的管理业务被认为是最大的压力制造者。58%的高校被访者谴责了管理层带给他们的约束,而当被访者样本范围扩大到全部受访者时,这个数字降到了47%的平均值。20%的受访者承认自己每天都会考虑离职,还有20%的人每周会有这样的打算。尽管这项研究在英国教师对自己和其他职业的感觉比较方面得出了有趣且有价值的结论,但其他研究却把焦点更多地放在了被认为更易造成压力的工作特征和工作环境上。

两项全国性的学术界研究强调了高度的自述式压力和大量具体的工作压力源。厄利在1994年的报告中称,在"新派"大学工作的、45%的被访者承认在工作中"大多数时候都"或"无时无刻不"感到压力。过半的人认为论文完成度、管理工作缺少支持和不良的沟通系统让他们感到"有压力或有很大的压力"。20%的被访者想完全离职,25%想退休。他们给出的最多原因就是无法接受这份工作带来的压力。在厄利这项在"新派"大学领域的研究问世2年后,另一项金曼的研究在1996年发表。该研究结果显示,最重要的压力源自晋升和发展空间不足、缺乏沟通、机会有限、学术活动支持不够以及繁重的行政职责。

在这项调查中,几乎一半的受访者(49%)称,他们严肃地考虑过离职。与1994年厄利的研究结果一致,那些想离职的教师更容易感知到更高强度的职业压力。

一项由大学教师协会发起的关于工作场所压力的研究(克洛斯、卡罗尔,1990)在7所英国大学展开。该研究为职业压力在"旧派"大学中的潜在影响提供了证据。超过3/4的样本认为,他们的工作压力在近年来有所增加;62%的人认为,这种压力未来将有增无减。最普遍的压力源有:工资低、晋升难、公众认可度低和角色冲突。

比较克洛斯、卡罗尔1990年的研究成果和8年后在相同领域样本为782名教职工的一项全国性调查(金曼,1998)后,我们发现那些受访者对自己工作压力会变大的预测还算精准。后一项调查中88%的受访者认为工作有压力,90%的人认为他们的工作压力在过去3年变得更大了,而这些样本几乎一致(92%)地预测未来的工作压力会更大。74%的人认为在过去5年中工作要求不断提高,而且整体工作节奏更快。具体来说,教师们认为在有限时间内同时处理大量工作和多重任务很有难度。这项报告还提到了其他压力源,包括决策投入少、训练和发展机会不足、信息超载、科研任务重等。

(六)角色超载

角色超载这个工作特性长久以来都与工作压力相关联(法兰奇、卡普兰,1973)。费舍以在苏格兰的大学完成的若干调查为基础,在1994年提出,角色超载已成为现代教师尤为显著的一个压力源,因为教师们的工作包含了许多不同的、经常冲突的角色。教职工们"要教书,履行辅导、实验或研讨会的职责,同时还要做科研项目,做实验,募集资金,撰写论文和书籍"。丽丝在1999年的研究中发现,她以美国教师为样本的研究显示出更高程度的角色超载,教师们称自己经常被重重任务包围,但他们仍认为自己的职业发展和预期的一样好。

(七)工作量

1974年,尤克尔在他对教职工工作量回顾的文献中,演示了"工作量"这个概念的复杂性和它的评估方法。在他得出的结论中,有一条是:"在不同的选择中,可能会有一种让所有人都满意的评估方法。"

尤克尔对工作量做了一个狭义的解释,即工作量是课时数和学生数的总和。这是评估工作量最简单的方式。一般来说,外界和政府机关评价工作量时运用的是另一种标准。然而,在学术圈内,评定工作量参考的是有关教学、研究、服务的数量和质量的一系列数据。因此,在这个问题上,学术圈和政府机构产生了一些摩擦。

教学、研究和服务三者在很多方面都相互联系,已经有大量的研究都是以这三者之间的关系为主题的。不同的高校根据各自任务和目的的不同,对三者分配的时间比例也不同。

与业务界和组织界一样,学术界的工作无论是在质还是量上都有增加。量上的过载体现在教师的工作量超过他在规定时间能够完成的总量。质上的过载体现在教师能力有限,无法满足对教学的承诺(斯托纳、汪克尔,1986)。拉博斯认为,曾经作为危机模式的工作量现在已经是家常便饭。

由于自愿离职而减少的劳动力没有得到补充,学术界的工作量在国际范围内都有所增长(索利曼、索利曼,1997)。凯奇表示,在俄亥俄州立大学,由于鼓励教授提前退休,全职教授数量减少,在职教授的工作更加辛苦。

一项面对3800名高校教职工的调查发现,终身教职的减少和短期合同制岗位的增加使得教职工的压力进一步上升(泰特尔利,2004)。这似乎证实了凯奇在1995年发表的关于终身任期工作的观点。另外,政府也对学校施压,要求高校提高生产力,以平衡政府预算(温克勒,1992)。

此外,过去20年间的信息过载(斯文森,1992)和新技术的发展也要求教职工参加培训并且运用新的模式来传授知识。这种新技术在教学中的应用也成为教师们的新要求和新的压力来源(查尔莫斯,1998)。高等教育研究院在1998年于加州大学的研究中发现,在教职工中有67%的人对于"跟随信息科技发展的脚步"感到有压力。随后,库伯曼在2003年的研究报告中强调了高校对于计算机和高科技爱恨交加的态度。他的信息来源于对加州大学33,785名教职工的研究。尽管在接受调查的教师中,有87%的受访者表示"运用电脑会提高学生们的学习效果",但同时有67%的人员对于赶上科技的脚步充满压力。教职工们对于科学进步的压力必须得到足够的重视,才能在保证学生受益的同时提高教师的幸福感。

教师工作量过大的情况不仅发生在英国和美国。陈和许在1995年对415个香港初中的调查中发现,中国也存在教师工作量超载的问题。他观察到,之前的调查就已指出工作量过大是教师压力的主要来源。很多香港教师肩负着额外的引导工作,这是香港学校提高引导能力的一部分。奇怪的是,尽管香港教师肩负更多的引导任务,有更大的工作量,但他们的疲倦程度却不比其他人更高。而且,相对于那些没有引导工作的教师,他们更有自我实现的感觉。调查发现这些导学老师对自己的工作有更高的价值评价。这项调查指出,即使在感觉工作量过载的环境下,在一个有价值的领域承担额外的责任不会增加压力,反而有可能增加教师对工作的满足感。同样,阿布瑟瑞于 1996 年的研究显示,只有 15% 的调查对象认为和学生接触是一件有压力的事。作为压力来源的反例,这一证据表明接触学生可能对教职工起到了一定的保护作用。

(八)职工们的工作量和压力

工作量不仅对教师的压力状况有影响,对职工也有影响。职工们也存在由工作量引起的压力。根据 1995 年盖尔斯敦的报告,书记和秘书类型的职工在开始他们的工作生涯之后,发现他们的工作发生了变化。他们认为自己被赋予了更多的责任,而且他们期望提高自己的计算机技能。然而,当他们主动提高了自己的计算机能力之后,他们并没有得到更高的报酬。如果他们是家庭的主要收入来源,这种压力会越发增加。其他突出的压力来源包括对职业发展的困惑、工资低、升值空间小、成就感和价值感被忽视。

吉莱斯皮、沃尔什、温菲尔德、史托和杜瓦在 2001 年于澳大利亚的大学研究职业压力时发现,无论是常规职工还是学术职工,他们都比 5 年前受到的压力大。研究也发现,学术职工比常规职工感受到的压力更大。压力来源于工作量大、不合格的管理规范、缺少安全感的工作以及未获得足够的认可。

德弗罗 2002 年研究了英国一系列岗位职工的健康情况和幸福感,发现在压力方面,不同的岗位有很大的不同。工作压力最大的岗位包括经理、制炼厂职工、机械操作工,压力最小的岗位包括职业运动员、行政秘书。

回顾文献时,我们发现在学术机构人员的压力问题上,研究结果前后比较一致。现在,我们来研究压力的解决策略。

(九)解决策略

在关于缓解压力的观点中,有几种对压力的不同定义。乔治和米兰在 1986 年指出,控制压力源和压力反应最重要的是"改变面对压力的生活、工作方式及个人意志"。

亚当在 1980 年表达自己对有效压力管理的观点时强调了一些基本的压力介质,比如"个人性格、遗传特质和经历、固化于环境中的人际关系"。他认为这些很难改变。因此,他对自我管理、创造和使用可支持的关系、组织能力的提升等提出了建议。

在说明自我管理能力时,亚当强调,有效的自我管理需要健康的生活方式。另外,他指出,任何组织的员工都应该去适应组织的工作方式,从而减小他们的生活压力。根据亚当所说,员工们需要注意的内容包括:合理的营养习惯、健康的运动习惯、自我意识、释放技巧和个人规划。他认为,合理的营养习惯包括平衡饮食、规律三餐、保持健康体重、节制摄取酒精和咖啡因。

通过规律的有氧运动来锻炼心肺功能和通过娱乐活动来释放、转移压力,构成了健康的运动习惯。

他强调,自我意识包括理解自我需求、偏好和癖好等方面。一般认为,自我认知包括自信行为和角色谈判等。

他提出,自我释放的技巧能释放压力,释放技巧包括:放松、结束任务、大体解决"未解决"的问题等。

最后,亚当阐释说,个人规划也是有效的管理压力的方法之一。他提出了基于合理原则的有效时间管理和长期的人生职业规划两种个人规划方式。

识别、辨认和认知是最重要的减压方式。布罗德、古道尔、布朗、哈林、杰里克、穆厄建议,受压力困扰的人应该对自己好一点,比如,看一场电影,外出用餐或进行其他的娱乐活动。换一种方式说,这是他们应得的。

逃离工作,休几天假,外出旅游或暂时离开教学、技术岗位,都有助于减轻压力。韦斯科夫进一步建议,那些忍受压力的人应该避免孤单,要与其他有趣的人互动。有压力的人应当主动远离让他们觉得低落的人和环境。

体育锻炼,比如锻炼肌肉或慢跑都被认为是有效的控压方式。形成良好的饮食和睡眠习惯对于保持健康十分重要,并且可以避免一些由压力带来的疾病。另外,人们也可以学习一些有效的放松方式。深呼吸、冥想和做瑜伽等都被认为是解决压力的有效手段。

了解一些学者关于减压方法的早期论述后,现在我们来看一下近10年学术界对此问题的研究。基里亚库认为,个人层面的解决策略分为两类:直接行动手段和缓和手段。直接行动手段是指老师们为了减少压力源所能做的事情。它们能帮助老师找到压力源,有效地开展一系列活动。这就意味着,他们可以消除那些会带来压力的事情,从此根除这些压力源。直接行动手段包括有效地管理和组织自己,学习新知识、新技能和工作实践,和同事磋商,让其他人改善或解决自己的困境。

根据基里亚库的研究,缓和手段不会解决压力源本身,但会有效减少教师对压力的感觉。缓和手段属于精神或生理层面的方法。精神策略包括教师改变环境评估方法,生理策略包括一些通过减少紧张感而帮助教师获得放松感觉的活动。

柏格、法尔宗、柯伯恩、本曼索在研究老师们如何缓解压力时指出,老师们采用的最普遍的方法是:换个角度看问题,避免正面接触,工作后再放松,通过采取行动解决问题,控制情绪,在某一特定工作中投入更多时间,讨论问题,向他人倾诉,采取健康的生活方式,提前规划,优选目标并认识到自己的局限性。

我们发现,上述释放压力的方法同时体现了直接行动手段和缓和手段。格里菲斯、斯特普托、克罗普利在1999年对780名小学和初中教师开展了问卷调查。他们获得的数据表明，社会的支持和有效的解决策略都能影响教师对压力的感受。他们还发现了教师认识自我需求的重要性，这些需求受到个人经历、社会支持的影响。

不仅有通过个人解决压力的策略，很多研究还强调学校的重要性，因为学校能营造一种社会支持下的积极氛围。这让老师们能够互相关心，对未解决的问题提出良好的建议，如果得以实行，也能够起到减轻压力的作用。更常见的是，仅仅在休息期间和同事倾诉问题或者参加社会活动也对缓解压力有所帮助。

基里亚库指出，老师和学校的高层管理人员也需要考虑自己是否在不恰当的管理中产生了不必要的压力。比如，高层管理者可能会制定不现实的目标或沟通不畅造成麻烦。

减小教师压力的很重要的一个方面是要重视健康的组织运作，然后进行个人和组织实践。这项研究显示，健康的学院特质有：职工间的有效沟通，强烈的主人翁意识，磋商再作出决定，主要价值观一致，学院整体政策完备，职位和职务界定清楚，教师能获得积极的反馈和表扬，有支持教学的资源和设备，政策和流程简单易行。另外，他们建议政策上的繁文缛节和文书工作减到最少，额外的义务和教师的能力相契合，营造适合工作的环境，高层管理善于前瞻规划，并且能够给出适合的生涯指导和建议。

另外，一些学院还可以给有巨大压力的教师提供咨询服务。作者指出，英国很重要的创新是创建教师的帮助热线——"教师热线"。这一由政府、当地教育部门和教师组织、出资的服务，让教师能够免费获得与压力相关的咨询服务。

作者还指出，近几年，很多教师参与了针对减压的在职培训。他们主张这些培训主要集中在解决措施上。此类培训的共同特征是运用放松训练的方式达到暂时或部分的放松。罗杰和哈德森认为，加长经历压力的时间从而激发情感上的反刍，使得缓解策略更加有效。但是，他们认为，关于有效解决策略最重要的是每个老师都能找到最适合的方法。

这个发现来源于"压力之父"谢耶1976年发表的文章：

必须明确的是，没有任何现成的适合所有人的成功模型。每个人都与众不同。唯一相同的是我们都遵循一样的生物法则。我认为专业压力调查能做得最多的就是解释压力的机制，让我们能够理解它，然后大致阐述这一知识在生活中的应用方式，最后通过实验证实一个人能成功运用它解决问题。

通读这些文献后我们发现，在加勒比地区高等学校里没有进行过此类调查。因此，我们有必要进行此类研究，从而更好地认识学术机构职工的压力源。这有利于帮助搜集信息，帮助员工获得幸福感、免受压力的不良影响。另外，研究致力于寻找解决压力的策略。

三、研究方法

用于此次研究的工具为奥西普和斯波坎设计的职业紧张量表(OSI)。量表测量三个维度的职业变量:技术、专业和管理领域成人员工的职业压力源,心理性紧张度和应对资源。

职业紧张量表包括三个问卷:职业角色问卷(ORQ)、个体紧张反应问卷(PSQ)和个人资源问卷(PRQ)。考虑到本次研究的特殊性,我们主要使用职业角色问卷和个人资源问卷。

职业角色问卷用来描述六个压力源分量:角色超载、能力不足、角色模糊、角色界限、责任感和生理环境。个人资源问卷被用作测量四个资源的处理分量:休闲娱乐、自我关怀、社会支持、理性/认知处理。

角色超载分量测量工作需要的资源供给(个人层面和工作环境层面)和个人能完成的工作量。分数越高则工作量越大。

能力不足分量描述的是个人培训、教育、能力和经历适合工作要求的程度。分数高表明个人能力和工作不相符。这可能表明他的职业没有发展前景,获得成功和认可的可能性比较低。

角色模糊分量描述的是一个人对优先顺序、期望和评价的清晰程度。得高分的人可能不知道自己应该做什么,应该在哪里花费时间。他们可能不知道对一个新的项目如何入手,或者不清楚上司的要求是什么。

角色界限分量描述个人的角色需求和对职位忠诚的矛盾。得高分的人可能正在经历这种冲突。

责任感分量描述的是责任感。得高分的人可能对活动和下属的工作表现有更高的责任感。

职业角色问卷的最后一个分量生理环境描述的是一个人暴露在"高毒素"环境和极端生理条件的程度。高分意味着工作者可能处在高噪音、高湿度、高灰尘、高温、严寒、高光、有毒物质或异味的环境中,也可能感觉孤独。

休闲娱乐、自我关怀、社会支持、理性/认知处理这四个分量则构成了个人资源问卷。休闲娱乐分量描述了个人通过规律的娱乐生活获得的开心和放松程度。得分较高的人善于利用娱乐和休闲时间参与各种活动而且在其中获得满足感。

自我关怀分量描述了参与人减少或减轻慢性压力的程度。高分表明他们能坚持规律的锻炼,每天睡眠8小时,注重饮食、锻炼、放松的方式,并且能避开诸如酒精、毒品、烟草等有害物质。

社会支持分量描述了个人感受来自周围的支持和帮助的程度。高分表明他们感觉自己不仅能依靠个人,还有其他关心和爱护他们的人。

最后,理性/认知处理分量描述了个人在面对和工作相关的压力源时使用的认知技能。分数体现出个人系统性解决问题的能力,得高分的人能仔细分析他们的选择,并且能识别问题的基本原理。

解释 ORQ 变量的指南表明,高分体现了职业压力大。在 PRQ 变量中,高分则表示高度发达的应对资源。在标准样本中,得分高于 70T 可能体现了对压力的不适应症状,得分在 60T 到 69T 则意味着轻微的压力不适应,得分在 40T 到 59T 属于正常。

对于 PRQ 变量,高分意味着拥有高度发达的应对资源。对于这些变量,得分在 30T 以下意味着极度缺少应对资源,得分在 30T 到 39T 说明轻微缺少应对资源,得分在 40T 到 59T 说明应对资源处于平均水平,当得分高于 60T 时说明有很多应对资源。原始得分被换算到性别档案中来帮助计算 T 得分。

亚历山大报告了从 0.89 到 0.99 的 OSI 内部一致性信度。OPQ 和 PRQ 的系数在 0.88 到 0.89 浮动(奥西普、斯波坎,1983)。OPQ 和 PRQ 的 α 系数在 0.77 到 0.88,此次研究的可靠性鉴定在 0.77 到 0.82。研究结果显示北美标准的职业紧张量表在加勒比地区同样适用。同时,结果还显示 OSI 作为研究工具是可靠且合理的。

为每个员工准备的问卷包被发送到部门主管、科室主任及教职员工手中。每个问卷包都包含一封信,说明研究内容并解释问卷方式。每个员工都匿名参与。

四、研究结果

(一)样本描述

此研究的目的是识别压力源,寻求解决压力的策略并确定格罗威尔教职工压力源与解决策略的关系。参与者须运用研究者设定的压力解决策略。另外,研究还须确定这些压力源和解决策略与性别、职位、工龄、年龄、婚姻状况的关系程度。117 名人员参与了该项研究。统计学特征包括性别、年龄、婚姻状况、受教育程度、工龄、目前的工作头衔和工种。

结果表明,约三分之二(65.3%)的受试者是女性,其余为男性。超过四分之三(76.6%)的受试者低于 50 岁。在受试者中,47.6%已婚,35%单身,3.4%丧偶或离异。约49%的受试者有本科、大专或专业学位,35.3%有硕士或博士学位,一小部分(9.4%)为高中毕业生。结果显示,大部分(74.4%)的受试者在格罗威尔工作少于 10 年,21%多于 10 年。

受试者分为职工(46.8%)、教师(33.1%)和管理人员(13.7%)。超过四分之三的受试者为全职员工,16.2%为兼职员工。六项压力源分量为角色超载、能力不足、角色模糊、角色界限、责任感和生理环境。分开每项具体说明:角色超载定义为在紧张的期限内完成工作。能力不足定义为没有能力满足工作的需求。角色模糊定义为不能提供有用的成果。角色界限定义为不得不与来自其他部门的人合作。责任感定义为有领导力,能作出重大决定且能够和不喜欢的人一起工作。最后,生理环境定义为个人必须暴露在环境毒素或极端生理环境。被试者可能有不稳定的工作时间或者存在孤独感。

基于 OPQ 的解释指南,在变量中获得高分意味着职业压力大。责任感变量的平均值最高(3.98),说明对于受试者来说,责任感是分量中最主要的压力来源。另外,生理环境的平均值最低(2.56),说明此项为最次要的压力来源。

在统计数据上,性别差异主要体现在责任感[t(107)= −2.122,p = 0.036]和生理环境[t(107)= −3.457,p = 0.001]上。女性(M = 54.88,SD = 8.66)在责任感上受到比男性(M = 50.75,SD = 10.18)更大的压力。同样,在生理环境上,女性(M = 50.53,SD = 7.78)也比男性(M = 44.75,SD = 8.36)受到的压力大(表1)。但必须指出的是,上述男性和女性的压力水平都在正常范围内。

表1 压力来源中的性别差异

Variables	男性 (N = 33)		女性 (N = 77)		df	t	p
	平均值	标准差	平均值	标准差			
角色超载	50.53	13.58	50.71	10.00	107	−0.78	0.938
能力不足	49.53	11.51	47.96	8.73	107	0.776	0.439
角色模糊	48.36	9.74	52.16	10.31	107	−1.772	0.079
角色界限	42.59	10.21	44.42	9.28	107	−0.906	0.367
责任感	50.75	10.18	54.88	8.86	107	−2.122	0.036 *
生理环境	44.75	8.36	50.53	7.78	107	−3.457	0.001 *

(二)解决策略

四项描述解决策略的分量分别是:休闲娱乐、自我关怀、社会支持、理性/认知处理。我们分别来分析这几个分量。休闲娱乐主要指放松时不去想工作,并且能在空闲时间做自己喜欢的事。自我关怀主要定义为对饮食的态度,包括对健康饮食的关注,只摄入对健康有益的食物,不饮用酒精类饮料。社会支持被定义为能够得到来自家庭和社会的大力支持,拥有靠得住的人,有自己的朋友圈,有同情关心自己的朋友,有感觉亲近的人。理性/认知处理与是否对问题有一套系统的处理方案有关。理性/认知处理被定义为能够识别问题中的重要元素,能够制定和遵守优先策略并运用策略防止注意力不集中。

对于 PRQ 变量,高分意味着高度发达的解决策略,低分则表示欠缺解决策略。表 2 展示了解决策略分量的平均数和标准差。研究结果显示,被教师和员工使用最多的解决策略为社会支持,其次是理性/认知处理、自我关怀。休闲娱乐分量的平均值最低,体现出受试者应当对生活中的该方面给予更多的注意。

表 2 对解决策略的分析

解决策略	平均数	标准差
休闲娱乐	3.36	1.2
自我关怀	4.04	1.56
社会支持	4.66	0.67
理性/认知处理	4.34	0.76

对解决策略的性别差异分析体现在表 3。统计学上的主要性别差异体现在自我关怀分量[$t(107) = 2.258, p = 0.026$]和理性/认知处理分量[$t(107) = 2.482, p = 0.015$]上。男教职工($M = 57.53, SD = 8.18$)在自我关怀上的处理策略明显优于女性($M = 53.03, DS = 9.93$)。同样,男性($M = 54.72, SD = 9.79$)在理性/认知处理分量上也优于女性($M = 49.62, SD = 9.75$)。

表 3 解决策略中的性别差异

变量	男性 (N = 32)		女性 (N = 77)		df	t	p
	平均数	标准差	平均数	标准差			
休闲娱乐	49.56	11.15	45.60	9.93	107	1.831	0.070
自我关怀	57.53	8.18	53.04	9.93	107	2.258	0.026*
社会支持	51.97	8.52	49.18	10.06	107	1.375	0.172
理性/认知处理	54.72	9.79	49.62	9.75	107	2.482	0.015

* $p < 0.05$

(三)压力来源和解决策略的关系

在分析压力来源和压力解决策略的关系时,研究运用了典型分析的方法。这些成对出现的变量显示:较大的压力源于角色超载、能力不足、角色模糊和角色界限,较小的压力源于责任感,并且和休闲娱乐、自我关怀、社会支持及理性/认知处理的能力相关(表 4)。

表4 压力来源和解决策略间的交互相关性

	RO	RI	RA	RB	R	PE	RC	SC	SS	RCC
压力来源										
角色超载	—									
能力不足	0.05	—								
角色模糊	0.24**	0.44**	—							
角色界限	0.43**	0.39**	0.46	—						
责任感	0.27**	-0.11	-0.14	0.12	—					
生理环境	0.25**	0.22**	0.27**	0.44**	0.27**	—				
解决策略										
休闲娱乐	-0.37**	-0.19	-0.17	-0.22**	-0.35**	-0.22*	—			
自我关怀	-0.30**	-0.18*	-0.18	-0.18	-0.24**	-0.20*	0.50**	—		
社会支持	-0.10	-0.24**	-0.30	-0.15	0.16	-0.09	0.36**	0.26**	—	
理性/认知处理	-0.23	-0.18**	-0.48	-0.30**	-0.01	-0.13	0.36**	0.40**	0.51**	—

* $p<0.05$, ** $p<0.01$

五、现象讨论

(一)压力来源

我们研究了六种压力源:角色超载、能力不足、角色模糊、角色界限、责任感和生理环境。基于规范性解释,源于这几类的压力都在正常范围内。尽管其中有2%~6%的受试者反馈对这些压力不适应。

针对压力源的研究成果有些出人意料。格罗威尔大学已经完成了从学院到大学的过渡。目前的入学人数是从前的三倍,班级人数也变得越来越多,但学生仍挤在原来的小教室中。教师们抱怨他们缺少资源,甚至有些人开始生病。一个员工去世后,很多人认为他的死亡源于压力。和前述内容相一致的观点是组织的改变会引发大量的可能造成压力的情况。富兰也认为教育的改变会给老师带来潜在的压力。那么,为什么大部分员工的压力还处于正常范围内,不可适应压力的只有2%~6%呢?

以下几点可能是造成这种研究结果的原因。有可能真正有压力的员工没有参与此次调查,也可能受试员工在回答问题时对他们感受到的压力有所避讳。另一个重要的原因可能是教职员工都致力于自己努力的目标,因此没有感觉到压力。布朗发现,格罗威尔大学的每一位员工都展现出强大的组织认同感。

但是,也有可能存在其他原因。如果他们认为自己的工作有价值,那么工作量可能不会产生额外的压力。这一观点已经被陈和许证实。

专业人才可能承受更大的职业压力,而且可能对外在因素,比如工作量、晋升空间等有更多的不满。有证据表明,如果他们的内在需求可以得到满足,总体上他们对工作还是比较满意的。对于大学教师的研究也倾向于支持这一观点。一般情况下,学术员工会对他们的工作充满激情,并且能从中获得巨大的成就感,同时也会有更多的压力和负担。因此,格罗威尔大学的员工在发生改变并因此抱怨时,压力水平依然在正常范围内。

在观察压力源和它们与性别之间的联系时,研究结果表明,女性比男性承受着更多来自责任感和生理环境的压力。女性的家庭负担可能会加大压力。可以说,全职女员工的工作量要大于全职男员工,尤其是当她们有一份家庭责任的时候。

除家庭责任外,还有其他因素导致女性更容易受到工作压力的干扰,其中包括对工作的控制能力低,因为大部分的女性倾向于选择比男性更低的工作岗位。霍尔曼记载了很多高层女性的压力状况。她们受到的偏见和歧视不仅来自组织和公司的政策,也来自工作中的同事。

(二)解决策略

解决策略有四种,即休闲娱乐、自我关怀、社会支持、理性/认知处理。格罗威尔大学教职工应对压力的能力处于平均水平。研究结果显示,男教职工在自我关怀、理性/认知处理方面比女性强。但女性的压力明显大于男性。

尤其应该注意的是,承受一般压力的员工比例最大。或许,基里亚库的"直接行动策略"应该成为一个考虑方向。这一策略帮助员工了解压力源是什么,然后采取行动消除压力源。

由于女教职工比男教职工承受着更大的压力,因此管理机构应该调查研究为何女性面临的压力更大而减压的能力却更差。

(翻译:张曦文)

我和我的大学

贝克塔斯

(莱夫卡欧洲大学前副校长)

一、支持女性学者

塞浦路斯的女性、男性学者的比例分别是36%和64%。女性学者的数目仍然没有达到理想值。而且与学者的总数相比,管理层中女性的比例只占17%。尽管女性对学术界的贡献并不比男性少,但她们在管理层和学术界的代表率却很低,一大原因是缺乏支持性别平等的制度。

由于女性比男性担负了更重的家庭责任,也通常在一些学术领域占少数,所以她们错过了很多用非正式网络同同事交流知识和经验的机会,尽管男性和女性都有参与这些网络的需要。

我们应该从制度层面来解决这个问题,给予在高等教育机构工作的女性平等的机会并鼓励她们承担起更多的行政责任。在像塞浦路斯这样"男性管理"占主导的国家,人们应该重新审视法律法规助长性别歧视的现象,而且应该用法律保障男女享有平等的权利。

各种机构应该通过培训项目为提高女性的能力创造条件,比如通过短期培训项目提高女性的行政能力,同时给予她们更多的机会。

在组织机构内部或与国内、国际的其他同僚创建有效的网络对于女性分享经验十分重要,这促进了她们就各种问题进行合作。大部分国家都有致力于处理女性工作和家庭事务的协会,而处理女性学术事务的协会远远不能满足需求。我们应该鼓励女性建立学术研究团队或联系,促进她们之间的交流合作、经验分享。

二、平衡家庭与工作、管理与学术的关系

(一)家庭与工作

与男性相比,女性为了达到自己职业规划的目标要走一条更复杂的道路。这是社会给我们定义的角色导致的。毋庸置疑,女性自然地接受了母亲、照顾者或"安排人"等家庭角色,因而花费了大量时间在管理多重事务上。而且,大部分时候人们期待女性能付出更多的努力来维持家庭关系。

在我所生活的社会中,仍盛行着以男性为中心的传统文化。为了实现自己的目标,女性挣扎于"灌输"给她们的思想。大部分人,甚至女人,都没有意识到作为"人"的我们有能力同时处理各种不同的问题。此外,一些人认为"女性的受教育程度越高,就越不能成为一名好妻子"。

在这种情况和背景下,我总是试着合理安排工作和家庭生活,不忽视任何一方。我明白在现实中平衡家庭与工作很困难。但是我也总是试着做一名好母亲,而不只是做一名好主妇。我认为抚养孩子长大是我生命中最让我感到喜悦的事情。

在我开始自己的职业生涯之初,我有很多时间和精力去实现我的理想。我的20到30岁是在为我的理想而奋斗:获得各种学术学位,担任不同的职务,也为争取性别平等作过斗争。我24岁结了婚,当时我还在读博士。由于之前专注学术事业,我到28岁才生下第一个孩子,33岁时有了第二个孩子。我有这两个孩子的时候正担任新闻与公关系主任。那时我已经实现了我的部分理想,到了该养育孩子的时候了。在家的时间非常美妙,然而我生命中最累的时期也同时开始了。不久之后我被调去校长办公室,开始了繁忙的办公室生活。在办公室我要负责很多工作。我们整个团队负责准备校长的洽谈工作,而我是团队里唯一的女性,也不得不像男性队员一样随时待命,无论家里的情况如何。

那个时候,我必须牺牲掉我生命中的一些东西,以便更好地管理时间,维持工作和家庭的平衡。我开始减少户外活动,比如和朋友逛逛,定期做运动或者其他社交活动,花更多的时间在家陪孩子。另外,我还开始在晚上11点孩子们睡觉后开始工作,搞学术研究或处理办公室工作。这种个人与职业责任的安排让人十分劳累,但也是照顾孩子的唯一办法。这段时间我母亲对我的帮助特别重要。

我30到40岁的任务是养育孩子和追求事业。不难想象我的生活是多么繁忙。我没有休息时间,消耗了大量精力。但是,当我回想那些日子,我觉得那是我生命中最美好的时光,因为那段时间充满热情、成就,并开始收获理想和勤奋的果实,而且最重要的是我可以与我的孩子分享这些过程。安排好这么多事务需要合理的分工和时间的充分利用,

否则 24 小时都不足以卸下肩上的担子。在我看来,有时候我们需要牺牲掉一些兴趣爱好,比如户外和社交活动,这样才能完成研究或履行个人与家庭的责任。我还会在晚上 10 点(这个时间每个人都已经上床睡觉了)后阅读一些东西,并且经常阅读到很晚。一个星期的某些天能有一个人帮我做家务活就已经是我的救星了。尽管有人帮我做些日常家务,最后还是要我来安排"每个小细节",还是要我为"每个家庭成员"操心。

我总认为成功就是"拥有你生命中所有东西的能力——同时成为一名学者、研究者、管理人、母亲、照顾者、职业与家庭的未来规划者,兼顾这些,并一步步实现你的目标,不漏掉任何一个身份"。否则,我们会后悔,时常感到不愉快。我的人生哲学是努力同我的家庭成员分享我所有的期望,也鼓励他们与我分享他们的期望。由于我要参加很多学术活动、国际会议和讲座,考虑到这些,我就会尽可能地在某个国家或社会项目多待几天,并带上我的一个孩子或整个家庭(如果校方行程允许),以此来开阔我的学术视野。

40 岁以后的我有了新的生活体验,我也试着保持我现在的生活节奏。当我完成我的学术头衔所要求的学术任务后,我开始计划做更多的研究,大胆地设想并撰写一些在我兴趣领域内的书,与同事合作开展一些国际项目。我认为,人们期待我们为学术课题作出更多贡献,并且去鼓励年轻学者。

(二) 管理与学术

每位学者的学术目标总是优先于职业,即使他们有时会因为一些原因放慢前进的脚步。在各学院或委员会准备学术项目的过程中,与同事们分担行政职责是教学生活的一部分。因此,对于一些学者来说,在做研究的同时参与一些行政事务也是他们生活的一部分。处理行政事务意味着更多责任,需要花更多的时间。

就我自己而言,自 30 岁起我就承担着系主任和副院长的行政职责,并且在学术研究上花费了大量的时间。我希望在此领域有所作为。同时,那些职责也教会我去平衡这两者之间的关系。首先,达到这种平衡需要对要做的工作进行合理的安排,而这也是我花很多时间和精力去做的事情。事实上,合理安排工作并不能节约时间,我有时候需要在各种不同的工作上花费更多的时间,然而这是建立一个行政团队的唯一办法,这个行政团队以后可以帮助我更高效地工作,同时我也可以再次核查已经完成的工作。

作为副校长,我需要考虑每一件与学校、学校的理念或任务有关的事情。附加的责任让我把细节处理得更加完美。

工作中的项目、计划、会议、访客、股东、学生以及其他事物会占用我们大部分时间。同时处理学术研究和行政职责的初期阶段是最艰难的,因为我们要更换工作节奏并在接下来的三年里与学校的新项目打交道,而且还必须迅速有效地行动。一段时间后,我开始更多地投入到学术研究中去,而且这一次我学着更有效地利用我的时间。我把一些研究项目交给了硕士生和博士生,有些项目仍在继续,那我就只负责指导和监管。但是问题是我无法拥有"自己的"时间来做研究,因为我时常会突然做决定并查阅以前的信息。我试图定期参加国际会议,抓紧闲暇时间来写文章,还热衷于阅读我感兴趣的新刊物,并利用新技术节约时间,与更多人交流互动。

三、怎样提高女性领导力

目前在教育机构中工作的女性逐渐增多,这说明女性在移除她们职业障碍的过程中变得更加坚定自信。然而,这些成绩却并没有在管理领域表现出来。在管理层,大部分高级管理人仍是男性。导致这种现象的原因有很多。最主要的原因有我们之前提到过的文化差异及社会对女性的角色定位,大部分时候是这种角色定位阻碍了女性前进的脚步。

尤其是在塞浦路斯这样的社会,有关家庭生活的文化规则和期望将许多责任都施加给女性,因此她们很难实现自己的目标和理想。由于这些观念的存在,母亲们很少外出工作,因为家里有很多事要忙。事实上,很多雇主更青睐非母亲的女性,他们认为这样的女性没有任何负担。他们把工作时间当成衡量员工的唯一标准,而忽视了产出率、创新力和灵活度等重要特质。

另外,大部分女性对于能否胜任管理工作十分犹豫和不自信,有时候,她们会认为自己无论是在职业规划还是家庭生活上都不受重视。我认为这是不明智的想法,因为职业和家庭两者需要达到平衡。其中一个主要原因是她们身边缺乏成功的女性模范来见证她们的奋斗。为了建立和提高女性的领导力,我们作为高级管理人应该为女性提供一些积极的差别待遇,促进和鼓励她们参与到管理层中来。

女性参与管理应该在职业之初就得到支持,此外博士生应该接受培训,参与学院的行政管理,并负责研究和教学工作。我们应该让她们明白,作为机构的一部分,为决策作出贡献是她们的责任之一,每一项决定都会对她们有直接的影响。为了提高女性的效率,我们安排了具体的项目来加强机构中女性的影响力。

首先我认为,政府和高等教育机构的行政部门应该视女性在管理层面平等参与为头等大事。因此,高级管理人应该更加灵活坚定地提升高等教育机构中女性的地位。我们应该给未来的女性领导人提供领导力的基础技能培训,比如公共演讲、写作、谈判、有效沟通等,还要鼓励她们参加团队合作,跳出社会给她们定义的角色,树立理想,并且意识到参与决策的重要性。

尽管培养女性领导力仍面临很多困难,但我认为主要的困难是女性对自己仍持有怀疑的态度并缺乏战胜困难的勇气。尽管面临重重困难,我们应学会坚持,相信自己,认识到自己的能力,保持进取的精神。我们应该不断努力地平衡工作与家庭生活,有时候还要做好这两者中的一者可能出问题的心理准备。我们仍不能忽视任何一方面。女性应该互相鼓励,看清全局,并意识到她们可以同时是母亲,也是社会经济发展中的重要一员。

四、措施和法规

有关家庭生活,雇佣体制和养育下一代的措施、法规体现了每个国家对女性工作参与度的国家政策。为了让女性平等地参与工作,司法系统应当给予女性平等的司法保护。即使我们有一个专门为性别平等新设立的委员会,塞浦路斯的性别平等法规仍然不完善。议会颁布了一些调整方案,但是仍然无法满足实际需要,无法与国际标准接轨。

在塞浦路斯,女性的育儿假只有产前40天和产后40天,比大部分欧盟国家的产假都要短。男性没有正式的育儿假,这说明照顾者的角色仍然设定为女性。在塞浦路斯,很多家庭有两个孩子,这意味着每个女性工作者在25年到30年的工作生涯中只有两次育儿假。因此法律应该保障至少3到6个月的有偿育儿假,鼓励养育下一代,为女性的工作提供便利,否则女性无法大胆积极、认真负责地工作。

法律应该为女性平衡家庭和职业生活提供便利,要从孩子的健康成长和家庭生活考虑问题。许多家庭从法律方面得不到任何生育或养育孩子的支持,这迫使女性必须马上投入有偿工作中去,而不是去考虑申请有偿假期的事情。养育下一代和赡养老人方面的福利、法规也并没有达到需求水平,而如果非政府组织就个别问题起草文件,再发给议会,也需要花很长时间。尤其是照顾学龄前儿童的条例尚未出台,这就使家庭承担了全部的教育和经济责任。大部分法律视男性为家庭生活和社会的中心,这种文化影响了日常行政管理,也是最难改变的部分。

女性接受教育不需要专门的法规,因为塞浦路斯保证了15岁之前儿童的受教育机会。接受大学教育也不是一件困难的事,学生可以按不同的方式进入各个大学学习。无论是儿子还是女儿,他们的家庭都鼓励他们接受高等教育。但是,接受高等教育毕业后找工作对于男性和女性来说都很困难。因为与毕业生相比,这个岛上的工作机会还是很有限。塞浦路斯女性的受教育水平与男性基本持平,奖学金授予也比较均衡。

五、鼓励高等教育领域的女性

作为一名已经与各种性别阻碍作斗争并且在高等教育领域取得重要行政职位的女性,我考虑到家庭生活的期待,给孩子的照顾、福利政策以及不同社会的文化影响后,首先想要探讨的是女性在职场中遇到的困难。我简略地查看了塞浦路斯女性在职场，尤其是在高等教育机构中的参与度。

总体说来，女性是整个家庭的守护者，整个"社会群体"也都注视着女性以保证她们能履行这份责任。尽管全球化为女性工作提供了便利，但每个社会的文化价值观以及各个国家的家庭看护、福利、社保政策各有不同，我们很难得出一个共同的结论。我们也不得不从儿童健康与家庭看护的角度来看待这个问题。

高等教育领域的女性有所增加，然而高层职位的女性却有减少的趋势。我们会看到预科学校的女讲师，硕士项目的女助教，还有正在读博士的女性。造成这一现象的主要原因之一是女性在25到35岁——即她们在学术研究方面取得重大成果——正好要照顾家庭和孩子。女性必须暂时离开工作，并开始集中精力处理家庭事务。

我经常鼓励接受高等教育的女学生攻读博士学位，这将会是她们职业生涯的转折点。我曾帮助过三位差点放弃了自己事业的同事。我帮她们安排了项目，减少了实验室课程，以便她们能完成博士学位的课程。由于学术领域缺少女性模范，我就经常鼓励她们参加国际会议，并参考其他同事的文章和研究，拓宽学术视野。我的助理就有阅读各种文章、研究结论或著作的习惯，每隔两周就会就此和我进行一次讨论。我们按小组讨论并分享彼此的观点。一开始，女助理有很多原因无法完成分配给她们的任务，但一段时间后，她们就学会了如何避免生活中"阻碍学术研究的事情"。

我总是喜欢也赞同大家一起讨论某些问题。因此，我总是根据人们的能力和相关任务的要求把他们召集起来，并尝试考虑性别平等来分组，尤其鼓励年轻学者分享信息，获得经验，学会承担责任并参与行政工作。从事学术研究的每个人都要明白的是生活并不仅仅意味着工作，也不仅仅是家庭看护，而是这两者的平衡。因此，他们就得学会利用身边的机会，尽可能减少阻碍。

我向理事会提议建立一个育儿中心，这样女学者们以及本区域的居民就可以把她们的孩子送到这个离办公地点较近的育儿中心，减少女性对孩子的担忧程度。理事会还没有作出决定，但这个提议受到教学和行政员工的拥护。

在我们所处的社会中，人们认为女性应该更多承担家庭生活的责任。因此，在女性群体中传达承担行政职责的重要性，是十分必要的。因为在某些问题上学校只有听取女性的观点才能提高行政管理的价值。女性还应该认识到走这条路并不容易，它充满艰辛，你必须付出很多，而且在任何情况下都要有坚定的信念。我们要做的就是给予女性责任并且鼓励她们承担责任。

六、教育和生活

我们应该鼓励与全球变革、与发展齐头并进的教育实现可持续发展。另外，教育不应该受时间束缚,应该是为实现个人和组织的发展、贯穿一生的活动。本科与研究生教育对挖掘人力资源(比如想要获得具体技能的精英人才)及获得知识都很重要,因为知识是推动进步的主要力量。

我们还应该鼓励人们进行终身学习,因为这对个人与组织的发展至关重要。如果你能发现生活的新方向,生活就会变得更有意义。如果你学习更多具体领域的知识,你就开始领悟到这个领域的新方向,并且有了新的理解。去探索那些你感兴趣的领域并跟进该领域的动态是很重要的。我认为一个人的生活与职业生涯中的动态能激励、完善一个人,促进其成功。若非如此,适应新环境、得到个人能力的提升就会很困难。

我总在生活中寻找新角度。从某个具体的学习阶段毕业从来不能满足我的期望,因为我总在追求新信息和新知识。不管我做什么,这件事都会给我新的经验,帮助我获得新的观点。关键在于我要做和我想做的,这样我就会快乐。我还认为,了解身边的人并鼓励他们走上新的道路是很重要的。

我竭尽全力保持家庭生活与职业的平衡,这通常需要各种挣扎,也耗费了我大量的精力。今后,我想完善"终身学习中心"的项目活动,接触更多的成年人,给年轻学生更多获得奖学金的机会。我还鼓励我自己和我的同事给高中生举办有关选择专业的讲座。我为本科生举办了培养职业意识的讲座,还为研究生举办了有关未来规划的讲座,我认为这些能有效地帮助和引导年轻人发现自己的兴趣并了解现实的需求。我希望在未来,人们能更加重视性别平等,高等教育领域的女性领导也越来越多,这会给处理行政问题带来更多的启发、远见和创新。我认为,如果女性能更加自信坚定并彼此支持,那么改变她们的生活与职业困境就容易得多。女性要意识到她们在社会经济生活中的角色及重要性,并更多地投身于个人和学术事业,这也引导着她们更多地参与到管理工作中去。

(翻译:向湘萍)

自信心来自科学精神

韦 穗

(安徽大学原副校长)

我在南京师范大学附小读书时,我的班主任吴家翼老师非常喜欢我,她说她有两个儿子,希望我能做她的干女儿。她教导我:"一个有出息的女孩子应该是活泼的、勇敢的。"我的中学是在南京师范大学附中读的,这个学校给我今后的发展奠定了非常好的基础。记得一次外语老师张守己告诉我:"做人要谦虚但做事要有自信心,你准备好,下节课我叫你起来朗读,并表扬你。"下节课,他真的叫我起来朗读。我当时非常紧张,自己觉得读得并不流利。但张老师仍然表扬我,并要大家向我学习,不怕困难。这些教育对我的成长是非常有益的。

在此后的人生路上,我一直注意自信心的培养,其中有两件事我一直记忆犹新。1983—1985 年我到美国做访问学者,跟随著名的图像处理科学家 B.Haralick 教授做研究。一次,他给实验室的每个人做了年度测评。对我,除"自信心"这一项外,其他项(包括科研业绩)他都给了优秀。这让我非常惊讶。尽管在中国同事的眼中我已经很"自信"了,但在美国老师看来不够自信是我唯一的不足。我观察并探究我与美国同人的区别。我发现:对于一件工作,我在觉得有把握时才说"OK",而他们只要一件事有可能完成就说"OK"。他们的风格是一种迎接挑战和更勇于创新的风格,这值得我们学习。

回国不久,我被中国科学院推荐为自动化领域 863 智能机器人主题的候选专家。在遴选报告会上,我说:"我也许不是合适的人选,因为我在美国只学了图像处理。"会后,首席科学家蒋新松批评我:"到专家组来就不能挑肥拣瘦,要把智能感知的任务承担起来,一边做一边学"。从他的批评中,我认识到只要事业需要,就得担当,要善于学习。

这些锻炼使我在从科研岗位转换成安徽大学的副校长时比原先想象的顺利和成功。肩负安徽大学 211 工程学科建设的任务对于我而言是一个巨大的挑战。我起步时首先观察了解学校中其他校长是如何工作的,同时调研和学习其他学校与我分管类似工作的校长是如何工作的。进一步,我通过阅读现代大学的有关理念、规律的材料并结合学校的情况思考、琢磨,以便能做到既把握发展方向又能拿出可操作的具体方法。

总之,多年培养的自信心对我应对新的挑战有巨大的帮助。我在这里想表达的关键思想是,一个人在面对挑战时要有自信心,而自信心来自善于学习,来自科学精神。

中老年妇女的"幸福养老大课堂"

——北京东方妇女老年大学

回春茹

（北京东方妇女老年大学副校长）

随着世纪的跨越，中国进入了长寿时代和老龄化社会。2013年底，中国的老年人口已经超过2亿。党和政府关注老年人健康养老与权利维护，同时重视老年人经验和潜能的发挥，在完善终身教育体系的过程中积极发展老年教育。在这一大背景下，一所特殊的老年大学在6万多所老年大学中独树一帜，茁壮成长起来。这就是第十届全国人大常委会副委员长、中国关心下一代工作委员会主任顾秀莲创办的北京东方妇女老年大学。扎根社区、深入家庭、服务百姓、关注妇女，是这所学校的突出特点。

北京东方妇女老年大学自2006年开始筹建，2007年经北京市教委和民政局批准注册成立，2008年元宵佳节在位于北京市西城区什刹海街道刘海胡同的社区活动中心正式挂牌。《中国老年报》以头版头条报道："中国第一所妇女老年大学成立，全国人大常委会副委员长、全国妇联主席顾秀莲任校长。" 8年来，学校根据北京市教委的批示，以"增加知识、丰富生活、陶冶情操、促进健康、服务社会"为办学宗旨，主要针对中老年妇女开展中长期教育培训，不断开拓创新，取得了显著的成绩。

学校一贯坚持"围绕中心、服务大局、积极参与、主动作为"的指导思想，实行"三结合、三为主"办学，即：面授教育与远程教育相结合，以远程教育为主；教学培训与科研和教材建设相结合，以科研和教材建设为主；老年普遍培训与老年工作管理者培训相结合，以老年工作管理者培训为主。自2008年起，学校与中国老龄事业发展基金会合作，创立了老年教育的独特品牌——"幸福养老大课堂"，聘请150多位著名专家教授，以远程教育的方式，开设九大系列共3000多课时的课程，名为"1359课程体系"，即："1"条主线——幸福养老，"3"大支点——养身、养心、养神，"5"大教育——健康、艺术、国学、生活、时政，"9"大系列——幸福导航、养生宝典、兴趣天地、疾病防治、生活百科、老年维权、和谐家庭、奉献社会、时事纵横。学校编辑出版了配套教材，建立了上千个教学基地，面向200多万中老年人，开展了远程教学和面授咨询。同时在全国老龄工作委员会办公室的指导下，与北京市朝阳区人民政府共同启动了"北京东方老年文化节"，把课堂教学与文化娱乐有机结合起来，吸引朝阳区近5万名中老年人参加，产生了强烈的社会反响。

"幸福养老大课堂"在山东、安徽等省试播得到肯定后，于2009年成为由七部委共同组成的全国敬老爱老助老主题教育活动组委会的四大工程之一，命名为"东方银龄远程教育普及工程"，简称"银龄工程"，在全国广泛推广，为老年人提供了优质而便捷的教育服务。

2010年11月，北京市朝阳区为实施老年教育进社区计划，引进高端老年教育资源。北京东方妇女老年大学落户朝阳区，与朝阳社区学院合作办学，实行"三对接，一融合"（网络教学、面授培训、科研展示活动对接，教师资源融合），同时得到朝阳区妇联、老龄办、老干局、教委、财政局等单位的大力支持与配合，在朝阳区分两批建立起203个教学基地，从中培育出了一批示范基地和优秀学员、先进单位，开展了扎扎实实的教育和培训。这些学员大部分是妇女。在朝阳区，我们坚持"立足朝阳、扎根社区、服务北京、面向全国、走向世界"的老年教育发展方向，创造了独具特色的老年教育"朝阳模式"。与"幸福养老大课堂"同时举行的面授培训，吸引了广大中老年人特别是老年妇女参加。为满足大家的要求，我们开设了"隔代教育""婆媳课堂"等特色课程体系，非常有针对性地开展老年教育，受到了广泛的好评与欢迎。很多学员自编、自唱、自演，歌颂大课堂办得成功，感谢党和政府的关怀。

通过参加培训，老年人的身体状况和精神面貌都发生了很大的变化。原来老两口吵架的不吵了，原来心情郁闷的老年人变得开朗了，原来不和睦的家庭开始和谐了……特别是一些来自边远山区的老年妇女，在社区听到著名专家教授讲课，心情豁然开朗，感到活得更开心了。在总结会上，老年人畅谈学习体会和感想，喜笑颜开，轻松愉快。不少人大声说："想要晚年幸福，就到大课堂来吧！""'幸福养老大课堂'是老年人的课堂，我们来了，就不想走啦！"

除了在朝阳区，北京东方妇女老年大学在北京市属各区县、在全国，特别在西部地区和革命根据地，普遍建立了"幸福养老大课堂"教学基地，为中老年人创造了方便、灵活、个性化的学习条件。特别是从2013年起，我们在中国教育国际交流协会的支持与指导下，加快了走向世界的步伐，在中国国际教育年会的大框架下，创设了首届老年教育国际论坛。来自33个国家的代表出席论坛，论坛扩大了交流，增进了了解。2014中国国际教育年会于2014年10月24—26日在北京国家会议中心举办，第二届老年教育国际论坛作为其中分论坛之一早已列入总体方案。论坛的主题是"老年教育与后职业发展"，围绕主题将设7个主旨发言，其中包括妇女后职业发展。相信此次论坛将成为老年教育工作者的又一次国际盛会，妇女老年教育与后职业发展将作为一个新的亮点受到关注。北京东方妇女老年大学将在社会的广泛支持下越办越好，真正成为广大老年人特别是老年妇女的幸福养老大课堂。

女校长的成功之道:自意识与女性张扬

李锦云

(河北传媒学院校长)

一、一个失衡的世界

中国教育部 2012 年的统计公报显示,中国的女大学生(含博士研究生、硕士研究生、本科生和专科生)在学生总数中的比例超过了 50%,女教师的人数也达到了 50%。这个比例基本符合人口性别比的自然状态。但遗憾的是,在大学的校长职务上,却显现了一片女性荒漠。据 2013 年 1 月的一项调查,在我国 109 所"211 工程"大学(含 38 所"985 工程"大学)中,仅有 4 名女性校长,其中,"985 工程"大学中有 1 名女校长,非"985 工程"的"211 工程"大学中有 3 名女校长。美国的情况要好得多,但 2012 年对全美 1662 所大学的一项调查表明,男性大学校长比例也高达 74%(李立国、张瑞雪,2013)。

现实很残酷,大学依然是男人的天下。典型的美国大学校长可以被描述为"61 岁,男性,白人";典型的中国大学校长可被描述为"55 岁,男性,有高校工作经历"。但这并不代表真理。既然女人接受高等教育和从事高等教育工作的情况与男人是相同的,那么她们的管理能力也不会比男人差。已有的心理学研究成果表明,在大学领域,女人的视野、智慧、学识、领导力与男人没有明显差别。在这个领域,男女平权应该是女人追求的目标。女人应该有这样的自信。

随着社会的进步,男人的思想也在"进化"。女人走向各类权力的顶端已是一个不可阻挡的潮流。除了一些国家世袭的女王以外,女性国家元首、政府首脑、企业家等越来越多。中国的老子说:"治大国犹烹小鲜。"那么治大学呢? 就更是"小菜一碟"了。"烹小鲜""做小菜"都是女人的拿手戏。事实也说明了女大学校长在治校上的智慧。英国剑桥大学自 1209 年建校以来有了首位女校长艾莉森·理查德教授;美国哈佛大学自 1672 年建校以来有了首位女校长德鲁·福斯特教授;中国现代高教史也有了吴贻芳、谢希德、韦钰、吴启迪等著名女校长。她们是大学女校长的先驱,是一束灿烂夺目的报春花。有了她们，山花烂漫的春天就指日可待了。

二、主要障碍来自我们自己

女大学生和女教师的占比之高，表明大学女校长的资源并不贫乏，并不稀缺，只是这些资源被忽视、被埋没，暂居于潜在状态，没有得到合理的开发利用。在追问为什么会出现这种状态的研究中，研究者给出的答案中出现频率最高的原因实际只有两个：一个是历史形成的男性偏见，他们的权力欲、表现欲、占领欲、功利欲、专制、专横，以及他们对妇女的轻视、歧视、不信任等，形成了一个阻止女性进入的男性霸权网络；二是女性本身生理因素和社会角色造成的工作与家庭关系的冲突。对这两个原因的分析有一定的说服力。但在对大学校长女性缺位原因的分析中，没有人否定女性能力，这是值得欣慰的。

但是我们仍然不满足于这些分析。在我的职业生涯与我对女性同人的观察中，我发现，真正阻挡女性进入这个领域的原因主要在于女人本身，在于她们缺乏进入这个领域的自意识。或者说，她们的心里潜伏着一个求稳求安的理想，她们害怕与男人竞争，不愿承担更多的社会责任，不想涉权过深。因为在她们的心目中，家庭、丈夫、子女的地位至高无上。涉权过深，会对家人造成伤害，从而导致"后院失火"。她们从许多生活实例和文学作品中接受了这样一个理念：站在权力高端的女人（被戏称为"女强人"）家庭往往是不幸福的，因为"高处不胜寒"。这种理念限制着她们对自己的认识，限制着她们的能力释放。当拿到正高级技术职称或中层管理岗位之后，她们则表现出"小富即安"心理，不再积极进取，不再积极参与竞争，不愿再承担风险，锉其锐、解其纷、和其光、同其尘、堕其志、隐其身，稳稳当当地做一名"家长"。

女同胞们的这种心理是值得人们包容和尊重的。女人对家庭角色的坚守，是一种美德、一种责任，是维护一个家庭安定乃至社会稳定而作出的个人牺牲。但仍然需要指出的是，女人的这种美德饱含委屈、无奈和服从。如果她们的丈夫、子女、其他家庭成员和整个社会系统不再苛求她们，容忍她们的缺点和不足，给她们以更多的包容、肯定、赞许、支持，那么她们当中就会涌现出更多的、更优秀的教育家。

三、女性的自意识：她们是教育的天然主角

如果说女人对自己的家庭角色的深刻理解和坚守成为阻碍她们成为大学领导者的第一个主观因素的话，那么她们对教育的本质、意义和作用的认识不够深刻，就是阻碍她们成为大学领导者的第二个主观因素。

在这个问题上,我的看法是:女人是教育的天然主角。女性大学教育工作者应该想到这一点,并自觉承担责任,我把这一思想称为女性自意识或自觉。

第一,爱是女性的本能,是教育的本源。不管后来的人怎么定义教育,从源头看,教育总是从母爱开始的。为了让自己的下一代获取生存的本领,获得生活的经验和知识,母亲开始了教育的历程。人类这种本初的教育,与许多动物是相同的。在汉语里,"学习"这个词就来自人们对动物的观察。"鹰乃学习"出自古老的《礼记·月令》,讲的就是母鹰带领雏鹰学习飞翔。人类的教育之爱,始于母亲。不管男性对后人的教育起了多大的作用,母亲总是孩子们的第一任教师。母爱是纯粹的、倾情的、无私的、不求回报的。作为母亲,这种爱必然倾注于教育之中,这是不证自明的公理。人类之母爱完全区别于动物之处是兼爱、大爱、博爱。早在两千多年前,孟子就提出"老吾老以及人之老,幼吾幼以及人之幼"。受过良好教育的知识女性对中国这种优秀传统的接受是根深蒂固的。她们认为,教育是实现兼爱、大爱、博爱的最需要、最重要、最理想的人类活动。大学作为培养社会精英和探索真理、发现真理、传播真理的最重要阵地,如果这里缺少了爱,缺少了兼爱、大爱、博爱,那么世界上哪里还有爱的阳光?中国人民大学前校长纪宝成把大学的本质概括为"大师、大楼、大气"。我主张把大爱放在大师之前,使"三大"变为"四大",而大爱是"四大"之首。我认为,大爱所体现的精神是"以生为本",一切为了学生。无论大师的延聘,大楼的建设,大气的养成,都是为了一个主要目的——培养人才。这恰恰是大爱的初衷。大学里的女性工作者时刻都把大爱精神用到自己的教育实践中,这是女性的特征和优势,是她们成长为教育家的动力,也是整个高等教育的奠基之石。

第二,女性对教育的理解更接近教育的本质。母亲对子女的期望,是他们健康成长,快乐生活,终生幸福,换句话说,就是实现他们自己的人生理想和价值。如果在不可得兼的情况下,一定要在快乐和金钱、幸福和职业之间选择,母亲会教育子女取前者、舍后者;如果在个人前途和社会目标、贪图私利和服务人民之间选择,母亲会教育子女舍前者、取后者。因为只有这种选择,才会保证孩子的成功、价值实现和终生幸福。所以在母亲眼里,大学教育绝不只是认知教育、专业教育、技能教育或职业教育,更不是为了个人升官、发财的教育,教育有更人性、更高远的目标和更宽泛的内涵。

哈佛大学首任女校长德鲁·福斯特对 2008 届毕业生说,我们有许多学生选择了金融、理财、咨询等方面的职业。因为这些职业很赚钱。这样的选择是可以理解的。但是也有不少人选择了公益事业,还有的人选择了去跳探戈舞并到阿根廷去从事舞蹈疗法,有的人要去肯尼亚从事农业发展,有的人去接受飞行员的训练,甚至有的人拿了数学学位却要去从事诗歌创作等。对这些选择也不必有什么困惑。因为大学教育就是博雅教育,而博雅教育让你自由。它们赋予你行动、发现价值和作出选择的能力。不要静止不动,要随时准备接受改变。牢记那些我们告诉你们的远大理想,就算你觉得它们永远不可能实现,也要记住:它们可以指引你们,让你们到达那个对自己和世界都有意义的彼岸。你们的未来在自己手中。你们要永远记住让你们不只是为自己的舒适和满足而活,而且还要为你们周围的人而活。一所大学的精神所在,是它要特别对历史和未来负责——而不仅仅是对现在负责。

德鲁·福斯特校长对学生们语重心长的讲话,代表了女性教育家对大学教育的深刻理解。19 世纪初德国著名教育家洪堡对大学教育理论的革命,适应了工业革命对人才的需求,他强调大学独立思想、学术自由、教学与科研相结合,开启了现代大学制度的新纪元,使柏林大学成为世界各国大学的模板,影响深远。但是在这场改革中,大学教育开始走向专业知识教育、专业人才培养和科学研究,却忽视了人文关怀的重要性、教育内涵的丰富性和人才培养目标的综合性、多样性。人被工具化,这很不符合母亲们的愿望。现代教育出现了一个明显趋势,是人文教育传统的回归和人文精神的发扬,这证明了女性对教育本质理解的深刻性、正确性和先见性。一个合格的母亲,就是一位天然的教育家。

第三,女人是矫正男人偏见的唯一力量。世界上只有两"个"人,一"个"是男人,一"个"是女人。男人有许多优点,这是不言而喻的。问题在于他们也有许多缺点,如上文我们提到的自傲、权力欲、表现欲、占领欲、功利欲、扩张欲、专制、专横,以及他们对妇女的轻视、歧视、不信任等。对此,女性在教育实践中要对男性进行反制教育,要让男人懂得,世界的繁荣、发展、稳定、和平等,靠的不是单一的强权、实力、杀戮、穷兵黩武、疯狂扩张等,而是多元素、多元文化的协调、融合,即天地相配、阴阳相合、刚柔相济、长短相形、知雄守雌、知荣守辱、执中致和等。因为和生万物、中位吉祥。对男人的这种教育是女人的"专利"。女人对男人的另一种教育,就是女人用自己的智慧和能力来征服男性,让他们看到,男人能做到的女人也一定能够做到,让他们心悦诚服地请女人来当大学校长。总之,如果从事高等教育的女性工作者有了承担责任的自觉,大学女校长的比例会大幅度上升。

四、女性张扬:把女性特征注入大学校长的职业能力中

有学者认为,大学校长的领导能力实际上就是校长通过自身魅力,使别人自愿服从的能力。大学校长自身魅力自然包括富有知识、智慧、敬业精神、远见,知人善任,率先垂范,改革创新以及极强的社会活动能力等。大学校长的这些能力其实是没有性别分野的,男女都一样。但是在发挥这些能力时,就带上了个性。女校长作为群体,如果她们有意识地把女性特性注入职业行为中,就会使她们的职业生涯更光辉。

（一）温柔

温柔是女性第一特性。女人往往被比作水,水是温柔的,而且水因温柔被称为"上善",即"上善若水"。其善之处多矣,如"居善地,心善渊,予善天,言善信,正善治,事善能,动善时"等。在老子看来,温柔如水,滋润万物而不争,是最完善的人格。这种人格的最大优势是无比的亲和力,使人愿意服从、听其教诲。所以,教师的温柔会使教育变得有效,校长的温柔会使管理变得高效。女校长在职业行为中把温柔发挥到极致,那么大学的管理也会发挥到极致。当然,不要把温柔误读为软弱无力。水虽温柔,但可以颠覆巨舟,可以冲折崇山,可以滴穿岩石。所以老子说:"天下之至柔,驰骋于天下坚。"意思是说,天下最温柔的东西,可以在天下最坚硬的东西中穿行无阻。所以女校长之"柔",不是怯懦、退避之柔,而是在坚硬的困难中能够自如地穿行精进之柔。如果能把温柔带来的亲和力与这种在困难中精进无阻之力结合于大学治理之中,那么女校长将无敌于天下。

（二）奉献

自愿奉献也是女人的一个标志。有一位哲学大师说,谁不懂得什么是奉献,就回家去看看你妈妈。女性吃苦耐劳的忍韧力超过男人,她们只要作出了选择,就不会因为困难而退缩。她们会千方百计地寻找解决问题的办法,她们相信"办法总比困难多",无非就是多付出一些劳动。世界大学女校长论坛的发起人刘继南女士就是一个典型。20世纪90年代她就出任中国传媒大学的前身北京广播学院的院长,21世纪初转任中国传媒大学校长,把一个旧式的广播学院改造、重建为一所现代传媒大学,其中的艰辛只有她自己知道。2004年,年逾花甲的她依然接受新的挑战,出任南广学院院长,又以创造性劳动对南广学院进行了现代化改造。至今,她以古稀之躯,还在为世界女校长的欢聚和发展而坚持工作。从她的经历中我们看到,一位女校长的成功,只能来自女人特有的甘于奉献的精神。我想,如果我们都能具备刘继南校长的奉献精神,我们女校长一定会特别出色。

（三）细心

细心和粗心往往被用来描述女性和男性的迥异。女人的细心,恰恰符合新时代的需要。人们都在说,细节决定成败。其实在任何时代,大矛盾都是小矛盾积累的结果,质变都是量变积累的结果,大战争都是小战斗积累的结果,行千里都是跬步积累的结果。现在不过是随着信息量的膨胀和传播技术的翻新,加快了积累的速度并放大了积累的结果而已。市场经济是一种有风险的活动。大学如同企业,需要精心经营。在国内外各种竞争中,一招不慎可能招致帆折船倾;一场灾难性事故完全可以毁掉一所学校;甚至一位学生或一位教师的极端行为都可能带来难以预料的后果。而且,一旦出现危情,没人为你买单。这就要求校长必须有见微知著、应对突变的能力。而女人的细心,见罅隙而知器毁,见础润而知风雨,见蚁穴而知堤溃,见异变而知地震,可以尽早察觉风险、及时消除隐患、防患于未然。可见,大学女性校长细心特性的发挥,可保学校安全稳定、持续发展、走向未来。

(四)崇美

美是人类创造的并把人类引向文明、引向善的强大力量。在大学里,运用美育来提高学生的情感素质和人文情怀,是使学生养成健全的人格、良好的品格和合乎逻辑的价值观的重要措施。但遗憾的是,美育的缺失成了大学的世界性难题。人们过于注重知识的获得,过于注重专业的发展,过于注重对权利、金钱和荣誉的争夺,而对美育有所忽视,由此已经导致了严重后果。在中国的大学校园里,从领导、老师到学生,从学术领域到学习、生活领域,不美的地方太多了,甚至与大学称谓不相称。女性是美的代称、美的使者、美育的天然教师。她们不但追求美,而且善于用美来感化他人,影响周围,教育学生。如果她们在大学校长生涯中把崇美特性充分发挥,使大学校园美起来,将是功德无量的事情。人们看重女校长的一个重要原因,是她们美、爱美,期待着她们把美用到管理中,使本来就应该美的大学校园真正美起来。女性校长应该抓住这个机会,塑造美的大学。

女人的特性其实很多,还有包容、创造力强、无限生机等,如果这些特性都能注入她们的职业能力,她们将是完美校长。但限于篇幅,不再逐一论述。

结 论

无论中外,大学校长职位依然是男人的天下。这是一个不符合逻辑的现实。

造成这种现实的原因主要不是男人的偏见或女人工作与家庭的冲突,而是大学里的女性过于"理性",缺乏社会担当、挑战自我的自觉或自意识。

女性从过于理性中解放自我,并把女性特有的优势,如温柔、奉献、细心、崇美等发挥到极致,世界上就会出现无数近于完美的大学女校长,大学校长男女平权的时代就会到来。

创造领导之路

——避免侵犯

杰奎琳·里博格特

（美国埃莫森学院荣誉校长）

各位好！我是埃莫森学院的名誉校长杰奎琳·里博格特。我曾是我院的第一位女校长，在任18年，直到2011年退休。退休之后，我便有时间来回顾我这些年的经历。首先，我很荣幸能为我的学院服务并为高等教育事业工作。我过去总是工作到很晚，想努力做出一些成绩，并尽力去做正确的事。很幸运，我工作在一个天时地利的环境中。我刚上任时，我们学院还只是波士顿后湾区的一所小型文理学院。而如今，埃莫森已经成为一所以传播和艺术学科闻名全国的学院。

在最近举办的女校长论坛上，许多校长表示，选择做校长是因为这一职位有影响力，能做出一些成绩。校长们谈到了改善学生生活和促进学生成功的话题。因此，当我思考在以提升领导力为主题的论坛上该与各位分享什么的时候，我觉得有一个议题谈论起来会很有益，也很重要。这一议题既属于校长的日常工作，也会影响学生和教工的生活。该议题就是性侵犯的问题。我认为它格外重要，因为我们都是女性，而我们的看法不仅能影响我们的校园，也能影响全世界。

要想担任领导职务，女性需要接受高质量的教育。我们都看到过一些正在求学的年轻女生遭到包括强奸和谋杀在内的身体攻击。据英国杂志《柳叶刀》报道，在全球范围内，对15岁以上非情侣关系女性的强奸案发生率为14%。莫斯基报道称，教育领域的性暴力已成为全球性问题，对发达国家和发展中国家的学校都有影响。我最了解我自己的国家以及那里的高等教育，所以我主要谈论美国的情况，希望你们能从中获取一些有意义和有用的观点。

在美国，我们没有女性因为追求教育而被谋杀的案例，但是我们有男友或丈夫因为痛恨其伴侣的成就而攻击女性的事件。我们竟会允许自己的高等教育体系创造出一个性侵犯泛滥的环境，即使出于无意。性侵犯带来的身体伤害固然可怕，但它造成的心理伤害更为严重。

有人说校长要管的事很多，没有时间来处理性侵问题。他们会说应该把这个问题留给校园警察、教务长、法律工作人员、校规负责人、体育指导员甚至是学校的宗教事务负责人。但是他们都不比校长更有影响力，更能保护校园。

在继续下面的讲话之前我要解释一下，我这里说的性侵犯指的是"两人或多人间发生的强迫或违背意愿的性关系"。不管对于哪个性别的受害者，这都是负面的、伤害性的人生经历，会造成广泛的社会和心理影响。2014年5月，美国教育部首次披露了因违反"反性骚扰"联邦法案而接受调查的55所院校，其中包括哈佛、耶鲁、斯坦福以及我之前所在的学院。7月初起，这个名单上又增加了另外12所院校。可以说，大部分院校都可能存在这样的情况。

联邦政府与其他机构如此重视大学校园性侵犯问题的原因有很多，其中之一是之前发生过不少受媒体关注的事件。性侵犯的主要受害者还是女性。女性作为美国最大的选民群体，也越来越关注对她们生活有影响的事件。现在成百上千的女性学生和活动家在全国各地公开讲述她们的故事，以促使学校和政府改变其处理性暴力事件的方式。

美国时常报道这个数据：每五名女性中就有一名曾在大学期间遭到性侵犯。而男大学生也会成为受害者，尽管这种情况较少见，也较难判断。通常这些侵犯发生在大学一年级或二年级的头几个月，大学生在这个时候最脆弱。这段时间也常被称为"危险区"——在此期间学生课业负担小，社交活动多，而且面对的是一个崭新的社会环境。对于许多学生来说，这是他们第一次远离家乡和父母，他们会有一些害怕。一次全国性的调查显示，性侵的发生率为20%，而41%的学术机构近五年却没有展开过一次针对强奸事件的调查。另外，现在越来越多的调查开始研究性侵犯的报案率和学生不愿意举报的原因。

一些受害者不确定被熟人强奸是否算作"真正的强奸"，受害者经常怪自己。年轻人也会担心来自犯罪者的朋友或者犯罪者本人的报复。有一些人不知道如何或者找谁报案。还有人担心相关部门的处理方式或担心缺乏独立的证据。许多人不愿让自己的朋友和家人知道，有些家庭还认为失身是一种罪恶。许多人担心会因为吸毒和未满年龄饮酒受到处罚。此外，许多人对强奸有着很大的误解。例如，他们相信强奸的受害者是自愿或活该的，而且错在受害者一方。

科恩和菲尔逊提出的"日常活动理论"能够解释为什么大学校园里的性侵犯一直是个难以解决的问题。该理论表示，犯罪的数量与时间受三个因素影响。第一，潜在罪犯——男性的存在，他们在社会群体和同龄人中起到了助长和支持性虐待行为的作用。第二，没有负责的监护人。"代理家长"的概念不再存在，而学生也远离了家庭环境与父母及监护人的关心、控制。第三，适合的犯罪目标——女性在喝酒之后，变得尤为脆弱。醉酒让她们更难阻止性冒犯。研究显示，55%的受害者受到侵犯的时候都处于醉酒状态。

酒精影响犯罪双方的心理状态,使得性侵犯更容易发生,同时酒精也成为侵犯的借口。

尽管很多有关性侵犯的讨论主要关注同龄性侵犯,与此同时,我们也必须考虑到教工对学生的侵犯。这是权力压制最明显的一类性侵犯现象。这种权力压制包括决定成绩的好坏,对于研究生则事关奖学金或助教职务,甚至还关系到他们是否能继续完成学业,而这些都是学生通往职业道路的必要前提。

全面解决大学校园性侵犯问题需要从三个层级上促进一个健康环境的形成,并减少针对女性的暴力事件发生的可能性。对性暴力的一级防范(即在发生之前)主要取决于学校领导层对这一问题的重视程度。最近,针对性侵犯这个问题,达特茅斯学院的校长组织了一场为时三天的全国性会议。校长作开幕发言,教务长作总结发言。与会者发现,高层领导的态度对这个问题的解决有重要影响,而学生也指望老师、教练和其他的学校领导来解决问题。

美国疾病控制中心的一份报告对校领导的态度做了积极的回应。报告表明,必须采取持续、综合的有效措施,必须找到发生侵犯的个人、亲属和社会的根本原因。2011年4月,副总统拜登概述了反校园强奸的联邦指导方案,以重新唤起公众意识,推广行之有效的防强奸措施,其中包括旁观者干预计划。这些计划包括培训人们阻止侵犯或干预可能导致侵犯的状况。

二级措施需要在性暴力发生后及时作出反应,及时处理暴力导致的后果。学校有责任提供安全的环境。当知晓一起性侵案件发生时,学校有法律责任付出行动。简单来说,学校必须给学生提供一个私密的环境来接受建议和帮助。这包括为受害人指定有能力的私人律师来提供紧急和持续的帮助,培养学校行政人员,制定并宣传不正当性行为规范政策。学校还有责任调查并弄清事实,通过适当的法律程序保护被告和原告双方的权利。学校必须做好劝退或开除性侵者的准备。而最重要的是,学校必须帮助受害人恢复健康。现在与二级措施和行为方面相关的材料及规范政策信息非常丰富,应该被学院各级各类人士所熟知。

三级措施包括长期协助处理性暴力导致的持久后果并采取必要的干预。读了以下学生的毕业感言后,我和许多人一样感到难过:

"我大学最后一年的每一天都在恐惧中度过。5月,我看着强奸我的人与我们学校校长握手并拿到了他的文凭,我真希望我当时报案的时候没有被院长拦住。"

三级措施包括对受害者的各种治疗手段,比如心理疗法或咨询服务、强奸危机热线、保健干预、刑事司法服务等。我们都希望有惩治罪犯而不谴责受害者的政策。我们需要保护每一个学生,不论他们是何种性取向、何种身份、来自哪里的移民或残疾与否。学生有权利要求学校采取措施帮助他们,包括调查进行的时候。改革强奸法已历时30年,但强奸现象依然十分普遍,而对强奸犯定罪的情况还是很少。

2011年,美国民权办公室发布了一封促使高校改革的倡议书。2014年7月末,参议院提议了一项新立法。如果通过,将会加大公开披露的力度,并对不符合法规的院校处以罚款。然而,据美国有线电视新闻网记者克洛伊·安格尔报道,"归根结底,预防大学校园的性暴力不能仅出于维护学校制度底线的需要,或者只是为了避免媒体的负面报道,而应该出于真正对学生安全投资的需要,各院校应该真正认识到所有学生都有权利获得相关的教育"。所有的教育机构都应该致力于解决这一问题。没有安全的高等教育,女性就没有办法挖掘自身的领导潜力。我们作为女校长,应该提出这个问题。

(翻译:唐惠润)

女性高等教育领导力

陈乃芳

（北京外国语大学原校长）

如果从性别角度浏览教育新闻，可以发现，与所谓《中国聚焦：中国高校女生比例不断上升》《高校诸多专业男女比例防线被冲破》等高校女生比例增加形成鲜明对比的是《中国高校女教师难顶半边天 武大华中科大女导师比重不足三成》《10所知名大学女导师比例下降》，高校女学生比例逐步上升与高校女教师不足甚至比例下降，使得在今天来讨论女性高等教育领导力问题有着相当的时代性意义。大学女校长既是女性高等教育领导力研究的对象，同时也应该成为女性高等教育领导力研究的主体，关注女性高等教育领导力。

一、女性高等教育领导力的重要性

女性领导力对实现性别平等、实现社会性别主流化、促进女性发展具有重要意义。而教育尤其是高等教育在提升女性领导力方面发挥着至关重要的作用。从目前来看，女性领导力要想得到提升，女性高等教育领导力可能是关键。接受了高等教育的女性才更有可能具有领导力，而女性在高等教育领域领导力的表现又直接关系着女性领导力能否实现。简言之，如果女性在高等教育领域不能取得与女性地位相匹配的领导力，实现高等教育领域的性别平等，女性地位就不能从根本上得到提升。

二、女性高等教育领导力的衡量标准

女性高等教育领导力到底可以从哪些方面加以衡量呢？至少要考虑高等教育领域的三类女性，一是女学生，二是女教职工，三是女性管理者。同时，每一对象人群还有具体评价指标：不仅要看女学生接受高等教育的比重，还要看她们接受高等教育的程度以及学科分布情况；区别女教师、女职员（行政、教辅、工勤等），女教师和科研人员还要区分不同职务,尤其关注女教授、女导师的比例;区别高等教育行政部门的管理者、高校管理者以及高校院系管理者的女性比例以及女性所担任的职务。在以上衡量标准中,女性高级职务的比重以及女性管理者的比重是衡量女性高等教育领导力的重要指标,直接决定着女性高等教育决策的参与程度。

三、中国女性高等教育领导力的现状

(一)女性学生的数目及比重

根据教育部公布的 2012 年统计数据,我国女性学生所占比例由普通本专科阶段的 51.35%下降到研究生阶段的 48.98%。在普通全日制高校,女学生在专科中的比重为 51.84%,本科 51.03%,硕士 51.46%,博士 36.45%。与 2004 年相比,女硕士比例由 44.2%升至 51.46%,增长了约 7 个百分点,女博士比例由 31.4%升至 36.45%,增长了约 5 个百分点,但低于女硕士约 15 个百分点。

比较发现,女生接受高等教育的机会明显增加,女生在校比例呈稳步增长趋势,尤其在硕士以及以下阶段女生比例已经与男生持平并呈微弱优势,超过 50%,达到 51%;但随着学历升高至博士阶段,女生所占比例明显下降,不足 40%,且女博士的增长比例低于女硕士的增长比例。同时,在成人阶段女学生比例为 54.35%,比普通高校正式就读女学生比例的 51.35%高 3 个百分点,成人本科中的女性高达 55.55%。这充分体现出女生对高等教育的渴望和重视。

尽管尚无科学研究解释女博士比例低于女硕士 15 个百分点的原因,但这在很大限度上表明,尽管女生接受高等教育机会增多,但一些传统观念可能仍然在起作用,"男生女生女博士"的性别歧视仍然存在,高知女性的"大龄剩女"现象也说明了传统观念的影响。而且这可能也与女教师的因素有关。实践中甚至出现过一些单位要求报考女博士首先找到男朋友的现象。同时,需要注意的是,该报告统计了女学生占在校生总数的比例以及女硕士和女博士的比例,但并未说明女学生在不同院校及不同专业的比例。

(二)女性教师的数目及比重

1984 年,我国高校女性教师人数比例只占教师总数的 26.19%,正高职称仅占 5.75% (武书连,2011)。2004 年,普通高等学校专职女教师比例为 42.5%,女性研究生导师比例为 20.87%。2009 年,高校女性教师人数比例已经占到 45.96%(武书连,2011)。2012 年,高等教育阶段女教职工占教职工总数的比重为 46.1%,女专任教师为 47.28%,高校专任女教师比例为 47.41%。2002 年,博士生导师中女性比例为 11.76%,硕士生导师为 22.89%,博硕士导师为 10.13%。2012 年博士生导师女性比例为 14.57%,硕士生导师为

31.84%,博硕士导师为 16.14%。

可见,随着教育阶段的提高,女性教职工和专任女教师都在逐步减少,女性教职工比例由初等教育的 57.13%降至高等教育的 46.10%,相差 11 个百分点,专任女教师比例由 59.50%降至高等教育的 47.28%,相差约 12 个百分点。高校专任女教师中女性正高级(女教授)比例明显低于副高级(女副教授),2012 年相差超过 15 个百分点,副高级与中级、中级与初级相差不大。女性研究生导师比例明显低于男性,增长缓慢,10 年之间女性博士生导师比例增长幅度不足 3 个百分点,硕士生导师增幅不足 9 个百分点,博硕士导师增幅不足 6 个百分点。

综上可知,随着教育阶段的上升,女教职工比例和专任女教师比例呈下降趋势,高校专任女教师比例明显低于中小学女教师比例。高校专任女教师比例与女副教授比例差距不大,都超过 40%,但女教授、女硕士生导师和博士生导师比例均明显低于 40%,而且女硕士生导师的比例明显低于女副教授比例,女教授的比例明显低于女博士生导师比例。这表明,尽管总体上我国普通高校女教师学术地位随着时间的推移而提升,但在学术高级职务上仍然处于不利地位。

(三)女性管理者的数目及比重

女性高等教育管理者主要体现为高校正职、高校副职、高校中层正副职。

114 位"211"高校校长中,有 110 人是男校长,女校长仅有 4 人,女校长的比重仅为 3.51%。而 39 所"985"院校的校长中仅有华南理工大学的校长王迎军 1 人为女性,比重仅为 2.56%[①]。而作为中国高校领军的清华大学与北京大学校长尚未出现过女性。目前,清华大学校长、副校长均无女性,有 2 名女性分别担任书记、副书记;北京大学有 1 名女性常务副校长,有 1 名女性副书记。浙江大学和同济大学校长、副校长均无女性,有 1 名女性担任副书记。这基本上表明了目前中国高校女性管理者的现状,高校女性管理者的比例远远低于女教授、女博导的比例。

四、提高女性高等教育领导力的措施

面对女性高等教育领导力提高这一世界性难题,中国有必要予以高度重视。因为相比较于女性接受高等教育机会的增多,更多人想到的是男孩危机,绝大多数人尚未意识到女性玻璃天花板效应,女性高等教领导力偏弱这一现实并未得到重视。甚至女性自身

---

① 211 高校的 4 位女校长分别是华南理工大学校长王迎军、上海财经大学校长樊丽明、西安电子科技大学校长郑晓静、中国石油大学(华东)校长山红红。4 位女校长均为 50 后,除了上财的樊丽明校长为经济学出身以外,其余 3 位女校长均为理工科出身。

对此都没有强烈意识。这些都要求在高等教育领域促进社会性别主流化。为此,建议在以下几个方面加以改进:

第一,针对女生设立自然科学专项支持计划,以提升女性在自然科学领域的表现。建议未来有必要统计并公布女生在不同高校、不同专业中的比例,以便进一步考察女生接受高等教育的质量,全面统计女生在高等教育中的地位,并有针对性地开展女性支持计划,鼓励女性选择自然科学专业学习并攻读博士研究生,改变传统上认为女性不适合自然科学研究的观念。美国大学妇女联盟对有色妇女提供奖学金以提升她们在代表不足领域的就业,专门针对传统上女性较少的自然科学领域进行资助,如兽医学。

第二,针对女教师设立支持计划。要考虑女教师的特点,为女教师提供尽量多的帮助,使女教师能够有时间和精力投入工作之中,如为女教师设立婴儿室或保姆室,提供带薪休产假。此外,在科研项目申请、职务评定等方面适当对女性加以倾斜。要进一步完善法律与政策,承认女性承担的生育和家庭责任的社会价值,在职称评定、岗位晋升等方面对女性实施倾斜性政策,有意识地提高女教授、女研究生导师的比例,甚至不妨考虑,"在学术水平合乎标准的情况下,例如只有一个正高级职称指标,两性相争,水平相当,指标给女性"(武书连,2012)。

第三,针对女性管理者设立支持计划。要有意识地培养女性高校管理者,人事部门和教育行政部门应该规定院系和高校管理者中有适当比例的女性代表。而且各有关部门应该完整理解有关法律中促进社会性别平等的规定。现有规定中关于女性代表至少应有1名,往往被理解为只能有1名。这完全曲解了法律的本意。在高等教育领域,要有意识地培养女性管理者。这是现有高校女性管理者义不容辞的义务,也是现有高校男性管理者需要具有的理念,并且在未来应该有相应的制度保障。

第四,针对女生开展社会性别主流化教育。要在高校开设有关社会性别主流化的课程,增强社会性别意识,邀请在各个领域尤其是自然科学等领域取得成就的女性以开设课程或讲座的方式提高女性自信心。如纽约市女性问题委员会与哥大巴纳德学院一同推行"传承计划",在该活动中年轻女性可以接触到成功的职业女性,并从她们那里接受教诲。

总之,女性需要意识到实现女性高等教育领导力的难度,从社会性别平等的视角来看待这一问题,有意识地促进社会性别主流化。福斯特意识到了她出任哈佛校长的意义,表示"我希望我的任命能成为一个机会均等的象征。这是上一代人难以想象的事情",但是,她也承认,当今社会仍然"是一个男人的世界",她的当选并不意味着教育界领导层性别歧视的终结。如她所说,"我们要走的路还很长"(徐启生,2007),未来,我们需要一起努力!

图书在版编目(CIP)数据

教育·女性·领导力：第六届世界大学女校长论坛.一／姚玉芹，阮婕妤主编.-- 北京：中国传媒大学出版社，2024.5

ISBN 978-7-5657-3341-3

Ⅰ.①教… Ⅱ.①姚… ②阮… Ⅲ.①妇女学—文集 Ⅳ.①C913.68-53

中国版本图书馆CIP数据核字(2022)第205540号

教育·女性·领导力（一）：第六届世界大学女校长论坛
JIAOYU·NYUXING·LINGDAOLI(YI)：DILIUJIE SHIJIE DAXUE NYUXIAOZHANG LUNTAN

主　　编	姚玉芹　阮婕妤
策划编辑	李水仙
责任编辑	高卓毓
责任印制	李志鹏
封面设计	拓美设计

出版发行	中国传媒大学出版社		
社　　址	北京市朝阳区定福庄东街1号	邮　编	100024
电　　话	86-10-65450528　65450532	传　真	65779405
网　　址	http://cucp.cuc.edu.cn		
经　　销	全国新华书店		
印　　刷	唐山玺诚印务有限公司		
开　　本	787mm×1092mm　1/16		
印　　张	17		
字　　数	352千字		
版　　次	2024年5月第1版		
印　　次	2024年5月第1次印刷		
书　　号	ISBN 978-7-5657-3341-3/C·3341	定　价	85.00元

本社法律顾问：北京嘉润律师事务所　郭建平